JN060538

価値観を広げる
道徳授業づくり

教材の価値分析で
発問力を高める

Takamiya Masaki
髙宮 正貴　著

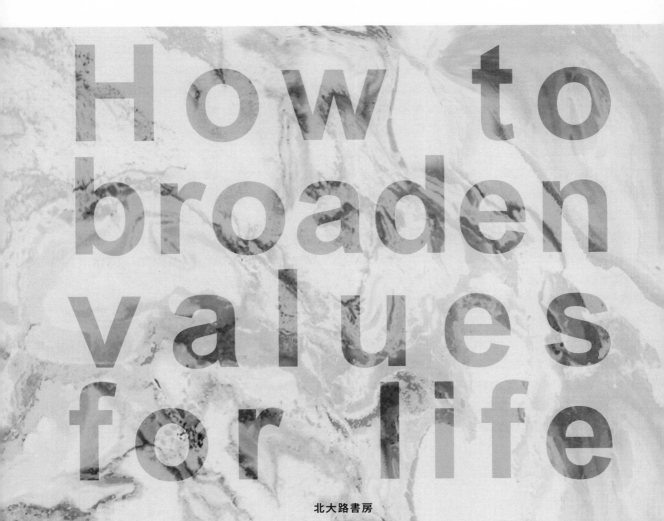

How to
broaden
values
for life

北大路書房

は じ め に

「道徳科」を擁護する

　本書のねらいは，3つあります。1つ目に，現在の「特別の教科　道徳（道徳科）」の目標に示された学習を授業に具体化するための授業づくりの方法を示すことです。2つ目に，道徳科の目標とそれに対応した学習のあり方がなぜ必要なのかを，教育哲学や倫理学の観点から理論的に説明することです。3つ目に，現在の道徳科に対する3つの批判に対して，道徳科の学習方法や学習内容を擁護することです。この3点について以下で説明していきましょう。

▌（1）　道徳科の目標をどうやって授業に具体化するの？

> 　第1章総則の第1の2の（2）に示す道徳教育の目標に基づき，よりよく生きるための基盤となる道徳性を養うため，**道徳的諸価値についての理解を基に，自己を見つめ**，物事を（広い視野から※中学校）**多面的・多角的に考え，自己の（人間としての※中学校）生き方**についての考えを深める学習を通して，道徳的な判断力，心情，実践意欲と態度を育てる。（太字は筆者）

　筆者は，現在の『学習指導要領』における道徳科の目標は非常によくできていると思っています。というのは，「**道徳的諸価値についての理解を基に，自己を見つめ，物事を多面的・多角的に考え，自己の（人間としての）生き方についての考えを深める学習**」というように，道徳授業でどのような学習をすべきなのか，明確に書かれているからです。しかし，残念ながら，この目標とそれに対応した学習活動が学校現場で十分に理解されているとはいえない状況にあります。そして，この目標と学習活動の意味が十分に理解されていないため，その目標と学習活動を具体化するような道徳授業が十分になされているとはいえない状況にあるのです。

　たとえば，第1に，2014（平成26）年の中央教育審議会の答申「道徳に係る教育課程の改善等について」では，「発達の段階などを十分に踏まえず，児童生徒に**望ましいと思われる分かりきったことを言わせたり書かせたりする授業**」がみられると指摘されていたにもかかわらず，このような道徳授業がいまだに一部ではなされています。さらにいえば，「先生が言ってほしそうなことを言わせたり書かせたりする」「**忖度道徳**」が今でもなされている例があります。教科化の際，こうした「忖度道徳」をなくすために，「物事を多面的・多角的に考

え」る学習が目標に明記されたにもかかわらずです。

第2に，教科化の際には，登場人物の心情を言い当てるだけのいわゆる「**読み取り道徳**」では効果的でないと批判されました。現在では，登場人物の心情を考えさせること自体は間違いではないのですが，その際には登場人物の心情に「**自我関与**」させる，つまり児童生徒に自分との関わりで考えさせるということが，効果的な指導方法であるといわれています。しかし，こうした「自我関与」をうながす授業方法についても，十分に実践がなされているとはいえません。

現在の道徳科の目標そのものはとてもよいものになったと思います。それにもかかわらず，そうした目標が十分に授業実践に活かされていないのはなぜでしょうか。それは，道徳科の目標や学習活動の意味が文字面だけで表面的に理解されており，その意味が体得されていないからだと思われます。巷にあふれている道徳の授業づくりに関する本でも，上述の道徳科の目標や学習活動について説明されています。しかし，その**目標**や**学習活動**と**具体的な授業づくりの方法**を明確に結びつけていないものが多いのです。そのため，道徳科の目標と指導方法を対応させるにはどうしたらよいのかが不明確なままになっているのです。

そこで，本書は，道徳科の目標に示された学習活動を明確にしたうえで，その学習を具体化するための授業づくりの方法を提案していきます。

（2）　そもそも，道徳科の学習はなぜ必要なの？

（1）では，道徳科の目標に示された学習を，いかに道徳授業として具体化するかを本書のねらいとしていると書きました。しかし，そもそも，**なぜ現在の道徳科の目標に示された学習が必要なのでしょうか**。現在巷にみられる道徳授業づくりの本の多くは，『学習指導要領』における道徳科の目標の記述をそのままなぞって書いているだけのものです。たしかに，学校現場で授業実践をされている先生方や学校現場出身の道徳教育研究者の方々に，現在示されている**道徳科の学習がなぜ必要なのか**を書いてほしいとお願いするのは，おそらく酷なことでしょう。そこで，筆者がその任務を引き受けようと思ったのです。どうしてこの任務を思いついたのかを以下で簡単に説明します。

筆者は，もともと教育哲学を専攻しており，それとの関連で倫理学についても研究してきました。しかし，正直なところ，最初は筆者も，道徳科の目標の意味をほとんど理解することができませんでした。筆者自身は，ずっとキリスト教系の学校に通ってきたため，「道徳の時間」を受けた経験がありませんでした。しかし，現在の勤務校の大学に勤めることになり，たまたま道徳教育の指導法に関する講義を担当することになりました。しかし，「道徳の時間」を受けたことがないので，道徳授業がまったくイメージできません。それに，倫

キーワード①

教育哲学

教育心理学，教育社会学，教育行政学などと並ぶ教育学の1分野。哲学そのものに多様な研究方法があるため，教育心理学，教育社会学とは異なり，特定の研究方法があるわけではないが，教育を，①「根源的」に（「そもそも教育とは何か」），②「規範的」に（「教育はどうあるべきか」），③「総合的」に（さまざまな教育諸科学の知見を組み合わせたら何がいえるのか）研究する学問。なお，教育を「規範的」に研究する場合には，次のキーワードの「倫理学」と切り離せない。

キーワード②

倫理学

「人間はいかに生きるべきか」を探究する学問。つまり，「善さ」や「正しさ」とは何かを研究する学問。倫理学は，①規範倫理学（何が「善い」「正しい」のか），②メタ倫理学（「善さ」や「正しさ」とはどういうことか），③応用倫理学（規範倫理学を手がかりに，生命倫理，環境倫理，経営倫理，工学倫理などの現代的な倫理を研究する），の3分野に分けられる。本書は，主に①の規範倫理学に基づく。代表的な規範倫理学には，カントなどの**義務論**，ベンサムやJ.S.ミルなどの**功利主義**，アリストテレスなどの**徳倫理学**の3つがある。

理学や教育哲学の観点からすると，道徳科の授業というのは「うさんくさい」「押し付けがましい」感じがするのです。

　この「うさんくささ」を感じてしまう理由はいくつかの側面に分けられるでしょう。

　第1に，道徳科の教育内容や指導方法については，文部科学省の官僚，教科調査官や元教科調査官，教員経験者の方々を中心に政策決定がなされているせいか，『学習指導要領』や『解説』には，「道徳教育に詳しい人」「道徳教育をよくわかっている人」にしか通じない言葉や表現がたくさんあるのです。正直，最初は「外野」にいた筆者にはチンプンカンプンでした。たとえば，**「道徳性」**「**道徳性の諸様相（道徳的な判断力，心情，実践意欲と態度）**」「**道徳的価値の自覚**」などの言葉がそれです。

　第2に，『学習指導要領』や『解説』の記述が十分に明晰ではなく，混乱を招きやすいものとなっていることです。また，記述の内容や順序も十分に体系化されていない面があります。そこで，本書では，『学習指導要領（平成29年告示）解説 特別の教科 道徳編』（以下，『解説』）を引用しながら，その記述内容を教育哲学的・倫理学的に説明していきます。その際，筆者による説明に全体として矛盾がないように示していきます。

　第3に，『学習指導要領』に書かれている学習活動がなぜ必要なのかが明確でないことです。たとえば，「**道徳的諸価値の理解を基に**」「**自己を見つめ**」「**物事を多面的・多角的に考え**」「**自己の（人間としての）生き方についての考えを深める**」といった学習活動はなぜ必要なのでしょうか。また，道徳授業では，なぜ「**主人公のＡさんは，このときどんな気持ちでしたか？**」などと，読み物教材の登場人物の心情を問う発問をするのでしょうか。

　こうした疑問をもちながら，さまざまな道徳授業の勉強会で学びました。その過程で，これらの勉強会で学んだ**道徳授業の理論と実践**を，筆者が研究してきた**教育哲学や倫理学と結び付けて論じることには大きな意義がある**と実感したのです。というのは，第1に，**道徳科の授業の必要性**を論じるには，倫理学や教育哲学（そして，筆者は専門ではありませんが，本当は教育心理学や教育社会学も）が不可欠だからです。第2に，先述した道徳科に関わる「うさんくさい」言葉や概念，また『学習指導要領』や『解説』の記述を，倫理学や教育哲学の観点から補って説明する必要があると思ったからです。これらは，次の（3）で述べることとも重なります。

○━ キーワード③

公教育

制度的概念として
の公教育は，国または
地方公共団体といっ
た公の団体が設置す
る（公設），公の費用で
運営する（公費），公
の団体が管理する（公
管理）などがある。こ
こでの公教育とは，教
育基本法や学校教育
法などの法律によって
管理されている学校教
育と同じ意味である。

○━ キーワード④

内心の自由
（思想・良心の自由）

憲法（19条）に，「思
想及び良心の自由は，
これを侵してはならな
い」と保障された内心
の自由。教育との関係
では，忠義や孝行など
の徳目を教える戦前の
教育勅語が国民の価値
観を束縛したと考えら
れることから，現在で
も，道徳教育が特定の
価値観を押し付ける危
険があるとして，道徳
教育を批判する論拠と
なることがある。この
批判が必ずしも当たら
ないことについては，
第4章2節2-1の4）で
詳しく論ずる（p.132）。

○━ キーワード⑤

道徳教育

道徳教育という場
合，学校の教育活動全
体で行う「道徳教育」
と，道徳科で行う「道
徳授業」を分ける必要
がある。本書でも，教
育活動全体で行う道徳
教育を「道徳教育」
と呼び，道徳科で行う
授業は「道徳授業」と
呼んで区別する。

（3）　「道徳科の授業なんていらない」と言われたら，どう反論したらよい？

【「道徳科」の授業に対するよくある批判】

①公教育で道徳を教えることは内心の自由の侵害に当たるのではないか。

②道徳教育は不要で，市民教育のみをやるべきではないか。

③道徳教育は学校の教育活動全体を通じて行うだけでよいし，そうあるべきではないか。

　先ほど，学校現場で授業実践をされている先生方や学校現場出身の道徳教育研究者の方々に，道徳科の学習がなぜ必要なのかを書いてほしいとお願いするのは酷なことだと述べました。しかし，道徳科の必要性を理論的に説明する議論がほとんどない一方で，道徳科を批判する議論はたくさんあるのです。

　第1に，一部の憲法学者などは，「そもそも公教育で道徳を教えることは**内心の自由（思想・良心の自由）の侵害に当たる可能性がある**」と道徳科を批判しています。たいていの場合，そうした批判をする人は「道徳教育は不要で，人権教育か法教育のみをやるべきだ」と主張します。

　第2に，教育学者のなかでも，「たしかに道徳は大事だ。しかし，**道徳はみんなでつくるべきもの**，変えていくべきものである。どんな道徳に従うべきなのかは民主的な議論によって決定すべきだから，道徳教育は市民教育であるべきだ」「道徳教育はやめて市民教育に変えるべきだ」という主張があります。

　第3に，道徳教育は「学校の教育活動全体を通じて行う」のだから，「道徳科の授業など不要だし，そもそもやるべきではない」という人がいます。その理由は，**道徳性は生活や体験を通じて養うべきものだから**ということです。この批判は，1958（昭和33）年に，それまで社会科を中心に教育活動全体を通じて行われていた道徳教育に加えて，その道徳教育を「補充・深化・統合」するものとして「道徳の時間」を特設したときから，いわれ続けていることでもあります。

　本書は，上述の3つの主張に一つひとつ個別に反論するわけではありません。しかし，本書全体をとおして，これら3つの主張に反論していきます。その結果，もし「道徳科の授業なんてやるべきではない，あるいは不要だ」と言ってくる保護者や研究者がいたとしても，本書を読んだ小中学校の先生方はそうした方々に反論できるようになるはずです。あるいは，少なくとも，反論するための論点を提示し，道徳科を批判する人と議論することができます。その意味で，**本書は道徳科を擁護する書**だといえます。

凡　例

① 『小学校学習指導要領（平成29年告示）解説 特別の教科 道徳編』は『小学校解説』，『中学校学習指導要領（平成29年告示）解説 特別の教科 道徳編』は『中学校解説』と示す。ただし，『小学校解説』『中学校解説』に共通する文章を本文中で引用する際には『解説』と示す。

② 『小学校学習指導要領（平成29年告示）解説 総則編』『中学校学習指導要領（平成29年告示）解説 総則編』は，『小学校解説 総則編』『中学校解説 総則編』と示す。ただし，小学校と中学校の『学習指導要領解説 総則編』に共通する文章を本文中で引用する際には『解説 総則編』と示す。

③ 『小学校学習指導要領（平成29年告示）』『中学校学習指導要領（平成29年告示）』は，『小学校学習指導要領』『中学校学習指導要領』と示す。ただし，両者に共通する文章を本文中で引用する際には『学習指導要領』と示す。

④ 平成29年告示の『学習指導要領』ではなく，学習指導要領一般を指す場合には，『　』（鍵括弧）を付けないで表記する。

目　次

▌第1部　理論編

▌第2部　実践編

第 1 部
理 論 編

第1章

道徳科の目標

1　「道徳科」の特質は何か

■ 1-1　道徳科の目標と対応した学習活動とは

テーマ ≫ 道徳科の授業は他教科とどう違うの？

　　よりよく生きるための基盤となる道徳性を養うため，道徳的諸価値についての理解を基に，自己を見つめ，物事を（広い視野から）多面的・多角的に考え，自己（人間として※中学校）の生き方についての考えを深める学習を通して，道徳的な判断力，心情，実践意欲と態度を育てる。

『学習指導要領』における道徳科の目標はこの通りです。この目標は次のように3つの部分に分けられるでしょう。

【道徳科の目標】　　　　　　　　　　　　　　　　　　　　　　　　表1.1

(1) 道徳的諸価値についての理解を基に

(2) 自己を見つめ，物事を（広い視野から）多面的・多角的に考え，自己（人間として）の生き方についての考えを深める学習を通して

(3) 道徳的な判断力，心情，実践意欲と態度を育てる

　(3) はいわゆる「**道徳性の諸様相**」といわれるものです。『解説』には，道徳性の諸様相について次のように説明されています。

道徳的判断力	それぞれの場面において善悪を判断する能力である。つまり，人間として生きるために道徳的価値が大切なことを理解し，さまざまな状況下において人間としてどのように対処することが望まれるかを判断する力である。的確な道徳的判断力をもつことによって，それぞれの場面において機に応じた道徳的行為が可能になる。
道徳的心情	道徳的価値の大切さを感じ取り，善を行うことを喜び，悪を憎む感情のことである。人間としてのよりよい生き方や善を志向する感情であるともいえる。それは，道徳的行為への動機として強く作用するものである。
道徳的実践意欲と態度	道徳的判断力や道徳的心情によって価値があるとされた行動をとろうとする傾向性を意味する。道徳的実践意欲は，道徳的判断力や道徳的心情を基盤とし道徳的価値を実現しようとする意志の働きであり，道徳的態度は，それらに裏付けられた具体的な道徳的行為への身構えということができる。

ところで，重要なことは，道徳性の諸様相は，「相互に深く関連しながら全体を構成している」ので，実際の道徳的行為や判断においては，密接に関連していると考えられます。毎回の授業では，道徳性の諸様相のうちのいずれかを育てることに焦点化しますが，実際には4つの諸様相を切り離すことはできません。

> これらの道徳性の諸様相は，それぞれが独立した特性ではなく，相互に深く関連しながら全体を構成しているものである。したがって，これらの諸様相が全体として密接な関連をもつように指導することが大切である。道徳科においては，これらの諸様相について調和を保ちながら，計画的，発展的に指導することが重要である。(『中学校解説』p.17)（下線は筆者）

しかし，この道徳性の諸様相は道徳科の目標ではあるのですが，具体的な学習活動は，「(1) 道徳的諸価値の理解」と「(2) 自己を見つめ，物事を（広い視野から）多面的・多角的に考え，自己（人間として）の生き方についての考えを深める学習」となります。ただし，「(1) 道徳的諸価値の理解を基に」は「基に」とあることから，「(2) 自己を見つめ，物事を（広い視野から）多面的・多角的に考え，自己（人間として）の生き方についての考えを深める学習」の前提として含まれていることになります。それゆえ，道徳科の授業で行うべき学習活動とは以下の学習活動であることになります。

①道徳的諸価値についての理解

②道徳的諸価値についての理解を基に，自己を見つめる学習

③道徳的諸価値についての理解を基に，物事を（広い視野から）多面的・多角的に考える学習

④道徳的諸価値についての理解を基に，自己（人間として）の生き方についての考えを深める学習

　なお，筆者自身は，道徳的諸価値の理解とは，それ自体が道徳的諸価値を（広い視野から）多面的・多角的に考える学習を含んでいるし，含んでいなければならないと考えています。というのは，道徳的諸価値の理解とは，たとえば友情という道徳的諸価値の意味を，「互いを理解すること」「互いを大切に思うこと」「助け合うこと」「信頼し合うこと」「高め合うこと」「裏切らないこと」というように，多面的に考えることを本質的に含んでいるからです。その意味では，「③道徳的諸価値についての理解を基に，物事を（広い視野から）多面的・多角的に考える学習」というように特別に取り出す必要はないと筆者は考えています。このことは2節で論じます。

　これら①〜④の4種類の学習は，授業の展開過程のなかで実際に分けて考えることもできます。つまり，展開前段では「③道徳的諸価値についての理解を基に，物事を（広い視野から）多面的・多角的に考える学習」を行い，展開後段では「②道徳的諸価値についての理解を基に，自己を見つめる学習」を行うといったことが考えられます。

　その一方で，これら①〜④はあくまで「**機能**」の違いであり，児童生徒の心（内面）のなかでは，①〜④が同時になされていたり，あるいは①〜④を往還していたりすることは十分に考えられます。つまり，たとえば「③道徳的諸価値についての理解を基に，物事を（広い視野から）多面的・多角的に考える学習」で，「友情」とは何かを多面的・多角的に考える学習の際，児童生徒がみずから，「登場人物の太郎くんはこんなに友達を大切にできてすごいけれど，はたして自分は友達にこんなことができるかな？」と「②道徳的諸価値についての理解を基に，自己を見つめる学習」を行なっているということは十分にあり得ます。というより，理想的な道徳授業ではそうなっているでしょう。

　しかし，やはり道徳的価値について「**知的・観念的**」に考えさせる学習だけでは，「②自己を見つめる学習」「④自己（人間として）の生き方についての考えを深める学習」になりづらいといえます。たとえば，「友情」とは，「互いを理解すること」「互いを大切に思うこと」「助け合うこと」「信頼し合うこと」「高め合うこと」「裏切らないこと」などという知的な価値理解をしたとしても，「はたして自分は友達を信頼しているかどうか」と**自分を見つめている**とは限り

キーワード⑥

道徳的価値の知的・観念的理解

　『解説』では，道徳的価値を「知的・観念的」に理解することは，道徳的価値を「実感を伴って理解」することと区別されている。「実感を伴った価値理解」については，p.124 を参照のこと。

ません。その点では、やはり意図的・計画的に、①〜④の4種類の学習活動を授業の展開過程に含めるべきでしょう。もちろん、4種類もの学習活動をすべて行なったら時間が足りないということであれば、③と②、あるいは③と④のみを行えばよいのです。

1-2 道徳的諸価値の理解とは何か

> テーマ >> 道徳的諸価値の理解とはどういうこと？

すでに述べましたが、道徳的諸価値の理解とは、それ自体道徳的諸価値を多面的・多角的に考えることを含みます。このことは、特に小学校の『解説』を読むとわかります。

【「価値理解」「人間理解」「他者理解」の違い】 表1.4

価値理解	内容項目を、人間としてよりよく生きる上で**大切**なことであると理解することである。
人間理解	道徳的価値は大切であってもなかなか**実現することができない人間の弱さ**なども理解することである。
他者理解	道徳的価値を実現したり、実現できなかったりする場合の感じ方、考え方は一つではない、**多様**であるということを前提として理解することである。

小学校の『解説』によると、道徳的諸価値の理解には、「価値理解」「人間理解」「他者理解」の3種類の理解が含まれます。

1）価値理解

価値理解とは、道徳的諸価値を「人間としてよりよく生きる上で大切なことであると理解すること」です。ただし、あたりまえのことですが、いくら先生や教材が「友情が大切だよね」と一方的に伝えたところで、児童生徒に訴えることはないでしょう。児童生徒が、友情が大切な根拠・理由を理解して初めて、友情の大切さを理解できるのです。その意味で、道徳的諸価値を大切なものであると理解するとは、友情の意味や意義を理解することなのです。

ただし、小学校低学年の児童と中学生では、「友情」についての理解の仕方は異なるでしょう。価値理解の発達段階については発達心理学の知見をふまえる必要があります。なお、『解説』には、「友情」などの「内容項目（道徳的価値）」について、発達段階をふまえた「指導の要点」が書かれていますので、ぜひ熟読してから授業をすることをおすすめします。たとえば、小学校低学年の児童にとって、「友情」とは、「仲良くすること」「助け合うこと」にとどまりま

キーワード⑦

内容項目と道徳的価値

道徳教育と道徳科で扱う「内容項目」は、小学校低学年で19項目、小学校中学年で20項目、小学校高学年と中学校で22項目である。「内容項目一覧」については巻末を参照のこと（pp.236-237）。一方、「道徳価値」というのは、「内容項目」のなかに含まれている価値の内容である。たとえば、中学校のB-(8)の内容項目は「友情、信頼」である。しかし、その「友情、信頼」の内容項目のなかには「異性についての理解を深め」といった言葉が記載されており、道徳価値としては「異性理解」を含んでいる。それゆえ、多くの場合、内容項目と道徳的価値を区別する必要はないが、しばしば道徳的価値のほうが細分化されている。

一般に「価値」とは真・善・美といった「大切なもの」という意味であるが、特に「道徳的価値」という場合、「善」に関わる価値を意味する。とはいえ、内容項目のうち、「真理の探究」は「真」を含み、「感動、畏敬の念」は「美」を含むように、道徳的価値は「真」や「美」との関わりも含んでいる。『解説』によれば、道徳的価値は「よりよく生きるために必要とされるもの」であり、それゆえ、真や美を含むのである。その際、「よりよく生きる」ことは、たんに「生きる」こととは区別されるので、一般に、道徳的価値は経済的な便利さとは区別される。なお、本書では「道徳的価値」と「価値」を同

す。しかし，小学校高学年になれば，「友情」について，「仲良くすること」「助け合うこと」という理解にとどまらず，「切磋琢磨」「尊重し合うこと」といった価値理解もできるようになります。このように，**「一面的な見方から多面的な見方へと」**発展するようにうながすことが道徳科の授業の目標の1つです。

しかし，そのような価値理解は，別にわざわざ授業で学ばなくても，**自然と身につく**のではないでしょうか。それなのになぜ，わざわざ「友情」などの道徳的価値を取り上げて，授業で教える，あるいは扱う必要があるのでしょうか。

この疑問は重要です。というのは，この疑問があるために，**道徳教育は「学校の教育活動全体を通じて行う」**だけで十分ではないかという主張が出てくるのです。この疑問は，道徳教育で扱う**内容の正当性**への問いと，その**内容を教える必要性**への問いを含みます。すなわち，第1に，「友情」などの道徳的価値をなぜ学校で教えるべきなのでしょうか。また，なぜ学校で教えてよいのでしょうか。第2に，「友情」などの道徳的価値をなぜ学校で教える必要があるのでしょうか。

【道徳の内容に関する2つの問い】 表1.5

教える内容の**正当性**の問い	「友情」などの道徳的価値をなぜ学校で教えるべきなのか。また，なぜ学校で教えてよいのか。
内容を教える**必要性**の問い	「友情」などの道徳的価値をなぜ学校で教える必要があるのか。

上記の2つの問いへの解答は第4章にまわすとして，ここでは2つだけ確認しておきましょう。第1に，上述したような価値理解を，すべての児童生徒が**放っておいても自然に獲得できる**とは限りません。第2に，すでに感情的には大切さを実感できていることであっても，その大切さを改めて**知的に理解**することが**「道徳的価値の自覚」**につながることです。つまり，感情的に実感していることを再度知的に理解することを通じて，児童生徒がみずから自分の内面のなかに**内なる規律**をつくり，それに基づいて行為することにつながります。この意味で，わが国の道徳科の教育は**「理性主義」**あるいは**「合理主義」**であるといえます。つまり，理性によって考え，みずからの行為の指針をみずから決定することを重視しているのです。これは，あとにみるように，ドイツの哲学者イマヌエル・カントの**自律**の思想に基づいています。

もちろん，理性主義の道徳教育には批判もあります。心理学者の山田（2019）は，**「共感性」**を**「認知的共感」**と**「感情的共感」**の2つに分けています。「認知的共感」とは，「他者の感情を想像する側面」であり，「感情的共感」とは，「他者の感情を代理経験する側面」であるといいます。そのうえで，「認知的共感」は「他者の感情理解を巧みに利用した攻撃的行動につながる可能性」があるの

じ意味で用いる。「道徳的価値」と「道徳的価値観」の区別については，第1章3節3-4を参照のこと（pp.26–29）。

🔗 **関連箇所①**

一面的な見方から多面的な見方へ

第5章4節でみるように，道徳科の評価では，「一面的な見方から多面的・多角的な見方へと発展しているか」などを評価することになっている（p.184）。

🔍 **もっと学びたい方へ①**

道徳における知性と感情，あるいは認知と情動の関係をどう考えるのかについては本書では十分に扱うことはできない。荒木・藤澤（2019）には，道徳的認知や，道徳的情動について論じた章があるので，そちらを参照してほしい。

🔗 **関連箇所②**

道徳的価値の自覚

p.163を参照のこと。

💬 **重要人物①**

**イマヌエル・カント
（1724-1804）**

ドイツの哲学者。その後の西欧哲学に対する影響は甚大である。道徳に関しては，**定言命法**としての道徳法則，人間はその道徳法則にみずから従うという**意志の自律**，理性的な存在者としての人格は目的とみなされなければならないという**人格の尊厳**など，わが国の道徳教育に対する影響の大きさは計り知れない。道徳に関わる著書には，『人倫の形而上学の基礎づけ』（1785），『実

践理性批判』(1788),
『人倫の形而上学』
(1797) などがある。

で，これからは感情的共感の育成を重視すべきだとしています。これを筆者なりに平易に言い換えてみます。知的な価値理解が進みすぎると，その価値理解を悪用して他者を貶める危険性があるということです。

しかし，だからといって，知的な価値理解を無視して，感情や情動の育成のみを道徳教育の役割とみなすことには，次の2つの理由で賛成できません。第1に，人間が知的な価値理解を悪用するからといって，それを最初から教えないというのは，「臭い物に蓋をする」ことに等しいでしょう。それは人間の**自由**を軽視することです。人間には，**善と悪をともになし得る自由**があります。それでもなお，善を選択するところに人間の気高さがあるといえます。第2に，『学習指導要領』の「総則」で**体験活動の充実**について書かれているように，**感情や情動面**の育成は，主にさまざまな体験活動を含む学校の教育活動全体を通じて行うべきものです。一方，道徳科の授業では，**感情や情動面**の育成に加えて**知性や認知面**の育成を中心に行うのです。つまり，学校の教育活動全体と道徳科の両輪によって，認知面と情動面の両面の道徳性を調和的に育んでいくべきでしょう。

> 学校や学級内の人間関係や環境を整えるとともに，集団宿泊活動やボランティア活動，自然体験活動，地域の行事への参加などの**豊かな体験**を充実すること。(『小学校学習指導要領』「第1章総則」「第6　道徳教育に関する配慮事項」の3, p.27)（太字は筆者）

> 学校や学級内の人間関係や環境を整えるとともに，職場体験活動やボランティア活動，自然体験活動，地域の行事への参加などの**豊かな体験**を充実すること。(『中学校学習指導要領』「第1章総則」「第6　道徳教育に関する配慮事項」の3, p.28)（太字は筆者）

2）人間理解

次に，「人間理解」とは何でしょうか。「道徳的価値は大切であってもなかなか**実現することができない人間の弱さ**なども理解すること」です。道徳的価値の理解のなかに，この人間理解が含まれていることは，次の3つの点で重要です。

【人間理解の重要性】　　　　　　　　　　　　　　　　　　　　　　　　表1.6

(1)「望ましいと思われる分かりきったことを言わせたり書かせたりする授業」を防ぐ。

(2) 道徳的価値を自分との関わりで考えること（**自我関与**）によって，道徳的価値の自覚をうながす。

（3）児童生徒が，教材のなかに**「悪人探し」**をするのではなく，自分にもある「弱さ」を自覚することで，「裁く道徳」を回避する。

①「望ましいと思われる分かりきったことを言わせたり書かせたりする授業」を防ぐ

第1に，「他人に思いやりをもちましょう」「父母を敬愛しましょう」といったことは，誰でも知的・観念的には理解していることです。そのようなことを言わせたり書かせたりするだけの授業では，たんなる「上辺の道徳」で終わってしまい，道徳的実践・行為にはつながらないでしょう。それゆえ，中央教育審議会（以下，中教審）の答申では以下のようにいわれています。

> 道徳教育の指導方法をめぐっては（…略…）発達の段階などを十分に踏まえ**ず，児童生徒に望ましいと思われる分かりきったことを言わせたり書かせたりする授業**になっている例があることなど，多くの課題が指摘されている。（2014（平成26）年10月21日「道徳に係る教育課程の改善等について（答申）」中央教育審議会）（下線は筆者）

では，「望ましいと思われる分かりきったことを言わせたり書かせたりする授業」にならないためにどのように工夫したらよいのでしょうか。その工夫については本書でもこれからいくつかあげていきますが，そのうちの1つが，「人間理解」をうながすことです。人間理解とは，表1.4にあるように，「道徳的価値は大切であってもなかなか**実現することができない人間の弱さ**なども理解すること」です。したがって，「思いやりをもちましょう」だけでなく，「いつでも思いやりをもつのは難しいよね」と価値実現の難しさを理解すること，「父母を敬愛しましょう」だけでなく，「父母に怒られたら，腹が立つよね」という人間理解をすることです。このような人間理解を前提にして，初めて理想的な道徳的価値が少しだけ自分にとって親しみのあるものになるのです。たんに「望ましいと思われる分かりきったことを言わせたり書かせたりする」だけでは，知的あるいは観念的に理解するだけにとどまり，「それは頭ではわかるけど，実際にはできないよね」で終わってしまいます。

しかし，「道徳的価値は大切であってもなかなか実現することができない人間の弱さ」を理解するだけでは，道徳的行為・実践につながらないことはいうまでもありません。そこで，「どうしてなかなか思いやりをもてないのかな？」（**阻害条件**），「どうしたら思いやりをもてるのかな？」（**促進条件**）と問うことで，道徳的価値の実現に何が必要なのかを理解させることができるのです。この「阻害条件」と「促進条件」への問いを含む発問リストについては，第2章

をご覧ください。

②道徳的価値を自分との関わりで考えること（自我関与）によって，道徳的価値の自覚をうながす

　理想的な道徳的価値を知的・観念的に理解するだけでは，「上辺の道徳」で終わってしまいがちです。しかし，理想的な道徳的価値について，「それを実現するのは難しいよね」と人間理解をすることは，**自我関与**をうながすことにつながります。実際の読み物教材をもとに，このことを考えてみましょう。

　第2次世界大戦中に外交官をしていた杉原千畝の話は，「6000人の命のビザ」（東書，中2）として，道徳の教材でもよく取り上げられています。当時，リトアニアの日本領事代理だった杉原千畝は，ナチスの迫害から逃れるためにポーランドから逃げてきたユダヤ人難民に対し，外務省をやめさせられることも覚悟したうえで，日本通過のビザを発行し，6,000人を超えるユダヤ人の命を救いました。当時，日本の外務省はビザ発行の条件を，「行き先国の入国許可手続きを完了し，旅費及び本邦滞在費等の相当の携帯金を有する者に発給する」としていたため，避難民のほとんどは受給資格を欠いていました。杉原は緊急のビザ発行許可を外務省に求めますが，何度電報を送っても許可は下りませんでした。その背景には，日独伊三国同盟の締結を間近に控えていたという国内の政治的事情もありました。

　たしかに，誠実な児童生徒であれば，杉原千畝の行為について考えるなかで，「自分はこんなことできないな」「では，どうして杉原さんはこんなことができたのだろう？」と，杉原千畝の道徳的行為を自分との関わりで考えることもあり得るでしょう。しかし，斜に構えた児童生徒であれば，「僕には，私には関係ない話だ」で終わってしまいがちです。そうならないためには，「たしかに理想的な話だけど，実際は難しいよね」という人間理解を経由することで，「僕にも，私にも関係のある話だ」と**自我関与**をうながすことができるでしょう。

③児童生徒が，教材のなかに「悪人探し」をするのではなく，自分にもある「弱さ」を自覚することで，「裁く道徳」を回避する

　道徳の内容項目の「善悪の判断」では，「悪いことをした子に注意するかどうか」とか，「公正，公平，社会正義」では，「不正をした子に注意するかどうか」といった状況が描かれている教材があります。こうした教材では，いわゆる「悪人」が出てきます。しかし，問題は，悪や不正を**裁く**ことにあるのではありません。そうではなく，悪や不正にどう向き合うかという個人の道徳的判断を問題にしているのです。教師はこのことをしっかり自覚しておくべきです。そうでないと，児童生徒が自分の道徳的判断に向き合う授業ではなく，「悪人」を「裁く」授業になってしまう危険性があります。道徳授業の究極の目的

基礎知識①

ナチス

　国民社会主義ドイツ労働者党の通称。反ユダヤ主義，白色人種至上主義などの人種論を特徴とする。強者であるドイツ民族はヨーロッパ各地を征服しなければならないとし，ユダヤ人などの「劣等民族」は隔離されるか絶滅されるほかないとして，ユダヤ人を迫害・虐殺した。そのため，多くのユダヤ人はドイツを逃れ，亡命せざるを得なかった。

は自律であり，他人を罰することではありません。道徳授業が「**裁く道徳**」になってはならないのです（吉田・木原，2018）。「裁く道徳」で育った児童生徒は，将来，SNSで他人の罪をあげつらうような人間になってしまうかもしれません。

「裁く道徳」であってはならないということで想起されるのは，聖書のなかの次の話です。聖書に，姦通罪で捕らえられた女性をめぐって，イエス・キリストと律法学者たちが対決する場面があります。旧約聖書の律法では，姦通罪は石打ちの死刑にされることになっていました。判断を求められたイエスは「あなたたちの中で罪を犯したことのない者が，まず石を投げなさい」と言いました。すると年長者から順に1人また1人と立ち去ってしまい，誰も女に石を投げることができませんでした。

この話からわかることは，誰も人を裁く権利や資格をもつ者はいないということです。他人の罪を裁くよりも前に，自分の罪を見つめるべきだということでもあります。したがって，罪を犯すのは悪いことだという認識とともに，人間は誰でもそうした罪を犯し得る**弱さ**をもっているという人間理解の両面が必要だといえます。こうした人間理解をうながす学習こそ，児童生徒一人ひとりが「自己を見つめ」る学習になるでしょう。

「しんぱんは自分たちで」では，りょうという少年が，自分が勝ちたいためにルールを変えてくれと主人公のけんたに頼んできます。授業中，仮にりょうのような「悪い」登場人物を擁護する児童がいた場合，下手すると，その児童に対する「バッシング」が起きてしまうかもしれません。そのバッシングは，友達や先生に自分をよく見せたいという意識から，自分を「正しい」側に置くことで，優位に見せたいことの現れかもしれません。こうした「自分が正しいと思い込んだ人間」こそ，先述した律法学者です。イエス・キリストの教えは，このような律法学者にならないように，私たちを戒めているのです。道徳授業の目的がこうした律法学者を生み出すことにあるのではないとすれば，理想的な価値観の善さを理解させるだけでなく，「悪い」ことをしてしまう人間の「弱さ」が自分にもあることを見つめさせることも必要になるでしょう。

このようにみてくると，「道徳的価値を理解する」学習活動には，多面的・多角的に考えることが必然的に含まれるべきだといえるでしょう。たとえば，価値理解で道徳的価値の一般的な意味について理解させる際にも，たんに「友情とはこういう意味だ」という一般的な理解だけではなく，「でも，そういう友情の実現は難しい」という**人間理解**や，級友によって友情の意味が異なることへの理解（**他者理解**）が含まれなければならないでしょう。それゆえ，道徳的価値の理解そのものが多面的・多角的な理解でなければならないのです。そこで，「道徳的価値を多面的・多角的に理解する」学習活動については，改めて次節で論じていきます。

▶ 実践へ①
「しんぱんは自分たちで」の指導案については，第6章2節2-3を参照のこと（p.201）。

テーマ 》》》「多面的・多角的」に考えるとはどういうこと？

2-1　道徳的諸価値について，（広い視野から）多面的・多角的に考える学習

　すでに述べたように，「道徳的諸価値について理解」する学習は，道徳的諸価値について「多面的・多角的に考える」ことを含みます。そのため，ここでは両者を結び付けて，「道徳的諸価値について多面的・多角的に考える」学習とは何かをみていきましょう。では，「多面的・多角的に考える」とはどういうことなのでしょうか。

【「多面的・多角的に考える」とは】　　　　　　　　　　　　　　　表1.7

多面的に考える	道徳的価値そのものがもつ**意味のさまざまな側面**を考える。
多角的に考える	ある道徳的価値や道徳的問題を考える**条件や観点の多様性**を考える。

　前者の「多面的」に考える学習については，道徳的価値がもっている**意味の複数性**を考えることです。たとえば，「友情」であれば，「対等性」「互恵性」「非実用性」「献身・自己犠牲」「相互信頼」「相互尊敬」「切磋琢磨」「思い出の共有」などの複数の側面を含むでしょう。このような道徳的価値の意味の複数性について考え，理解させるのが，道徳的価値について「多面的」に考える学習です。

ワーク：考えてみましょう

「生命の尊さ」の内容について「生命が尊い理由」を複数あげてみましょう。

　柴原弘志は，「いのち」を認識する観点として，「①特殊性・偶然性，②有限性・一回性・非可逆性，③連続性・関係性，④普遍性・共通性・平等性，⑤精神性・可能性，⑥神秘性，⑦歓喜性」の7つをあげています（柴原・荊木，2018）。同じように，「寛容」はどのような意味をもつでしょうか。『解説』を読めば，「寛容」には，「①互いに相手の個性を認めること，②多様性を認めること，③広い心，④許し，⑤誰もが過ちを犯し得ること，⑥謙虚さ」といった複数の意味が含まれていることが理解できるでしょう。このように，道徳授業を行う際

🔍 **もっと学びたい方へ②**
友　情

　アリストテレスは『ニコマコス倫理学』で，相手の善さに基づく友情，快さに基づく友情，有用性に基づく友情の3種類に分けている。そして，最も優れた友情は相手の善さに基づく友情である。

🔍 **もっと学びたい方へ③**
寛　容

　寛容（tolerance）は「忍耐」という意味でもある。ジョン・ロック（1632–1704）は『寛容についての手紙』（1689）で，政治的統治は魂の救済には直接関与すべきではなく，各人の信仰生活を間接的に保障すべきだと主張した。このように，ロックにとって，寛容とは互いの宗教的信条を認め合うことであった。一方，J.S.ミルは，寛容の対象をロックよりも広げた。ミルは『自由論』（1859）で，「可謬性」（誰もが間違う可能性）によって，寛容を正当化した。

には，教材を熟読し，『解説』の「内容項目の指導の観点」を読んだうえで，教師独自の内容観をもつことが大切です。教師が道徳的価値についての考え方を広げておくことで，児童生徒の多様な反応にも適切に対応することができるでしょう。

　後者の「多角的」に考える学習については，たとえば物語文であれば，どの登場人物の立場から考えるかといった**観点**の多様性があげられます（柴原・荊木, 2018）。

　また，考える際の**条件**を変更してみるという学習も「多角的」に考えることです。たとえば，「友情」であれば，「ずっと連絡がなくても，友情は続くだろうか？」「嘘をつかれても，友情は続くだろうか？」「友達に頼まれたら，お金を貸すだろうか？」「貸さない」「でも，死にそうだったら貸すだろうか？」「貸す」「ではなぜ貸すの？」などというように，多様な条件を加えながら，道徳的価値についての理解を深める学習です。

　それゆえ，「多面的・多角的」は，たんに「多様」に考えることと同じではありません。「**対話的な学び**」で，児童生徒みんなの意見をそのまま受け入れるだけでは，道徳的価値の理解は深まりません。たんに「多様な答えを認める」ではなく，道徳的価値を「多面的・多角的に考える」ことを具体的にイメージしやすいように，図にあるような立方体を想像してみてください。多面的に考えるとは，ある道徳的価値の上の面と下の面，表面と裏面，左面と右面を考えることです。それゆえ，多面的に考えるとは，道徳的価値の「**肯定**」的な側面だけでなく，「**否定**」的な側面についても同時に考えさせることです。一方，道徳的価値を多角的に考えるとは，どんなことでしょうか。たとえば立方体であれば，8つの角度があるのです。具体的には，すでに述べたように，観点や条件などを変更する学習があります。したがって，「道徳的価値について多面的・多角的に考える学習」とは，たんに「何でもあり」の横並びの「多様性」を認めることではありません。肯定と否定の両面を考えたり，理想と現実について条件を変えて考えたりするところに「**深い学び**」があるといえます。

□━ キーワード⑧

**主体的・対話的で
深い学び**

　新しい『学習指導要領』では，道徳科に限らず，各教科などにおいて「主体的・対話的で深い学び」の実現に向けた授業改善を推進することが示されている。

**図1.1　「多面的」に考えるとは
（立方体）**

　多面的な価値理解と**価値観の多様性**は似て非なるものです。次のことを考えてみてください。価値観の多様性は無条件によいことなのでしょうか。アラン・ブルームは，善悪を知る可能性をまったく捨てて，あらゆる多様性を平等に承認することは「無関心さの寛大（openness）」の増大につながると指摘しています（ブルーム, 1988）。たしかに，多様性を認めようということは一見すると

無条件によいことに思えます。しかし，実は，個々人の間では価値観が多様であったとしても，一人ひとりはまったく他人に対して閉じていて，他人に対して無関心になり得るのです。そこで，道徳授業としては，むしろ個々人の価値観を広げていくことをめざします。価値について多面的な見方を学んでいくことがめざされるのです。

　しかし，「多面性」「多角性」と**多様性**が同一視されてしまった結果，「いろいろな意見をすべて対等に認めましょう」という安易な「対話的な学び（ペアワーク，グループワーク）」の授業実践が多くなってきている傾向があります。第4章で論ずるように，たしかに児童生徒の意見を否定してはいけません。しかし，それは児童生徒のあらゆる意見が同じ**重み**をもつということではないのです。重要な考え方とそれほど重要でない考え方は区別できますし，区別すべきです。そのため，「多面的・多角的に考える」とは，たんに「好きなだけ多様な意見を出しましょう」ということではないことを強調しておきたいと思います。

　では，道徳的価値を多面的に考える学習とは，具体的にはどのような学習なのでしょうか。たとえば，「伝統，文化」の内容についての学習であれば，伝統を「守りたい理由」「守るべき理由」を考えます。しかし，「すべての伝統を守るべきなの？」と**否定的**な側面についても考えます。また，「伝統を守ったら，どうなる？」「伝統を守らなかったら，どうなる？」などと，ある行為をした場合としなかった場合でどのように異なるかなどの**結果・帰結**を考えることができます。

　このように考えてくると，どんな道徳的価値であれ，複数の「多面的」な意味をもっています。「表裏一体」という言葉があるように，道徳的価値はよい面と悪い面を含んでいます。その意味では，道徳的諸価値の理解自体がそもそも「多面的・多角的」な理解でなければならないのです。

　たしかに，小学校低学年であれば，特定の価値観とその大切さを理解し，その理解を行為の指針とすること（道徳的価値の自覚）も一定程度必要でしょう。しかし，その場合にも，多面的な理解は必要です。小学校低学年のC-(12)「勤労，公共の精神」，すなわち「働くことのよさを知り，みんなのために働くこと」であれば，「みんなのために働くことはよいことだ（**価値理解**）」「でも，ずっと働いたら疲れる（行為の**結果・帰結の理解**）」「みんなのために働くには面倒くさがらないことが大事だ（価値の**促進条件**の理解）」など，多面的な理解ができますし，必要でしょう。

　それゆえ，「道徳的諸価値の理解を基に」という表現は，間違っているわけではありませんが，誤解を生みやすいと筆者は考えています。「道徳的諸価値の理解」という表現は，一定の決まりきった「**望ましいこと**」を言えばよいだけの授業につながり，「分かりきったことを言わせたり書かせたりする授業」を正当化してしまう危険性があるのです。実際，道徳的価値を理解する学習とは，も

ちろん一定の**知的**あるいは**観念的**な理解も必要ですが，それ以上に，「ある道徳的価値について，それぞれの時点での理解を基に自己を見つめるという学習活動」（柴原・荊木，2018）にならなければならないでしょう。それゆえ，「道徳的諸価値の理解を基に」というとき，「一定の一般的・客観的な価値理解」を基にしつつも，それを「**自分との関わり**」で理解することを前提にしているのです。

> 　指導の際には，特定の道徳的価値を絶対的なものとして指導したり，本来実感を伴って理解すべき道徳的価値のよさや大切さを**観念的**に理解させたりする学習に終始することのないように配慮することが大切である。（『小学校解説』p.18，『中学校解説』p.15）（下線，太字は筆者）

　道徳が教科化された理由は何だったでしょうか。少なくともその1つの理由は，「発達の段階などを十分に踏まえず，児童生徒に望ましいと思われる分かりきったことを言わせたり書かせたりする授業」を改善することでした。だからこそ，「考え，議論する道徳」と呼ばれたのです。しかし，非常に残念なことに，「発達の段階などを十分に踏まえず，児童生徒に望ましいと思われる分かりきったことを言わせたり書かせたりする授業」では不十分だという指摘は，現在の『学習指導要領』や『解説』には文言としては反映されていません。「分かりきったことを言わせたり書かせたりする授業」はよくないということが明記されなかったために，一定の知的あるいは観念的な理解を「正解」として言ったり書いたりすればよいだけの授業がなされていても，それを否定しづらくなっているのではないでしょうか。

> 　道徳教育の指導方法をめぐっては，これまでも，例えば，道徳の時間において，読み物の登場人物の心情理解のみに偏った形式的な指導が行われる例があることや，発達の段階などを十分に踏まえず，児童生徒に望ましいと思われる分かりきったことを言わせたり書かせたりする授業になっている例があることなど，多くの課題が指摘されている。（2014（平成26）年10月21日「道徳に係る教育課程の改善等について（答申）」中央教育審議会）（下線は筆者）

　ここでは，「**心情理解のみに偏った形式的な指導**」と「児童生徒に**望ましいと思われる分かりきったことを言わせたり書かせたりする授業**」の2つの授業では，不十分であると指摘されています。「**心情理解のみに偏った形式的な指導**」は，文部科学省（以下，文科省）の教科調査官も「**読み取り道徳**」と呼んでいますので，本書でもそう呼ぶことにします（浅見，2018）。この「読み取り道徳」の是非については，第3章で詳しく論じます。ここでは，もう1つの「児童生徒に

　関連箇所③

読み取り道徳
第2章3節3-1の2）
（pp.60-63），および第3章を参照のこと。

望ましいと思われる分かりきったことを言わせたり書かせたりする授業」について述べます。これを筆者は「**上辺の道徳**」と呼びます。そして，この「上辺の道徳」は，先生が言ってほしそうな「正解」を当てるだけの授業（「**忖度道徳**」と呼びます）と重なります。しかし，中教審答申にあった前述の文言が消えてしまうことで，平板で「分かりきった」答えを児童生徒が「忖度」して答えるような授業が，一部ではいまだになされているのも事実です。

　こうした「上辺の道徳」「忖度道徳」にならないようにするためには，第2章で論ずる「**自我関与**」をうながす発問と，ここで論じている「多面的・多角的に考え」させる発問が重要です。なお，この2つの学習は必ずしも別々の学習ではありません。「多面的・多角的に考え」させることが，結果的に「自我関与」をうながすことにもつながるというのが本書の立場です。それゆえ，「多面的・多角的に考え」させるための具体的な発問の方法については，第2章2節で「発問リスト」をあげていますので，そちらをご覧ください。

🔗 関連箇所④

発問リスト
　p.40の表2.6「3つの活用に応じた道徳授業の発問リスト」，およびp.52の表2.16「「問い返し」の発問リスト」を参照のこと。

▌2-2　物事を（広い視野から）多面的・多角的に考える学習

　さて，道徳科の目標に話を戻しましょう。これまで，「道徳的諸価値について多面的・多角的に考える」学習についてみてきました。次に，「物事を（広い視野から）多面的・多角的に考え」る学習についてみていきましょう。

　本章1-1でみたように，「物事を（広い視野から）多面的・多角的に考える学習」は，その前提として「道徳的諸価値についての理解を基に」しています。つまり，道徳科の授業では，「物事を多面的・多角的に考える」際にも「道徳的諸価値」の観点から考える必要があります。物事を考える際に，あくまで道徳的諸価値の観点から多面的・多角的に考えるのです。道徳科の学習は，あくまで道徳的価値の観点から考える点で，総合的な学習の時間などとは異なります。

ワーク：考えてみましょう

具体的な環境問題を1つ取り上げ，その問題に含まれている道徳的価値をあげてみましょう。

　たとえば，環境問題であれば，自然保護や生態系の問題を「自然愛護」の観点から考えることができます。地球温暖化の問題については，CO_2排出量削減についての先進国と途上国間の不平等や世代間格差という「公正，公平，社会正義」の観点から，あるいは諸国間の利害の調整といった「国際理解」の観点から考えることができます。

2-3　次期改訂時の学習指導要領における「道徳科の目標」案

　こうしてみてくると，「物事を（広い視野から）多面的・多角的に考える」学習と，「道徳的諸価値の理解」をうながす学習を，はたして明確に区別する必要があるのでしょうか。筆者は両者を区別する必要はないと思っています。というのは，道徳科の授業においては，道徳的な問題について多面的・多角的に考えること自体が，それをとおして道徳的価値の多面的・多角的な理解をうながすことを必然的に含んでいるはずだからです。これは，先にみた環境問題に例を考えてみればわかると思います。

　反対に，道徳的諸価値について多面的・多角的に考える学習は，同時に道徳に関わる物事を，道徳的諸価値の観点をもとに（広い視野から）多面的・多角的に考える学習でもあるのです。たとえば，友情について多面的・多角的に考える学習とは，「友達を助けるか，助けないか」「友達を信じられるか，信じられないか」といった問題を考えることです。このように，道徳的諸価値について多面的・多角的に考える学習と，物事を（広い視野から）多面的・多角的に考える学習は一体となっているはずです。実際，『解説』には次のように記されています。

> 　道徳科においては，児童が道徳的価値の理解を基に物事を多面的・多角的に考えることができるようにすることが大切である。道徳的価値の理解は，道徳的価値自体を観念的に理解するのではなく，道徳的価値を含んだ事象や自分自身の体験などを通して，そのよさや意義，困難さ，多様さなどを理解することが求められる。（『小学校解説』p.19）（下線，太字は筆者）

> 　とりわけ，諸事象の背景にある道徳的諸価値の多面性に着目させ，それを手掛かりにして考察させて，様々な角度から総合的に考察することの大切さや，いかに生きるかについて主体的に考えることの大切さに気付かせることが肝要である。それは，物事の本質を考え，そこに内在する道徳的諸価値を見極めようとする力にも通じるものである。（『中学校解説』p.16）（下線，太字は筆者）

　小学校と中学校で文章は異なっていますが，小学校では，「道徳的価値を含んだ事象」とあり，中学校では，「物事の本質」に「内在する道徳的諸価値」と述べられています。このように，物事それ自体のなかに道徳的諸価値が含まれているのですから，道徳的価値について考えることと，物事について多面的・多角的に考えることは，本来不可分であるというべきです。したがって，筆者は両者の学習を区別する必要をあまり感じません。そこで，道徳科の目標を次の

ように修正してはどうかと考えています。

◆現行の学習指導要領における「道徳科の目標」

よりよく生きるための基盤となる道徳性を養うため，道徳的諸価値についての理解を基に，自己を見つめ，物事を（広い視野から）多面的・多角的に考え，自己（人間として）の生き方についての考えを深める学習を通して，道徳的な判断力，心情，実践意欲と態度を育てる。

◆次回の学習指導要領改訂時における「道徳科の目標」案

よりよく生きるための基盤となる道徳性を養うため，**道徳的諸価値を多面的・多角的に考え，その道徳的諸価値の理解を基に**，自己を見つめ，自己の（人間としての）生き方についての考えを深める学習を通して，道徳的な判断力，心情，実践意欲と態度を育てる。

3 「道徳に答えはない」のか

3-1 事実から価値を導き出せない

テーマ 》》 道徳に「答え」なんてあるの？

　これまで，道徳的諸価値について多面的・多角的に考える学習とはどういうことなのかをみてきました。しかし，多面的・多角的に考えてみたところで，道徳的価値がなぜ大切かということには，結局答えなんてないのではないでしょうか。この節では，この問題を考えていきましょう。そもそも道徳に答えなんてあるのでしょうか。また，答えがあるとして，道徳科における「答え」と他教科における「答え」はどう違うのでしょうか。

ワーク：考えてみましょう

道徳科の「答え」と，他教科の「答え」はどう違うのかを考えてみましょう。

　道徳教育に懐疑的な意見が頻出しがちなのは，道徳教育が価値の問題を扱うからです。つまり，「**価値**」と「**事実**」の区別を前提にしたとき，道徳教育は主に「価値」の問題を扱うがゆえに難しいのです。たとえば，「1＋1＝2」は必然的真理であり，それ以外の答えはあり得ないでしょう。しかし，「嘘をついてはならない」という規則は，人間が嘘をつけるからこそ**命令**することができるのです。つまり，その規則に従わないという人間の**自由**を前提としているのです。

あなたが「嘘をついてはならない」という規則が正しいと信じているとしても，嘘をついている人がたくさんいる現実のなかでは，だんだんとその規則が空しく聞こえてくるかもしれません。しかし，嘘をついている人がいるという事実によって，嘘をつくことは善いことだという価値観を正当化することはできません。事実から価値をただちに導き出すことはできないのです。英語でいえば，いくら"be"に関する事実を積み上げてみても，"should"を導き出すことはできません。つまり，嘘をつく人がたくさんいるという事実によって，「嘘をつくべきだ」という規則の正しさを導き出すことはできません。それは，世の中に貧しい人々がたくさんいるからといって，貧困の撲滅という理想が間違っているとはいえないのと同じことです。同じように，世の中の多くの人々が現実に不幸だからといって，幸福を望むべきではないということにはなりません。

🔒 **キーワード⑨**

事実から価値をただちに導き出すことはできない

イギリスの哲学者ヒュームが『人間本性論』で「事実判断だけからは価値判断は出てこない」という法則を唱えたことから，一般に「**ヒュームの法則**」と呼ばれている。「Aさんはいつもケーキを食べたがっている」事実から，「Aさんにケーキを食べさせてあげるべきだ」という価値判断がただちに導かれるわけではない。

■ 3-2　相対主義の問題点

テーマ 》》 「道徳に答えはない」はなぜ間違っているの？

しかし，そもそも「嘘をついてはならない」という規則は普遍的なものではないという主張もあります。「道徳的**相対主義**」は，道徳的に何が正しいかは，人によって，文化や社会によって，時代によって異なるので，普遍的な答えはないと主張します。それゆえ，「嘘をついてはならない」という規則は，特定の時代や文化のなかでのみ正しいにすぎないといいます。相対主義は古代から存在する考え方であり，現代でも一定の支持を得ています。では，相対主義がいうように，道徳には答えがないのでしょうか。

🔒 **キーワード⑩**

道徳的相対主義

道徳的相対主義とは，何が道徳的に正しいかは，文化や社会，時代，個人によって変わり得るという主張である。しかし，道徳的相対主義は価値多元主義と区別されるべきである。価値多元主義は，自体や事物のもつさまざまな価値が，本質的に異なる複数の源泉をもち得るとする立場である（柏端, 2019）。詳しくは，p.20を参照のこと。

ワーク：考えてみましょう

「道徳に答えはない」というのは本当でしょうか。話し合ってみましょう。

授業づくりの方法を主題とする本書の性質上，相対主義の問題を詳しく論ずることはできません。しかし，仮に個々の教師が相対主義を信じているとしても，道徳が教科である以上は，「道徳に答えはない」と児童生徒に言うべきではないと思います。というのは，「答えがない」と教師から言われれば，児童生徒は，答えがある他教科の学習をしたほうがよいと思うでしょう。児童生徒は，「どうせ答えがないのに，なぜ考えなければいけないの？　そんなの時間の無駄では？」と疑問に思うでしょう。それゆえ，道徳が教科である限り，道徳的問題には「答えがない」のではなく，「**答えが1つではない**」と考えるべきだと思いま

す。実際，『解説』にも，「答えが1つではない道徳的課題」と書かれています。

> 「特定の価値観を押し付けたり，主体性をもたず言われるままに行動するよう指導したりすることは，道徳教育が目指す方向の対極にあるものと言わなければならない」，「多様な価値観の，時に対立がある場合を含めて，誠実にそれらの価値に向き合い，道徳としての問題を考え続ける姿勢こそ道徳教育で養うべき基本的資質である」との答申を踏まえ，発達の段階に応じ，**答えが一つではない道徳的な課題**を一人一人の児童（生徒）が自分自身の問題と捉え，向き合う「考える道徳」，「議論する道徳」へと転換を図るものである。（『小学校解説』p.2，『中学校解説』p.2）（太字は筆者）

「答えがない」と**「答えが1つではない」**は全然違います。前者は「答えがない」ことを最初から断定しています。しかし，どうして「答えがない」とあらかじめ言い切ることができるのでしょうか。それに対して，後者の「答えが1つではない」の場合，答えは必ずしも1つではなく，複数あり得るということです。これは，「正しい答えはない」とする相対主義に対して，「答えは複数ある」とする多元主義だといえます。したがって，相対主義と多元主義を区別する必要があります。多元主義は，道徳的な真理に到達する可能性をあらかじめ排除しているわけではなく，いずれは道徳的な真理に到達する可能性も残しているのです。

厳密にいえば，**多元主義**は，究極的な**価値**は1つではなく，**複数**あるという立場です（柏端, 2019）。たとえば，多元主義にとって，「勤労」と「家族愛」はそれぞれに異なった種類の価値であり，どちらかを究極的なものとみなすことはできません。それゆえ，「仕事と私のどっちが大事なの？」と聞かれたとしたら，多元主義は，仕事と家族のどちらを優先すべきかを決める単一の答えは存在しないといいます。また，生命という価値のなかでも，苦痛の少ない短い人生と，長生きする人生のどちらがよいかを決める単一の答えも存在しないとします。

この「多元主義」と「相対主義」はしばし混同されます。しかし，「相対主義」と対立するのは「普遍主義」であるのに対して，「多元主義」と対立するのは**「一元主義（還元主義）」**なのです。一元主義とは，たとえば功利主義がそうであるように，幸福のような究極的な唯一の価値が存在するとみなす立場です。一方，多元主義は，そのような究極的な価値が1つではないことを認めます。友情と生命のどちらが優先されるべきかを決める単一の原理は存在しないと認めるのです。それゆえ，多元主義かつ普遍主義であることは可能です。**多元主義的普遍主義**とは，普遍的な道徳的価値がまったく存在しないという相対主義ではなく，普遍的な道徳的価値は複数あると主張するものです。

🔗 関連箇所⑤
多元主義的普遍主義
第4章2節2-2も参照のこと（p.140）。

絶対に普遍的な道徳などというものはなく，道徳は時代や社会によって変わるのだから，道徳を学校教育で教えることに妥当性はないという主張がなされることがあります。しかし，この主張の背景には，多元主義と相対主義が区別されていないことがあるでしょう。単一の絶対的な価値はないとしても，**複数の究極的な価値**が並立し，それらの諸価値がいずれも普遍的であると主張することは可能です。たとえば，自由，個性，平等といった近代的な道徳的価値だけでなく，思いやり，友情，礼儀といった古代以来の道徳的価値も同時に普遍的であると主張することはできます。本書はこの立場をとります。

　現在のわが国の道徳教育も道徳的価値を並列している以上，暗にこの多元主義をとっているといえます。それゆえ，「道徳的**諸価値**の理解を基に」というように，諸々の道徳的価値が並立することを認めているといえます。

　ところで，「普遍主義」対「相対主義」，「一元主義」対「多元主義」の2つの次元をそれぞれ掛け合わせると，道徳的価値についての考え方には4つの立場があることになります。

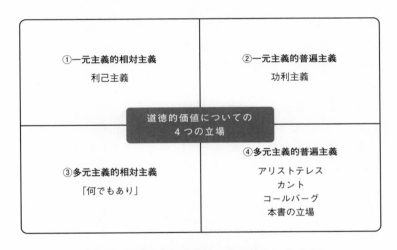

図1.2　道徳的価値についての4つの立場

1）一元主義的相対主義

　一元主義的相対主義にというのは，基本的にはあり得ません。というのは，相対主義が何か特定の規準を一元的に道徳に適用することを批判するからです。ただし，あえてあげるとすれば，「**利己主義**」でしょう。これは「自分の利益になることのみが正しい」「自分の利益になりさえすれば，何をしてもかまわない」とする立場です。

重要人物②

ジェレミー・ベンサム
(1748-1832)

　イギリスの哲学者。「最大多数の最大幸福」を説く**功利主義**の創始者として有名。快楽を7つの規準で計算する快楽計算を主張した。ベンサムは，功利主義をもとに法律の改正に尽力した。ただし，ベンサムの目的は主に法改正にあり，ベンサムの関心はもっぱら行為の外的な規制にあったことから，のちにミルが，ベンサムは人間の内面性や性格の問題を無視していると批判した。主著は『道徳と立法の原理序説』(1789) など。

重要人物③

ジョン・スチュアート・
ミル
(1806-1873)

　イギリスの哲学者，経済学者。功利主義者である父ジェームズ・ミルの長男として**功利主義**の普及に努めるが，「精神の危機」を経て，功利主義を修正し，快楽には量の違いだけでなく質の高低があることを主張した。道徳に関しては，快楽の質を重視したこととともに，幸福を促進する行為だけでなく性格を重視し，行為を外的に規制する法だけでなく，行為を内面的に規制する良心を重視したことが重要である。また，わが国ではあまり言及されないが，『論理学体系』(1843) で，道徳・分別・美学の「**生の技術**」の3部門を区別したこと（本書 p.150）には大きな意義がある。『自由論』(1859) では，キーワード⑪で述べる「危害原理」を主張した。

2）一元主義的普遍主義

　「最大多数の最大幸福」を掲げる**功利主義**は，幸福という一元的な価値に基づいて，あらゆる道徳を判断するべきだとします。功利主義は，基本的には，幸福のみが本質的な価値であるとする一元主義です。それゆえ，他の価値は幸福を促進するに応じて価値があるということになります。また，功利主義は，幸福が本質的であることは普遍的に正しいといいます。このように，功利主義は一元主義的普遍主義の代表です。

　ただし，功利主義にもいくつかの立場があります。「快楽計算」を用いて幸福を合計することを主張したベンサムとは異なり，ジョン・スチュアート・ミルは，種々の幸福はそれぞれに異質で相互に還元できないものであるため，単純には合計できないとしているのです。その意味では，ミルには多元主義に近い面もあります。なお，ミル (1971) は『自由論』で，「**個性**」を幸福の一部をなす普遍的な価値とし，「個性を伸ばすには**自由**が必要である」という理由から「成人の場合，他者に危害を及ぼさない限り，個人の自由である」という「**危害原理**」を主張しています。ただし，その正しさは未成年と未開社会には適用できず，成人と文明化した社会にしか適用できません。その意味で，ミルは人間性や社会が進歩することを前提にしています。

3）多元主義的相対主義

　多元主義的相対主義とは，道徳的価値が複数あるとともに，それぞれの道徳的価値自体，ある特定の個人や，ある特定に時代や文化のなかでしか正しくないとする立場です。つまり，「人それぞれ」「何でもあり」の立場です。

4）多元主義的普遍主義

　最後に，本書の立場となるのが，すでにみた多元主義的普遍主義です。意外に思われるかもしれませんが，カントの義務論は，実は多元主義的普遍主義です。というのは，カントは道徳法則（規則）は普遍的でなければならないとしますが，普遍的な道徳法則が相互に矛盾した場合にその衝突を解決するようなさらに上位の道徳法則については何も述べていないからです。

　カントは義務を「完全義務」と「不完全義務」に分けています。「完全義務」とは，「嘘をついてはならない」「自殺してはならない」といった例外を許さない義務のことです（カント, 2005）。「嘘をついてはならない」と「自殺してはならない」という2つの「完全義務」は，ともに禁止を命ずる義務であるため，衝突することはあり得ません。たんに嘘をつかず，自殺もしなければよいだけのことだからです。たとえば，「自殺すると約束したのに，嘘をついて自殺する」といったことは，自殺が禁止されているのですからそもそも許されないことです。一方，カントは，「他人を助けなさい」と「自分の能力を発展させなさ

い」の両方を「不完全義務」だといいます。不完全義務とは，それをいつ誰に行うべきかの判断は個人に委ねられているため，それを行うと称賛されるような義務のことです。

「完全義務」と「不完全義務」の間では「完全義務」が優先します。それゆえ，他人を助けるために，嘘をついてはならないのです。しかし，「他人を助けなさい」と「自分の能力を発展させなさい」という2つの「不完全義務」は相互に矛盾することがあり得ます。たとえば，自分の大学受験のために勉強して自分の能力を高めることと，入院している親のお見舞いに行くことでは，どちらが正しいのでしょうか。おそらく，「思いやり」のある子どもなら，お見舞いを選択しそうですが，カントの義務論は，こうした義務同士の衝突を解決する方法については何も教えてくれません。しかし，功利主義者であれば，「どちらが関係者全員の幸福をより促進するかを考えなさい」と言うでしょう。

ただし，カント（2005）は，あなたの人格のなかにも他のすべての人の人格のなかにもある人間性を，あなたはつねに**目的**として用い，決して**手段として**の**み**用いてはならない，という規則を「**定言命法（無条件の命令）**」だといいます。つまり，他人をたんなる手段として扱ってはならないという規則は絶対だというのです。重要な点は，この命令は，他人を手段として扱ってはならないということではありません。他人を**た̇ん̇な̇る̇手段**として扱ってはならないということです。たとえば，会社の社長はみずからの会社の利益を増やすために，社員を手段として扱うでしょう。しかし，同時に，社員の意志も尊重しなければなりません。それゆえ，会社の社長は社員の諸々の権利を守らなければならないのです。

この点では，この「人格を目的にしなさい」という命令が，他の特定の道徳的価値を絶対視することを防ぐ役割をもつといえるでしょう。たとえば，伝統や公共の秩序を維持するために，誰かの**意志の自律**（自分自身に課す規則をみずから選択する自由）を無視することは許されないでしょう。それゆえ，わが国の道徳教育において，「**自律，自由と責任**」が，小中学校の両方で内容項目の最初に置かれていることはきわめて重要な意味をもつといえます。つまり，道徳的価値は他人によって強制されるべきものではなく，最̇終̇的̇に̇は̇個人がみずからの意志で選択すべきものだということです。それゆえ，意志の自律こそ，他のあらゆる道徳的価値の基礎となるものです。

ここで，「最̇終̇的̇に̇は̇」本人の選択であるということを強調したのには理由があります。一言でいえば，教師が児童生徒を，道徳的諸価値の理解と納得と自覚に向けて鼓舞することは許されるというのが本書の立場だからです。このことについては第4章で論じます。

また，厳密にいえば，カントの「自律」には，「自分の欲望に縛られないこと」と「他人の権威によって道徳法則に従うのではなく，自分の意志で道徳法則に従うこと」という二重の意味があります。しかし，わが国の道徳教育では，

ロ＝ キーワード⑪

危害原理

　ミルが『自由論』で提示した，「他者に危害を及ぼさない限り，個人の自由であるべきだ」という原理。「他人に迷惑をかけなければ，何をしてもよい」とほぼ同じ内容である。ただし，ミルがこの原理を主張した理由の1つは，その自由によって，個々人が個性を発達させる機会を獲得できると考えたからである。つまり，自由があってこそ，自己教育が可能になるという想定がある。

🔗 関連箇所⑥

鼓　舞

p.131を参照のこと。

後者の「自分の意志に従うこと」の意味で「自律」が使われています。そのことを『解説』で確認しておきましょう。

> 自己を高めていくには何物にもとらわれない自由な考えや行動が大切である。自由には，自分で**自律的**に判断し，行動したことによる自己責任が伴う。自分の自由な意思によっておおらかに生きながらも，そこには内から自覚された責任感の支えによって，**自ら信じることに従って，自律的に判断し**，実行するという**自律性**が伴っていなければならない。（『小学校解説』p.28）（太字は筆者）

> 「**自律の精神を重んじ**」るとは，**他からの制御や命令を待つことなく，自分の内に自ら規律を作り，それに従って行動しようとする気持ちを大切にすること**である。（中略）**自由とは自らに由ることであり，自らの意志や判断で行動**することである。自由な意志や判断に基づいた行動には責任が求められる。
> **自ら考え，判断し，実行し，自己の行為の結果に責任をもつことが道徳の基本**である。したがって，深く考えずに多数派に付和雷同したり，責任を他人に転嫁したりするのではなく，自らの規範意識を高め，**自らを律する**ことができなければならない。どのような小さな行為も，**自分で考え，自分の意志で決定**したものであるとの自覚に至れば，人間はその行為に対して責任をもつようになる。そこに，道徳的自覚に支えられた**自律的**な生き方が生まれ，自らの責任によって生きる自信が育ち，一個の人間としての誇りがもてるようになるのである。（『中学校解説』pp.26-27）（下線，太字は筆者）

　このように，教師がどのような道徳的価値を指導したとしても，最終的には，児童生徒がその道徳的価値の意義を自覚し，その道徳的価値に支えられた**内なる規律に従ってみずからを律する**ことが望まれています。その意味で，自律は他のあらゆる道徳的価値を支える基本的な道徳的価値であるといえます。

　こうしたカントの自律の思想は，会津藩の「什の掟」にある「年長者の言ふことに背いてはなりませぬ」という掟にはしばしば反するでしょう。自律は，たとえ相手が年長者であっても，「悪いと思ったら悪い」と指摘することを要求するでしょう。その意味では，わが国の現在の道徳科は，カントを代表とする西洋近代の倫理学を前提にして構成されているといえます。ただし，それは，西洋の伝統的な倫理やわが国の伝統的な倫理をまったく排除することではありません。西洋と東洋，古代と近代を含む諸々の道徳的価値を包括しつつも，カントの自律を最上位に置いているということです。

　また，複数の普遍的な道徳的価値の並立を認めつつ，それでも相互の**優先順位（重みづけ）**を決めるための方法論が存在します。その1つは，アメリカの

政治哲学者ジョン・ロールズが提唱した「**反省的均衡**」です（ロールズ, 2010）。その説明は省略します。しかし，単純にいうと，どちらも正しいような価値・原理が相互に対立した場合に，一定の解決策を出すためのより包括的な原理を発見するための方法です。ロールズは，この反省的均衡を用いて，「自由」と「平等」という価値の優先順位を決定しました。ロールズがいうには，①「基本的諸自由」が第1に優先され，それが満たされたら，次に②「機会の公正な平等」が，最後に③「格差原理」が満たされなければなりません。これらの原理の内容についても省略しますが，たとえば，「所得を平等にするという目的のために，職業を選択する自由を奪ってはならない」のです。しかし，職業選択の自由と機会の公正な平等が満たされたうえで，所得格差は是正されなければなりません。では，どのように是正すべきなのでしょうか。ロールズは，不平等が最も恵まれない人の利益となるように調整されなければならないといっています。

● 重要人物④

ジョン・ロールズ
（1921-2002）

アメリカの政治哲学者。ロールズは「善に対する正の優先」を主張し，正義は社会で共通であり得るが，個々人の善の構想は多様であるべきだとした。主著は『正義論』（1970）など。正は共通で，善は多様だというロールズの主張は道徳教育にも影響を与えている。本書の第4章では，善は多様であるというロールズの主張を認めるが，だからといって，善に関する道徳教育を行うべきだということにはならないと主張する。

3-3　多元主義的普遍主義からみる道徳教育の内容

> テーマ ≫ 道徳の普遍性はどこにあるの？

　多元主義的普遍主義の立場から，わが国の道徳教育の内容をみてみましょう。たとえば「勤労」は，奴隷に労働をさせていた古代のアテナイの自由人にとってはまったく価値のないものだったのであり，普遍的な価値とはいえないかもしれません。「かもしれません」というのは，先ほど述べた通り，歴史的事実からただちに価値を導き出すことはできないからです。一方，「生命の尊さ」「真理の探究」といった道徳的価値はどちらも普遍的な価値だといえるでしょう。

　その一方で，生命の尊さというときにどこまで生命に含めるのか，真理とは何かについては多様な考え方があります。また，生命の尊さと真理の探究が相互に衝突した場合にどちらを優先するべきかという判断については多様な答えがあります。したがって，どういう道徳的な判断・行為が正しいのかについては唯一の正解があるとは限りません。しかし，そうした道徳的行為・判断の多様性と道徳的諸価値の普遍性は両立します。生命の尊さ，真理の探究というように，普遍的な道徳的価値は複数あるのです。つまり，多元主義的普遍主義からすれば，**価値のレベル**では普遍的な複数の道徳的価値が並立しており，それに応じて**行為・判断のレベル**では答えが多様であり得るのです。侵略された母国を救うために戦争に行くか，病気の母親を看病しに行くか，これは愛国心と家族愛というともに普遍的な価値を前提にしているからこそ，個々の判断は多様なのです。なお，功利主義ならば，どちらの選択がより大きな幸福を生むかを考えるので，一元主義となります。

【普遍性のレベル】	表1.8
道徳的行為・規則・判断の普遍性	カント，功利主義
道徳的価値の普遍性	アリストテレス，本書の立場

価値レベルと行為・判断レベルを同一視してしまうのは，カントの義務論や功利主義といった近代の倫理学にも原因があるかもしれません。基本的に，カントや功利主義は，**行為**とその行為を命ずる**規則**のレベルで道徳をとらえています。カント（2005）は「嘘をついてはならない」という規則を例外のない普遍的な命令だと述べています。これは道徳的行為・判断のレベルの普遍性です。

一方，アリストテレスは，たとえば勇気という徳について，どういう行為が勇気のある行為と呼べるのかは，個別の状況で**思慮**（フロネーシス）に基づいて判断しなければならないといっています（アリストテレス，2015）。道徳は**実践**に関わるもので，理論的な**認識**を扱う数学的な真理のように厳密な論証はできないので，道徳的な真理は大雑把にしか語れないというのです。筆者がいう多元主義的普遍主義は，アリストテレスの立場に近いといえます。勇気は普遍的な道徳的価値ですが，どういう行為が勇気のある行為であるかは状況に応じて多様であり得るということだからです。

3-4 「価値」と「価値観」の区別

テーマ ≫≫ 多様な価値観があるのに，どうして道徳を教えてもよいの？

これまで述べてきたことを，『解説』の文言をもとに確認してみましょう。3-3では，道徳的価値の普遍性は，道徳的な規則・行為の普遍性と同じではないと述べました。つまり，道徳的価値の普遍性と，道徳的な規則・行為の多様性は両立するのです。端的にいえば，「**道徳的価値**」と「**道徳的価値観**」は異なるのです。道徳的価値の普遍性と道徳的価値についての考え方（価値観）の多様性は両立するのです。貝塚（2020）も，「そもそも，道徳的価値と「価値観」とは本質的に異なるものである。道徳的価値とは，「正義」「勇気」「節制」「親切」「正直」などであり，一般的には普遍性を持つものである。（…略…）道徳的価値は普遍的で「変わらない」が，「価値観」は，時代や状況に応じて「変わる」ということでもある」と述べています。

たとえば，たしかに原始的な社会の価値観と現代の価値観は異なりますし，日本とアメリカの価値観は異なります。しかし，「自由」「平等」「正義」「人権」「生命」といった価値に普遍性があることを否定する人は少ないのではないでしょうか。たしかに，「自由」「平等」「正義」「人権」「生命」などの価値は原始的な社会においては十分に自覚されていなかったでしょう。しかし，歴史が進

💬 重要人物⑤

アリストテレス
（前384-前322）

古代ギリシアの哲学者。プラトンの弟子で，プラトンと並ぶ古代ギリシア最大の哲学者。その後のヨーロッパの学問の基礎を築いた。倫理学においては，アリストテレスは最高善を「幸福（エウダイモニア）」とし，幸福は人間の能力が完全に発揮された活動にあるとした。現代では，カントの義務論とベンサムやミルの功利主義が倫理学の双璧をなしていたが，アンスコム（1919–2001）などの倫理学者は，義務論と功利主義がどちらも「行為」や「規則」のみを問題にし，「性格」を軽視しているとして批判し，アリストテレスの**徳倫理学**の復興を唱えた。こうしてアリストテレスの徳倫理学は，義務論，功利主義と並ぶ現代規範倫理学の3本柱となった。

歩する過程で,「自由」「平等」「正義」「人権」「生命」が大切であると人々が気づき,それらの価値の普遍性が自覚されてきたのです。しかし,「自由」「平等」「正義」「人権」「生命」の価値の中身については,国によって多様であり,多様であって当然なのです。そして,今後も,「自由」「平等」「正義」「人権」「生命」の価値の中身については変わっていくでしょうし,変わっていってかまわないのです。しかし,「自由」「平等」「正義」「人権」「生命」が大切であるという理解そのものが失われることはおそらくないでしょう。

「礼儀」についてはどうなのかといわれるでしょう。しかし,たしかに礼儀の中身は国によって多様であっても,礼儀作法のない社会はほとんどないでしょう。「伝統」はどうでしょうか。たしかに,「伝統」の継承がたんに目に見える文化遺産を固守することだと考えるとすれば,悪しき「伝統」は存在するのであり,変えるべき伝統は存在するといえるでしょう。しかし,「伝統」とは,優れた文化遺産を継承しつつ,それを新しい形へと創造的に発展させていくものでもあります。その点では,「伝統」は擁護されるべきものでしょう。というのは,まったく「伝統」なしで生きていける人はいないからです。

以上の「道徳的価値」と「道徳的価値観」の区別という視点から『解説』をみると,以下のような記述があります。

▶ 実践へ②
「伝統」を扱った授業については,第6章4節4-6「白川郷に魅せられて」を参照のこと(p.227)。

> 道徳科の授業では,**特定の価値観**を児童(生徒)に押し付けたり,主体性をもたずに言われるままに行動するよう指導したりすることは,道徳教育の目指す方向の対極にあるものと言わなければならない。**多様な価値観**の,時に**対立**がある場合を含めて,自立した個人として,また,国家・社会の形成者としてよりよく生きるために**道徳的価値**に向き合い,いかに生きるべきかを自ら考え続ける姿勢こそ道徳教育が求めるものである。(『小学校解説』p.16,『中学校解説』p.13)(下線,太字は筆者)

このように,「特定の**価値観**を児童(生徒)に押し付け」てはならないことが明記されている一方で,「**道徳的価値**に向き合い,いかに生きるべきかを自ら考える姿勢」が求められています。ここでの記述から,「特定の**価値観**」と「**道徳的価値**」とが異なることはいうまでもないでしょう。道徳的価値そのものは授業で扱うのですが,特定の価値観を押し付けるわけではないのです。

> 道徳的価値とは,よりよく生きるために必要とされるものであり,人間としての在り方や生き方の礎となるものである。学校教育においては,これらのうち発達の段階を考慮して,児童(生徒)一人一人が道徳的価値観を形成する上で必要なものを内容項目として取り上げている。児童(生徒)が今後,様々な問題場面に出会った際に,その状況に応じて自己の生き方を考え,主体的な判

> 断に基づいて道徳的実践を行うためには，**道徳的価値の意義**及びその**大切さ**の理解が必要になる。(『小学校解説』p.17, 『中学校解説』p.14)（下線，太字は筆者）

　ここでは，道徳的価値とは「児童（生徒）一人一人が道徳的価値観を形成する上で必要なもの」とされており，「道徳的価値の意義及びその大切さの理解」という文言があります。たしかに，「道徳的価値の大切さの理解が必要」と書かれていますが，道徳的価値の大切さを理解するためには，道徳的価値の「**意義**」や**根拠・理由**を考えることが必要になります。その道徳的価値の「意義」についての考え方が「道徳的価値観」なのです。それゆえ，道徳の学習では，「礼儀に従いなさい」とか「規則を守りなさい」といったような，道徳的**行為**を強制するための学習が想定されているのでは決してありません。「礼儀はなぜ大切なのか」「規則はなぜ大切なのか」という道徳的価値の「意義」を理解するための学習が想定されているのです。

　そして，礼儀の「意義」について真剣に考える学習をした結果，それでも「規則を尊重する意義が理解できない」「規則の大切さは理解できるが，守ろうとは思わない」という児童生徒がいるとしましょう。その場合，授業のねらいは達成されていないとしても，それは児童生徒本人の「価値観」ですから，尊重されなければならないのです。

　また，道徳的価値を含む「内容項目」については以下のように，書かれています。

> 　これらの内容項目は，教師と児童（生徒）が人間としてのよりよい生き方を求め，共に考え，共に語り合い，その実行に努めるための**共通の課題**である。また，学校の教育活動全体の中で，様々な場や機会を捉え，多様な方法によって進められる学習を通して，児童（生徒）自らが調和的な道徳性を養うためのものでもある。
>
> 　(…略…) なお，それぞれの内容項目は指導に当たり**取り扱う内容**であって，**目標とする姿**を表すものではない。したがって，児童（生徒）に対して一方的に内容項目を**教え込む**ような指導は適切ではない。指導に当たっては，内容項目に含まれる道徳的価値について一般的な意味を理解させるだけではなく，発達の段階を踏まえつつ，その意義などについて自己との関わりや社会的な背景なども含め多面的・多角的な視点から考えさせることにより，児童（生徒）の道徳的な判断力や心情，主体的に道徳的な実践を行う意欲と態度を育むよう努める必要がある。(『小学校解説 総則編』p.57, 『中学校解説 総則編』p.58)（下線，太字は筆者）

このように，『解説 総則編』でも，道徳的価値を含んだ内容項目は，あくまで「取り扱う**内容**」であり，「**目標**とする姿を表すものではない」とされています。また，「内容項目に含まれる道徳的価値について一般的な意味を理解させるだけではなく，発達の段階を踏まえつつ，その意義などについて自己との関わりや社会的な背景なども含め多面的・多角的な視点から考えさせる」学習が要求されています。したがって，道徳的価値についての特定の価値観・考え方を一方的に**教え込む**ような道徳授業は否定されているのです。『解説』では，以下のように書かれています。

> 　学習指導要領第3章の「第2 内容」は，教師と児童（生徒）が人間としてのよりよい生き方を求め，共に考え，共に語り合い，その実行に努めるための共通の課題である。（中略）
> 　ここに挙げられている内容項目は，児童が（中学校の3学年間に生徒が）人間として他者とよりよく生きていく上で学ぶことが必要と考えられる道徳的価値を含む内容を，短い文章で平易に表現したものである。また，内容項目ごとにその内容を端的に表す言葉を付記している。これらの内容項目は，児童（生徒）自らが道徳性を養うための**手掛かり**となるものである。なお，その指導に当たっては，内容を端的に表す言葉そのものを**教え込んだり**，知的な理解にのみとどまる指導になったりすることがないよう十分留意する必要がある。（『小学校解説』p.22，『中学校解説』p.19）（太字は筆者）

　『解説 総則編』では，内容項目は「取り扱う内容」であって，「目標とする姿ではない」とされていたのに対して，『解説』では，内容項目は「道徳性を養うための**手掛かり**」であるとされています。なぜこの表現の違いが生じるのでしょうか。おそらく，『解説 総則編』では学校の教育活動全体における道徳教育について述べているのに対して，『解説』では道徳科の授業について述べているからでしょう。教育活動全体における道徳教育では，道徳の内容項目として書かれた言葉を「目標とする姿」として教え込む危険性が道徳授業の場合よりも高いといえるでしょう。たとえば，国語で敬語を教える際には，敬語を正しく使うという特定の行為を目標とみなし得るでしょう。この両者の表現の違いについてはこれ以上論じられませんが，「**教え込み**」であってはならないということは共通しています。この教え込みの問題については第4章で論じます。

　「道徳的価値」と「道徳的価値観」の違いについては，文科省がもっと明確に示していくべきだと筆者は考えています。そうでない限り，「**特定の価値観の押し付けではないか**」という道徳科に対する批判は今後もなくならないでしょう。

🔗 関連箇所⑦
教え込み
　第4章1節1-3を参照のこと（pp.119-125）。

🔗 関連箇所⑧
価値観の押し付け
　価値観の押し付けについては第4章全体で論じる。

道徳的価値の理解を軸とした道徳授業づくり

1　「価値分析シート」を用いた教材分析の方法

1-1　道徳的価値の理解を深めるために

テーマ 》》 価値理解はなぜ必要なの？

　第1章では，道徳科の目標について詳しくみてきました。第2章では，道徳科の目標をふまえ，実際にどうやって授業づくりをすればよいのかをみていきます。

　第1章で述べたように，道徳的価値の理解はたんなる知的あるいは観念的な理解であってはなりません。しかし，そのことは，道徳的価値についての知的あるいは観念的な理解が不要というわけではありません。むしろ，児童生徒がこれまで考えたことがなかったような深い価値理解をうながすことこそが，道徳授業の目的の1つだといえるでしょう。

　週に1コマを使って道徳を教えている以上，授業で新しい考え方を学んだ，価値理解が深まったという経験をさせる必要があるでしょう。児童生徒の深い価値理解を可能にするには，教材に含まれる道徳的価値観を教師が明確に把握しておく必要があります。そのためには，『解説』「第3章　道徳科の内容」「第2節　内容項目の指導の観点」を熟読し，教師が内容項目についての理解を深めておく必要があります。

1-2　児童生徒の答えを予想するために

テーマ 》》 どうやって児童生徒の答えを予想するの？

　教科書の読み物教材は，必ず1つの内容項目と対応するように配置されています。それゆえ，ある読み物教材を授業で扱う際には，どの内容項目を指導す

るのかを明確にしておく必要があります。

　ただし，ここで注意すべきことがあります。教師はある特定の内容項目を扱おうと思っていても，読み物教材を読む児童生徒は，その内容項目とは違う内容項目（道徳的価値）について考えてしまうこともあるでしょう。

　たとえば，「森のげいじゅつてん」（あかつき，小3）は，「友情」を扱う教材です。きつねがくまさんの「森の木」という作品を見ようとして転びそうになり，作品についている枝を折ってしまいます。きつねはぬり薬で作品に枝をくっつけるという応急処置をするのですが，その後作品を見に来たたぬきの前で，枝がぽろっと落ちてしまいます。そして，たぬきは森の集会で疑われ，森を出て行くように言われてしまいます。見るに堪えられなくなったきつねは自分が枝を折ったことをみずから名乗り出ます。このとき，きつねは「友情」からみずから名乗り出るのですが，同時に「正直だから名乗り出た」という答えも児童から出てくるでしょう。つまり，教材で扱うべきとされる内容項目は「友情」であっても，「正直」に関する答えが出てくることが予想されるのです。

　教師が想定している道徳的価値観と違う答えが出てくる理由の1つ目は，教材で扱うべきとされた内容項目しか想定できていないことがあると思われます。たしかに，児童生徒は一人ひとり違う人間ですから，すべての答えを予想することはできないでしょう。しかし，内容項目の一覧は，人間が生きていくうえで必ず突き当たるに違いない，価値に関わる問題をおおよそすべて網羅するものです。道徳の読み物教材も，人生に関わる諸問題を取り上げたものである以上，教材に含まれている道徳的な価値が内容項目の一覧から大きく外れることはありません。もちろん，利己的な価値観は内容項目の一覧には含まれていません。しかし，利己主義は，内容項目の一覧に含まれている道徳的価値に反するという意味で，つまり，内容項目の一覧に含まれている道徳的価値の反対物（「**反道徳的価値**」）という形で，内容項目の一覧に包括されているのです。

　したがって，教材で扱うべきとされている内容項目だけでなく，内容項目の一覧をすべて見渡しておけば，児童生徒の価値観がまったく予想できないということはないはずです。言い換えれば，教材で扱うべきとされている内容項目以外の内容項目に関わる答えについても想定しておけば，児童生徒の反応をかなりの程度予想することができます。

　教師が想定している道徳的価値観と違う答えが出てくる2つ目の理由は，「○○に気づいてほしい」という教師の思いが強いあまり，児童生徒の現実的な価値理解をとらえられていないということです。そのせいで，児童生徒の口から現実的・利己的な価値観が出てきたときに，教師はとまどってしまうのです。

　このように，児童生徒の答えを十分に予想できないのは，考えさせたい内容項目（道徳的価値）だけを想定してしまっており，①教材のねらいとする内容項目と対立・関連している内容項目（道徳的価値）を想定できていないこと，②

教材に含まれている，理想的な道徳的価値とは反対の価値（反道徳的価値）を
想定できていないこと，の2点が大きいでしょう。

【児童生徒の答えを予想できない理由】	表2.1

①教材のねらいとする内容項目と対立・関連している内容項目（道徳的価値）を
想定できていないこと。
②教材に含まれている，理想的な道徳的価値と反対の価値（反道徳的価値）を想
定できていないこと。

■ 1-3 「価値分析シート」による教材分析の方法

テーマ ≫ どうやって教材分析するの？

◆価値分析シート

	氏名

教材名

場面（誰が，何を）	道徳的価値・反価値 （諸価値の対立・関連を含む） ※内容項目に直結する（反）価値に二重線を引く。	発　問 ※基本発問・補助発問は○，中心発問は◎

そこで，本書では，教材に含まれている内容項目（道徳的価値）を分析する
ために，「価値分析シート」を提案します。

このシートでは，まず，左列に教材の重要と思われる場面を書き出します。

中列には，左列で書き出した場面に含まれている道徳的価値・価値観を網羅的
に書き出します。その際，『解説』「第3章　道徳科の内容」「第2節　内容項目

▶ 実践へ③

価値分析シート

「価値分析シート」
を使った実際の教材
分析の例については第
6章を参照のこと。

の指導の観点」における各内容項目の解説を熟読してください。しかし，それだけでは，児童生徒に気づかせたい道徳的価値観については書き出せても，児童生徒の**現実的な**価値理解をふまえることができません。児童生徒の現実的な価値理解をふまえることによってこそ，「たしかにそういう（利己的な）気持ちもあるよね。でも，どうしてこの登場人物の○○さんは，こんなすばらしいことができたのだろう？」というように，児童生徒が自分自身との関わりで道徳的価値について考えることができるでしょう。それゆえ，『解説』の内容項目の一覧を手元に置き，教材でねらいとされている内容項目以外の道徳的価値についても，またその内容項目と対立する他の内容項目，利己的な価値観（「**反道徳的価値**」）も書き出し，さらには，道徳とあまり関係のない技術的な選択肢などについても書き出します。

　右列には授業での発問を書きます。ただし，気をつけるべきことは，発問は，たんに中列に書き出した道徳的価値・価値観を引き出そうとするためのものでなくてもよいということです。特定の場面に含まれている価値観をたんに一問一答のように言わせるだけの授業では，おもしろみがないだけでなく，児童生徒の考えを深めることはできないでしょう。右列では，発問と発問の**つながり**や**流れ**を意識して発問をつくるべきです。真ん中の列での道徳的価値・価値観の分析は，あくまで教材に含まれている道徳的価値を教師が理解しておくためのものです。

　また，「道徳的諸価値についての理解を基に，自己を見つめ，物事を（広い視野から）多面的・多角的に考え，自己（人間として）の生き方についての考えを深める学習」という道徳科の目標と対応させて，発問のつくり方としても，次の3種類が考えられるでしょう。まず，教材を扱い，教材の登場人物の行為とその前提となる価値観について多面的・多角的に考える「A：価値理解を中心とした活用」です。次に，児童生徒自身の価値理解を見つめる「B：自己を見つめる活用（あなた自身は……）」です。最後に，教材に含まれている価値の理解をふまえて，これからの生き方を考える「C：生き方についての考えを深める活用（この話をふまえてあなたは……）」です。

　「価値分析シート」を使った実際の教材分析の例については第6章をご覧ください。

【「価値分析シート」の使い方】　　　　　　　　　　　　　　　　　　　　　**表2.2**

①内容項目を確認する。
　　※複数の内容項目を関連させてもよい。
②左列：重要と思われる場面を書き出す。
③中列：各場面に含まれている**道徳的価値（観）・反道徳的価値（観）**（あるいは道徳的価値同士の**対立**や**関連**）を書き出す。
　　※『解説』の「**内容項目の概要**」と「**指導の要点**」を熟読し，教材に含まれている価値観を把握する。

※たんなる「読み取り」にならないように，文章に書かれていない価値観を（も）書く。
④右列：中列の価値分析を基に，展開の**流れ**を意識して発問をつくる。
⑤教材の活用方法は，「A：価値理解を中心とした活用」以外に，「B：自己を見つめる活用（あなた自身は……）」「C：生き方についての考えを深める活用（この話をふまえてあなたは……）」がある。

2　道徳の授業づくりの方法

2-1　道徳科の3つの学習

テーマ 》》》 教材を授業でどう活用すればよいの？

1）学習指導要領の道徳科の目標に対応した3つの学習

1節で述べたように，本書は「A：価値理解を中心とした活用」「B：自己を見つめる活用（あなた自身は……）」「C：生き方についての考えを深める活用（この話をふまえてあなたは……）」という3つの教材の活用方法を提案します。

これらの3つの教材の活用方法は，現在の道徳科の目標に対応しています。『学習指導要領』の道徳科の学習は，「道徳的諸価値についての理解を基に，自己を見つめ，物事を（広い視野から）多面的・多角的に考え，自己の（人間としての）生き方についての考えを深める学習」です。ただし，『学習指導要領』では，「道徳的諸価値についての理解を基に」はのちのすべての学習を修飾しています。それゆえ，「①道徳的諸価値を理解する学習」「②道徳的諸価値についての理解を基に，自己を見つめる学習」「③道徳的諸価値についての理解を基に，物事を（広い視野から）多面的・多角的に考える学習」「④道徳的諸価値についての理解を基に，自己の（人間としての）生き方についての考えを深める学習」，の4つが考えられているわけです。

ただし，第1章でも述べた通り，筆者の考えでは，①道徳的諸価値を理解する学習は，道徳的諸価値について「多面的・多角的に考える」ことと不可分です。というのは，道徳的諸価値を一面的に考える学習などというのは，「分かりきったことを言わせたり書かせたりする学習」に陥ってしまうからです。また，道徳的価値は必ず意味の多面性・複数性を含んでいます。たとえば，生命とは「偶然性」「有限性」「連続性」「普遍性」「可能性」「神秘性」などを含んでいます（柴原・荊木，2018）。それゆえ，道徳科の学習においては，「①道徳的諸価値を理解する学習」と「③道徳的諸価値の理解を基に，物事を（広い視野から）多面的・多角的に考える学習」は区別できないでしょう。それゆえ，①・③に加えて，残りの「②道徳的諸価値についての理解を基に，自己を見つめる

学習」「④道徳的諸価値についての理解を基に，自己の（人間としての）生き方についての考えを深める学習」，を加えた3種類の学習に大まかに分けられるでしょう。毎時の学習では，①・③，②，④の3つの学習のうちのいずれかに焦点化することもできるでしょう。

● 実践へ④
道徳科の3つの学習
▶①・③道徳的諸価値についての理解を基に，物事を（広い視野から）多面的・多角的に考える学習：第6章4節4-3「たったひとつのたからもの」では，「生命の尊重」について多面的に考える学習を提案している（p.219）。
▶②道徳的諸価値についての理解を基に，自己を見つめる学習：第6章2節2-4「幸福の王子」では，「感動，畏敬の念」についての価値理解を基に，「あなたは，人から認められなくても，よいことができる？」と問うことで，自己を見つめる学習を提案している（p.203）。
▶④道徳的諸価値についての理解を基に，自己（人間として）の生き方についての考えを深める学習：第6章3節3-3「ブランコ乗りとピエロ」では，「相互理解，寛容」についての価値理解を基に，「「自分とは意見が違うな」と思う人とどうやってつき合っていけばよいと思う？」と問うことで，自己の生き方についての考えを深める学習を提案している（p.212）。

【道徳科の3つの学習】　　　　　　　　　　　　　　　　　　　　　　　表2.3

▶①・③道徳的諸価値についての理解を基に，物事を（広い視野から）多面的・多角的に考える学習
▶②道徳的諸価値についての理解を基に，自己を見つめる学習
▶④道徳的諸価値についての理解を基に，自己（人間として）の生き方についての考えを深める学習

ただし，これら3つの学習は，実際の児童生徒の現実の心の動きとしては，すっきりと分けられるものではないことを指摘しておく必要があります。「道徳的諸価値についての理解を基に，物事を（広い視野から）多面的・多角的に考える学習」（①・③）をとおして，「自己を見つめる学習」（②）を行なっている児童生徒がいるでしょう。同様に，「道徳的諸価値についての理解を基に，物事を（広い視野から）多面的・多角的に考える学習」（①・③）をとおして，「自己の（人間としての）生き方についての考えを深める学習」（④）を行なっている児童生徒もいるでしょう。したがって，あくまで①・③，②，④の3種類の学習は，展開過程として明確に分けられるというよりも，3種類の**「機能」**の違いとして考えることもできるでしょう。したがって，3つの学習過程を截然と分けられるものではありません。あくまで，①・③，②，④のいずれかに重点を置くということです。

また，1つの授業のなかに①・③，②，④のすべての学習が含まれていることはあり得ます。むしろ，①・③で道徳的価値を理解し，②で自己を見つめ，最後に④で生き方についての考えを深めるという1つの基本的な展開過程が考えられます。

ただし，①・③で道徳的価値を理解する際に，②で自己の現実的な価値理解を見つめてから，再び①・③で道徳的価値を理解するといった往還的な学習も考えられます。以前は，①・③で教材の登場人物の理想的な行為を共感的に理解し（**展開前段**），その後，②で自己を見つめる（**展開後段**）という展開過程が一般的でした。しかし，教材を共感的に読み（①・③），自己の現実的な価値理解を見つめてから（②），再び理想的な価値理解に向かうことで（①・③），児童生徒の**自我関与**をうながす方法も考えられます。これからは，今までの基本的な展開過程とは異なった展開過程も試されるべきでしょう。第6章の実践編では，この「①・③→②→①・③」という展開過程を意識した実践事例も掲載しています。

2）永田繁雄の発問の立ち位置・4区分

1）で述べた，「①・③道徳的諸価値についての理解を基に，物事を（広い視野から）多面的・多角的に考える学習」「②自己を見つめる学習」「④自己の（人間としての）生き方についての考えを深める学習」の3種類の学習に対応して，教材の活用方法を3種類に分けたいと思います。しかし，教材の活用方法は実際には発問の違いに表れます。そこで，3つの教材の活用方法をみる前に，発問の形式をみておきましょう。

元教科調査官の永田繁雄は，発問の形式を「発問の立ち位置・4区分」として次の4つに分けています（永田, 2019）。

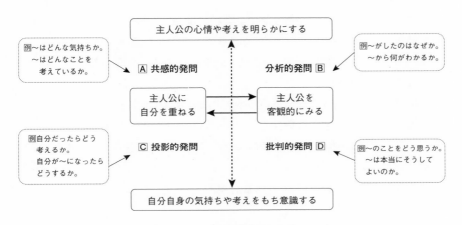

図2.1　永田繁雄の「発問の立ち位置・4区分」
（永田, 2019）

この4区分をもとに，本書でも頻繁に使用する発問例をあげておきます。

【「発問の立ち位置・4区分」をアレンジした発問】 表2.4

A	共感的発問	・Aさんはどんなことを思っているだろう？
B	分析的発問	・Aさんが○○したのはなぜ？
C	投影的発問	・自分（あなた）だったらどう考える？ ・自分（あなた）がAさんだったらどう考える？ ・自分（あなた）だったらどうする？ ・自分（あなた）がAさんだったらどうする？
D	批判的発問	・Aさんのことをどう思う？ ・Aさんは○○してよかった？　よくなかった？
E	投影的＋批判的発問	・自分（あなた）だったら，○○する？　しない？ ・自分（あなた）だったら，○○できる？　できない？

「A 共感的発問」は，**登場人物の心情**や考えを問う発問です。「B 分析的発問」は，**登場人物の判断の根拠・理由**などを問う発問です。「C 投影的発問」は，登場人物の行為について，「自分（あなた）だったら……？」と**自分の心情**や考えを問う発問です。「D 批判的発問」は，登場人物の行為などについて**賛否**を問う発問です。さらに，本書では，CとDを組み合わせた「E 投影的＋批判的発問」も使用します。これは，「自分（あなた）だったら…○○する？　しない？」というように，登場人物に**投影**させつつ，**賛否**を問います。

これまで，「A 共感的発問」を用い，「登場人物はどんな気持ち？」「登場人物はどんな思いだったの？」と聞かなければいけないという意見が一部でありました。現在定番とされている読み物教材の多くも，そうした指導方法に合わせてつくられてきた経緯があります。教材には登場人物の心情・気持ちが意図的に書かれていないので，「○○さんはそのときどんな気持ちだった？」「○○さんはどんなことを思っていた？」と問えば，とりあえずは授業ができるようになっていたのです。

心情・気持ちを問うのは間違いではありません。しかし，道徳授業はたんに教材の登場人物の心情理解を目的としているわけではないので，心情を問うことによって**道徳的価値の理解**を深めるために問うという意識をもつことが大切です。たとえば，「うれしい」「悲しい」と児童生徒が答えるならば，道徳的価値に迫るためには，「どうしてうれしいの？」「何がうれしいの？」などと**問い返し**をする必要があります。

道徳が教科化した現在，教材の種類・形式は多様化してきており，そもそも従来のような物語文ではない教材も増えています。論説文や記事のような教材では，心情を問うだけでは十分に対応できません。むしろ，そうした教材では，「なぜ？」と「B 分析的発問」を投げかけることが有効でしょう。また，投影的発問，批判的発問，投影的＋批判的発問の有効性についてはあとの節で述べます。

2-2　教材の3つの活用方法と発問リスト

テーマ　3つの活用方法に合わせてどんな発問をすればよいの？

次に，「A：価値理解を中心とした活用」「B：自己を見つめる活用」「C：生き方についての考えを深める活用」という3つの教材の活用方法をみていきます。

「A：価値理解を中心とした活用」は，教材に含まれている道徳的価値を理解させるための教材の活用方法です。「A：価値理解を中心とした活用」では，青木孝頼による「教材（資料）の活用類型」を用いることができます。

1）青木孝頼の教材（資料）の活用類型

　元教科調査官である青木（1990, 1995）は，「教材（資料）の活用類型」を提唱しています。同じ教材でも4つの使い方があるということです。

【青木孝頼の「教材（資料）の活用類型」】　　　　　　　　　　表2.5

（1）共感的活用：

子ども一人ひとりを教材中の登場人物になりきらせて想像させ，児童一人ひとりの価値観に基づく心情や判断を主人公に託して語らせることで道徳的価値の自覚を促す活用。

〈発問例〉

「Aさんはここで何を考えているだろう？」「〇〇さんはこのときどんな気持ちだろう？」（永田繁雄の「共感的発問」）

（2）批判的活用：

教材中の登場人物の行為や考え方，感じ方を学級の子どもに批判・弁護の立場から話し合わせ，道徳的な感じ方，考え方を深めていく活用。

〈発問例〉

「Aさんの考え方や行動について，どんなことを感じたか？」「Aさんの言動・行動をどう思うか？」「Aさんの言動・行動はこれで良かったのか？」（永田繁雄の「批判的発問」）

（3）範例的活用：

教材中の主人公が行った道徳的行為を，模範例として受け止めさせるようにする活用。

〈発問例〉

「Aさんの優れている点は，どんな点か？」「Aさんは，どうしてこのようなすばらしい行為ができたのか？」「Aさんの生き方から学んだことは何か？」

（4）感動的活用：

道徳教材の中で，きわめて感動性の高いものの場合，教材の感動性を最大限生かし，その感動性を重視して道徳的な考え方・感じ方を高めていく活用。

〈発問例〉

「最も心を動かされたのはどこか？」「なぜそこに，自分は心を動かされたのだろうか？」「主人公Aを支えていたすばらしい心は何か？」

　青木自身が述べているように，教材によっては適さない活用類型もあります。たとえば，「感動的活用」については，そもそも教材の内容が感動的でなければ，感動的に活用することはできません。一方，「共感的活用」「批判的活用」「範例的活用」については，おおよそどんな教材でも用いることができるでしょう。

2）3つの活用方法に応じた発問リスト

　これまでみてきた永田繁雄の「発問の立ち位置・4区分」と，青木孝頼の「教材（資料）の活用類型」を活かしつつ，A〜Cの3つの教材の活用方法と，その活用を可能にする発問のリストを示してみます。

A：価値理解を中心とした活用（批判的活用を含む）：

教材に含まれている道徳的価値を深く理解させるための活用。道徳的価値に対する一般的な理解だけでなく，複数の道徳的価値が対立する場合に，どちらが正しいのか，道徳的価値の妥当性の条件・範囲は何か，などを批判的に考えることを含む。「**価値認識**」[1]。

〈発問例〉

・「Aさんはどんな思いでこの言動・行為をしたのだろう？」（**共感的発問＝共感的活用**）

・「Aさんはなぜこの言動・行為をしたのだろう？」「Aさんがこの言動・行為をする理由は何だろう？」「Aさんは何のためにこの言動・行為をしたのだろう？」（**根拠・理由・目的＝分析的発問**）

・「Aさんの言動・行為のよい（優れている，すばらしい）点はどこだろう？」（**価値の根拠・理由＝範例的活用**）

・「あなたならAさんみたいにする？」「Aさんの言動・行為はこれでよかったの？」（**批判的活用**）

・「これは友情（道徳的価値）なの？」「そもそも友情（道徳的価値）とは何？」（**道徳的価値の内包・外延**）

・「Aさんの言動・行動とBさんの言動・行為は何が違うの？」「もしAさんが〇〇ではなく△△をしていたとしたらどう？　〇〇と△△の違いは？」（**比較対照**）

・「Aさんはどうして変われたのだろう？」（**変化の根拠・理由**）

・「Aさんがこの言動・行為をするとどうなるの？」「Aさんがこの言動・行為をしないとどうなるの？」（**結果・帰結**）

・「Aさんは，この言動・行為をすることでどう変われるのだろう？」「Aさんのこの言動・行為で社会はどう変わるだろう？」（**成長・変化**）[2]

・「Aさんは，なぜ〇〇という言動・行為ができないの？」（**阻害条件**）

・「Aさんは，どうしたら〇〇という言動・行為をできるだろう？」（**促進条件**）

・「もし〇〇だったとしたら，Aさんの言動・行為は正しい？」（**条件変更**）

・「Aさんの言動・行為はいつでも正しいの？」「Aさんの言動・行為が正しいのはどんな場合だろう？」「どこからどこまでが友情（道徳的価値）なの？」（**道徳的価値の妥当性の条件・範囲**）

B：自己を見つめる活用：

教材に含まれている道徳的価値を自分との関わり（「自分事」）で考えさせ，自我関与させるための活用。自分自身の価値観を振り返る・反省する活用。「**自己認識**」。

〈発問例〉

「あなたならこの言動・行為ができる？」「あなたならどうする？」「あなた自身にとって友情（道徳的価値）とは？」

C：生き方についての考えを深める活用：

教材をふまえて，生き方についての考えを深めるための活用。「**自己展望**」。

〈発問例〉

「あなたなら，この後どうしたい？」「あなたなら，Aさんにどんなことを言ってあげる？」「この話を受けて，あなたはこれからどう生きていきたい？」

1）「価値認識」「自己認識」「自己展望」という3区分は，柴原・荊木（2018）に依拠しています。

ただし、「Ｃ：生き方についての考えを深める活用」においては、「よい話」
「美しい物語」を読んだあとに、「この話を受けて、あなたはこれからどう生き
ていきたい？」と問うと、「分かりきったことを言わせたり、書かせたりする授
業」、つまり「上辺の道徳」で終わってしまう危険性があります。というのは、
「美しい物語」「よい話」を読んだあとに、「あなたはこれからどう生きていきた
い？」と問われれば、児童生徒は「主人公のＡさんのように生きていきたい」
と言うのが普通でしょう。もちろん、それが**本音**であればまったく問題はあり
ません。しかし、児童生徒が**忖度**して「言わされている」「書かされている」と
思う必要がないような発問を教師は工夫すべきでしょう。忖度で終わらないた
めには、より具体的な状況での行為や考え方を問うような発問が有効でしょう。
たとえば、「いつわりのバイオリン」の場合を考えてみましょう。バイオリン
職人のフランクは、有名なバイオリニストからバイオリンの製作を依頼されま
すが、売れ行きがよすぎてすぐに渡せるバイオリンはなく、あまり時間がない
なかで製作しなければなりませんでした。しかし、結局、バイオリンを渡す約
束の時間が迫っても、満足したバイオリンがつくれず、弟子であるロビンのバ
イオリンにみずからのラベルを貼って客に渡してしまいます。しかし、その後、
フランクの工房はうまくいかなくなってしまいます。一方、ロビンのバイオリ
ンは徐々に評判となっていきます。最後、ロビンはフランクを心配したためか、
フランクに手紙を送ります。この教材を用いて「生き方についての考えを深め
る」発問をするならば、「誇り高く生きていくには何が大切だろう？」などと
問うことが考えられます。この発問は、教材の登場人物の心情や行為について
考えるのではなく、生徒本人の生き方について問う発問、すなわち「**価値の一
般化**」(青木, 1990) をねらった発問です。しかしながら、これは抽象的な問い
であるため、生徒がきれいごとを書くだけで終わってしまう危険性があります。
そこで、「ロビンに許されるために、フランクはどうしたらよいだろう？」と具
体的な状況について問います。その答えの**根拠・理由**を教師が問うことで、生
き方についての考えを深めることができるでしょう。

3) 道徳的価値の内包・外延を問う

　それでは、表2.6にあげた発問リストのいくつかについて詳しくみていきま
しょう。
　荊木聡は、「心情・思考」「根拠・理由・目的」「道徳的価値の輪郭と内包・
外延」の探求、また、「登場人物への自己投影」「登場人物と自分との同化・異
化」、さらには、自己実現への「阻害条件」「促進条件」を探るといった発問の

---

2) 吉田・木原 (2018) による「人格の向上追求型」「集団の成長追求型」「状況適応追求型」
　の授業類型に当たります。

> **▶ 実践へ⑤**
> 「いつわりのバイオ
> リン」の指導案につ
> いては、第6章4節4-2
> を参照のこと (p.217)。

> **🔑 キーワード⑫**
> **価値の一般化**
> 　教材に描かれてい
> る教材の登場人物の
> 行為・言動は、特定の
> 条件や場面における道
> 徳的価値の表現であ
> るにすぎない。それゆ
> え、教材の登場人物の
> 行為・言動について考
> えるだけでは、考えた
> ことや学習したことは
> 必ずしも児童生徒自
> 身の生活に生かされな
> い。そこで、教材の登
> 場人物の行為・言動を
> もとに道徳的価値に
> ついて考える学習に加
> えて、その学習を通じ
> てなされた価値の把握
> を児童生徒自身の現
> 在や将来の生活経験
> と結び付け、一般化し
> て考えさせる学習活
> 動が必要になる。これ
> を「価値の一般化」と
> 呼ぶ。p.49で述べる
> ように、道徳授業の展
> 開は、教材の登場人物
> の行為や言動について
> 考える「展開前段」と、
> 「価値の一般化」を図
> る「展開後段」に分け
> られることがある (青
> 木, 1995)。

形式をあげています（柴原・荊木, 2018）。「心情・思考」は永田の「共感的発問」,「根拠・理由・目的」は「分析的発問」,「登場人物への自己投影」は「投影的発問」に当たるといえます。すでにあげた発問リストには, これらの発問の形式に依拠したものもありますし, 筆者が付け加えたものもあります。

　ここで最初に取り上げたいのは,「道徳的価値の内包・外延」への問いです。内包とはその概念がもつ共通の性質, 外延とはその共通性をもつ対象の範囲です。道徳的価値の内包・外延を問うとは, たとえば「〜とは何か」といった発問が考えられます。

　ただし, この発問は哲学的な問いであり, 自由に議論できるため, 教材に含まれている道徳的価値観とはあまり関係のない答えが頻出して, 授業のねらいとかけ離れてしまう可能性があります。また, 抽象的な思考を不得意とする小学校中学年くらいまでの児童にとっては, 具体的な文脈のないところで「〜とは何か？」と問われても, 何を考えたらよいかわからず, 当惑してしまうでしょう。筆者自身, 小3の児童に「本当の友情とは何か？」と問い, 答えが全然返ってこなくてとまどった経験があります。したがって,「○○とは何か？」といった発問をむやみに使うのではなく, 必要なときに適切に使用するべきでしょう。

▶ 実践へ⑥
「白川郷に魅せられて」の指導案については, 第6章4節4-6を参照のこと (p.227)。

　たとえば,「白川郷に魅せられて」は「伝統・文化の尊重」の内容の教材で, 白川郷の人々が村全体で合掌造りを守り続けている姿を描いています。しかし, 白川郷の村人は最初から合掌造りを「伝統」だと思ってつくったわけではありません。そこで,「最初に合掌造りの家を建てた人はそれを「伝統」と思っていたのかな？」と問うたうえで,「では, どうしたら「伝統」になるの？」と問いました。このように「伝統」の概念の「**内包・外延**」あるいは「**成立条件**」を問い, 伝統の意味を明確にしておくことによって, その後の発問で,「ご先祖様からの思いがある」や「自分たちの代で終わらせたくない」といった意見が生徒から出たのだと思います。

4）結果・帰結を問う

　「どうして伝統を守るの？」というように, 根拠・理由・目的を問うのが,「分析的発問」でした。しかし,「伝統を守らないとどうなる？」と「**結果・帰結**」を問うこともできます。

　ところで,「結果・帰結」を問う発問は, わが国の道徳教育がカント倫理学の強い影響下にあるせいか, 表向きタブーとされてきたようにみえます。実際, 柴原・荊木（2018）も「結果・帰結」への問いには言及していません。永田（2019）らによる『新発問パターン大全集』でも, 発問が網羅的に示されているにもかかわらず,「結果・帰結」への問いには触れていません。

> 幸福に訴えることなしに，なんらかの道徳の規則を正当化できるかどうかを考えてみましょう。

　カントは，道徳の規則を正当化する際には，自分の幸福という結果に訴えてはならないだけでなく，他人の幸福にも訴えてはいけないといっています。カントが道徳の規則を幸福に依拠させてはならないとするのは，道徳の規則は普遍的なもので，絶対に例外があってはならないと考えているからです。しかし，いったん，カントに反して，道徳が幸福のためにあると考えてみましょう。その場合，「もし幸福になりたいなら，……せよ」の「……せよ」の部分が道徳の規則になります。そのとき，たとえば，節約，礼儀，控え目といったさまざまな規則が「……せよ」の「……」の部分に入ることになるでしょう。しかし，節約，礼儀，控え目であれば，絶対に幸福になれるでしょうか。カントは「なれない」といいます。だから，道徳の規則を幸福に依拠させる限り，道徳の規則は普遍的なものにはなり得ないというのです。

　それゆえ，道徳の規則は，「もし幸福になりたいなら，……せよ」という**仮言命法**ではなく，たんに「……すべし」という**定言命法**，つまり無条件の命令の形をとらなければならないとカントはいいます。しかし，私たちは，どうやってこうした定言命法の正しさを知ることができるのでしょうか。カントは，その規則を矛盾なく普遍化できるかどうか考えてみよといいます。つまり，カントは**無矛盾性**と**普遍化可能性**という規準に訴えるのです。

　カントは，こうして導かれる義務を，**自己に対する義務と他人に対する義務**に分けたうえで，それぞれを**完全義務**と**不完全義務**に分けます。完全義務とはつねに厳密に守らなければならない義務です。一方，不完全義務とは功績的な義務，すなわち，それを守ることが称賛に値する義務です。これらの義務は，①自殺の禁止，②嘘の約束をすることの禁止，③自己の才能を発展させる義務，④他人を助ける義務，の4つです。①と②はそれぞれ，自己と他人に対する完全義務であり，③と④は自己と他人に対する不完全義務です。

【カントによる義務の類型】　　　　　　　　　　　　　　　　　　表2.7

自己に対する完全義務 ①自殺の禁止	他人に対する完全義務 ②嘘の約束をすることの禁止
自己に対する不完全義務 ③自己の才能を発展させる義務	他人に対する不完全義務 ④他人を助ける義務

以下のように，カントはこれらの義務に反する行為の指針はすべて自己矛盾に陥るから普遍化できないといいます。

【普遍化可能性によるテスト】　　　　　　　　　　　　　　　　表2.8

①自殺を普遍化することは，生命の促進を命ずる自然の法則と矛盾する。
②守れない約束をすることを普遍化するならば，誰も約束を守らなくなってしまうため，自己矛盾に陥る。
③自己の才能を発展させず，怠惰と享楽に身を委ねることを普遍化できるか。自己の才能を発展させなくても自然は存続し得るが，その人の能力はいろいろな目的に役立つために与えられているから，能力の開発を意志せざるを得ない。
④他人を助けないことを普遍化できるか。困っている人を助けなくても人類は存続し得るが，その人が他人の援助を必要とするときに，援助を受けられなくなる。

　カントは，上記の理由から，4つの義務に反する行為の指針は普遍化できないといいます。カントの論証には説得力があるでしょうか。実は，ヘーゲル（2001）は，このような無矛盾性だけでは普遍的な義務の正しさを証明できないとカントを批判しました。たとえば，②では嘘の約束をするという格率は普遍化できませんが，それはすでに約束を守るべきだというルールを受け入れているからではないでしょうか。というのは，私たちは約束というものがまったくない社会を想定できるからです。また，④では，他人を援助せず，同時に他人からも援助を受けないことは矛盾なく普遍化できます。

　ミルなどの功利主義者も，無矛盾性のみによっては，普遍的な義務の正しさを証明することはできないとカントを批判しました。たんに行為の指針に自己矛盾がないかどうかを考えるのではなく，むしろ**関係者全員の幸福**に訴えるべきではないか。功利主義者はそう主張するのです。たとえば，嘘の約束をすべきでないのは，嘘の約束をしてもよいという指針を普遍化すると自己矛盾に陥るからではなく，約束が信用されなくなってしまえば，社会の人々が互いを信頼できなくなってしまうからではないのか。同様に，困っている人を助けるべきなのは，それに反する行為の指針を普遍化すると自己矛盾に陥るからではなく，他人を助ける義務があったほうが，社会の人々が幸福になるからではないのか。このように功利主義者はカントを批判するのです。

　とりわけ，カントが自分の幸福を根拠に道徳的義務を正当化することを批判することは正しいとしても，他人の幸福を根拠に道徳的義務を正当化してはならないのはなぜなのか。功利主義者はこのようにカントを批判します。先ほども述べたように，カントであれば，幸福というのは偶然の産物であるから，幸福を根拠にしてしまうと，普遍的な道徳的義務を正当化できなくなってしまうからだと答えるでしょう。カントは，道徳法則という言い方をしているように，道徳的義務を自然法則と同じように例外のないものとして基礎づけようとしたのです。一方，

◻─ キーワード⑬

功利主義

功利主義については，重要人物②の「ベンサム」（p.22）と重要人物③の「ジョン・スチュアート・ミル」（p.22）を参照のこと。また，コールバーグの道徳性における功利主義の位置づけについては，p.157の表4.21を参照のこと。

功利主義者ならば，カントのように道徳規則を例外のない絶対的な規則とみなそうとはしません。むしろ，**「例外のない規則はない」**ことを率直に認めるのです。

　もしカントのように「道徳的義務に例外があってはならない」とみなすのでなければ，関係者全員の幸福という結果・帰結によって道徳規則を正当化しても問題ないとはいえないでしょうか。ここでの目的は，功利主義に基づいてカントを批判することではありません。それゆえ，道徳を幸福に依拠させてはならないというカントの批判に対して，功利主義の名誉回復を図ろうとしているだけです。道徳授業という目的のためには，功利主義を完全に排除する理由はないといいたいのです。

　たしかに「結果・帰結」を問うのになじまない道徳的価値はあります。たとえば，「感動，畏敬の念」について，「なぜ感動しなければいけないの？」「感動したら，どんなよいことがある？」などと問うのは野暮でしょう。

　しかし，その一方で，「規則の尊重」や「遵法精神，公徳心」などについては，たとえば「安全・安心」などの結果・帰結に依拠せずには，奇妙なことになるのではないでしょうか。たとえば，「なぜ規則を守らなければならないの？」「規則は規則だからです」では，盲目的な規則崇拝に陥るでしょう。規則を固定化してしまい，改善できないことになるのです。それゆえ，わが国の道徳教育界がいかにカントの強い影響下にあろうとも，実際の道徳授業では，結果・帰結にまったく訴えないということはあり得ないのではないでしょうか。

▶ 実践へ⑦

「白川郷に魅せられて」の指導案については，第6章4節4-6を参照のこと（p.227）。

　「白川郷に魅せられて」は，岐阜県の白川郷の合掌造りを守るために村の人が「結」という制度に参加して，協力して合掌造りを維持していることを描いています。このような教材では，「どうして結に加わるのだろう？」という分析的発問が典型的な発問となるでしょう。しかし，「もし誰も「結」に参加しなかったらどうなりますか？」と意図的に「結果・帰結」を問うことによって，伝統を守ろうとする心情だけでなく，守らないことから生じる結果までを考えさせることができます。それをとおして，伝統を守ろうとする心情の大切さを理解させることができるでしょう。

　また，「勤労」については，「みんなのために働きましょう」という価値理解は当然必要でしょう。しかし，そうした価値理解をさせるうえで，「では，もしみんなが働かなくなったら，どうなる？」と，結果・帰結を考えさせることで，価値理解を深めることができます。それゆえ，結果・帰結への問いを完全に排除するのは現実的ではないでしょう。

5）成長・変化を問う

　「結果・帰結」への問いの1つのバージョンとして，**「成長・変化」**への問いがあります。たとえば，「この言動・行為をしたら，この人あるいは社会はどう変わっていくだろう？」という問いです。この問いは，たんなる短期的な利

益・結果を問題にするのではなく，人や社会が変わっていくことによる長期的な利益・結果を問題にするのです。この問いは，ミルの功利主義に基づいています。ミルは，功利主義が目的とする「最大幸福」とは，短期的な利益の総計ではなく，人々の成長や発達，進歩といった**「人類の恒久的利益」**を考慮に入れた幸福の総計でなければならないと主張しています。「他者に危害を及ぼさない限りで自由であるべきである」という**危害原理**は，たんに「他人に干渉されたくない」という理由から正当化されているのではありません。むしろ，個々人に自由があるほうが，長い目でみた場合に，人々の成長や発達，個性の伸長につながるという理由から危害原理が正当化されているのです（ミル，1971）。

　心情・言動・行為による「成長・変化」を問うことは，道徳的価値の意義を問うことにつながります。「○○をするとしないのとでは，この人あるいは社会はどのように変わってくるだろう？」などと問い，ある言動・行為をする場合としない場合の変化について**比較対照**することができます。

　「成長・変化」を問うことの意義を，「感謝」の内容項目を例に考えてみましょう。感謝とは，他人から支えられ助けられていることに対して恩を感じることです。では，「なぜ感謝すべきなのか」と問われれば，「恩を受けたから」ということが根拠・理由となるでしょう。しかし，恩を感じることは，たんにそれ自体として善いことであるだけでなく，恩に報いようとする「報恩」「恩返し」の意欲にもつながる点では社会的な意義があります。また，ミルの功利主義の立場からすれば，感謝は，「自分が受けた恩に報いよう」という他人や社会への貢献の意欲だけでなく，「自分も他人や社会に対して返礼できるくらいに自分を高めよう」という自分自身の成長への意欲にもつながるのです。そこで，「感謝」の内容項目を扱った「悲願の金メダル――上野由岐子」の授業では，「感謝するのとしないのとでは，その後の人生はどう変わってくるだろう？」と問い，感謝することがその後のどのような成長・変化につながるのかを考えさせています。

▶ **実践へ⑧**

「悲願の金メダル――上野由岐子」の指導案については，第6章3節3-1を参照のこと（p.208）。

6）道徳的価値の阻害条件・促進条件を問う

　荊木の発問リストおよび筆者の発問リストのなかで次に取り上げてみたいのは，**「阻害条件」「促進条件」**への問いです。永田の共感的発問は，ある特定の場面における登場人物の心情を問います。その場合，個々の場面での心情やその心情に含まれている道徳的価値を問うことはできますが，心情の変化を可能にした促進条件や，その変化を妨げている阻害条件を問うことはできません。

　「ブランコ乗りとピエロ」（第6章の3-3）は，サーカス団の話で，スター気取りのサムが，決まった演技の時間を守らずに，ピエロを含む団員から怒りを買いますが，真剣に演技をするサムの姿に心を打たれたピエロから，怒りの気持ちが消えたという話です。

　この教材は「相互理解」を扱っています。この教材を例にすれば，「どうして

◻️ キーワード⑭

阻害条件・促進条件

　村上敏治は，道徳的価値の実現を妨げる条件を「阻害条件」と呼び，「阻害条件」には「対象条件」「他者条件」「社会条件」「自己条件」の4つがあると述べている。「対象条件」とは，その価値の理想が高いあまりに，実現が難しいというように，価値その

ピエロは最初サムを受け入れられなかったのだろう？」（**阻害条件**），「どうして ピエロはサムを受け入れられたのだろう？」（**促進条件**）と問うことができます。 このように，阻害条件や促進条件を問うことで，場面ごとの登場人物の心情を 問うだけはない授業が可能になります。

　先述した「しんぱんは自分たちで」を再び例にすると，「「どうしよう」とあ りますが，そのとき何を思っていただろう？」「「けんたの心は，ずきずきとい たみました」とありますが，その時何を思っていたのだろう？」と場面ごとに 問うのが従来型の心情を問う授業となります。しかし，「けんたは，どうして笛 を吹けなかったのだろう？」（**阻害条件**），「けんたがりょうに注意できるために は何が必要だろう？」（**促進条件**）などと問うこともできます。こうした阻害条 件や促進条件への問いは，たとえば「勇気がないから注意できない」といった ような，道徳的価値の実現を可能にする資質や能力への気づきをもたらします。 つまり，たんに理想的なあり方（この教材では公正・公平の実現）を知るだけ でなく，理想的なあり方を実現するための条件（公正・公平を実現するには何 が必要か）に対する理解をもたらすでしょう。その点で，阻害条件・促進条件 を問うことは実効性のある道徳授業につながるといえます。

　道徳授業については，今もなお「意図的にポジティブに」とか，「暗くなら ないように，前向きに」といった声が多く聞かれます。そうした声を一概に否 定するつもりはありません。しかし，理想的なあり方がわかっているだけでは， それを実現できるとは限りません。どうしたら理想を実現できるのかという**促 進条件**，また，どうして理想を実現できないのかという**阻害条件**を理解してお かなければ，理想を実現することはできません。反対に，道徳的価値の阻害条 件・促進条件がわかれば，道徳的価値を実現する方法・手段または性格に対す る気づきにつながり，道徳的価値を実現しようとする道徳的実践意欲を養うこ とができるでしょう。それゆえ，これからは，阻害条件や促進条件についての 発問をぜひ取り入れていってほしいと思っています。

2-3　道徳授業の展開過程

テーマ ≫≫ どうやって授業の流れをつくったらよいの？

【授業の基本的な展開過程】　　　　　　　　　　　　　　　　　　表2.9

導　入	ねらいとする道徳的価値への関心・意欲を高める。
展　開	後述。
終　末	教師の説話，子どもの作文，日記の紹介，ことわざ・格言の紹介，授業 で学んだことをワークシートに書かせるなどによって，実践への意欲づ けになるようにしたい。しかし，道徳授業は**内面性**を育むことを目的と しているので，決意表明させる必要はない（青木，1990）。

ものに付随する条件で ある。「他者条件」と は，周囲の人が価値の 実現を邪魔するといっ た人的な条件である。 「社会条件」とは，環 境や社会が価値の実現 を妨げる場合の社会的 条件である。「自己条 件」とは，価値の実現 を妨げる自己本人の性 格的な条件である。も ちろん，阻害条件の4 つの条件のうち，道徳 教育において最も重要 なのは「自己条件」の 認識とその克服である。 たとえば，「無知や誤 解や無理解・怠惰・打 算・非力・受動性・無 計画・気まぐれ・気お くれや恥ずかしさ・自 己満足・行きなやみ・ 自信喪失・自暴自棄・ 絶望など」である。

　反対に，価値の実 現を励ましてくれる条 件は「促進条件」であ る。「促進条件」とし ては，「自発性・強い 興味・他人の援助や激 励・強い意志・他人へ の信頼・明確な自己主 張・善意・向上心・使 命感・責任感・努力・ 創意くふう・自信・希 望・高い理想・自己内 省など」があげられる （村上，1973）。

▶ **実践へ⑨**

「しんぱんは自分た ちで」の指導案につい ては，第6章2節2-3 を参照のこと（p.201）。

さて，ここからは，授業の基本的な展開過程をどうやってつくったらよいのかをみていきましょう。

　一般に，道徳授業の展開は，「**導入**」「**展開**」「**終末**」に分かれます。「終末」が「まとめ」でないのは，道徳科は他教科とは異なり，授業で1つの答えに収斂させる必要はなく，児童生徒一人ひとりが，教材をとおして学んだ価値理解をふまえて，**自己を見つめる**のが大事だからです。それゆえ，必ずしも教師がまとめることがよいとは限りません。「まとめ」ではなく，「終末」といわれるのはこうした理由があるからです。

1）導　入
　導入では何をしたらよいのでしょうか。

　一般に，導入には「ねらい（価値）に関わる導入」と「教材に関わる導入」があります。

【導入の発問の種類】　　　　　　　　　　　　　　　　　　　　　表2.10

教材に関わる導入	教材の舞台となる場所，教材に登場する人・物などに関する発問。
ねらい（価値）に関わる導入	内容項目に関する発問。

　しかし，1点気をつけたいことがあります。たとえば，導入で，「今日は友情について考えましょう。あなたにとって友達とはどんな人？」と問うとします。そして，展開で「友達とはやさしい人」「友達とは自分のことを思ってくれる人」などの答えが出てくるとすれば，導入で考えたこと以上の内容を，児童生徒は展開で考えることができています。

　しかし，導入で「やさしさとは何だろう？」と問うたとして，展開で「○○さんがこの行為をしたのはなぜだろう？」と問うたとき，「やさしいから」といった答えしか想定できないとします。この場合，導入で「やさしさとは何だろう？」と問うことは，展開の発問に対して「「やさしい」と言えばいいのかな」と，児童生徒に**忖度**させることにつながってしまいます。

　それゆえ，基本的な考え方としては，導入でした発問の答え以上の答えを展開での発問で児童生徒から期待できる場合は，導入で「ねらい（価値）に関わる導入」をしてもよいと思います。それに対して，導入の発問での答えと展開の発問で想定される答えが同じ場合は，「ねらい（価値）に関わる導入」ではなく，「教材に関わる導入」のほうが好ましいといえます。

　「ねらい（価値）に関わる導入」としては，たとえば次の3つの発問があげられます。

表2.11

【導入の発問例】

(1) 子どもの行為を明らかにする問い	あなたは，○○したことある？
(2) 行為を動かしている気持ちを明らかにする問い	なぜあなたは○○したの？
(3) 問題をつかませる問い	○○とはどんなこと？

　ところで，導入と終末にあえて同じ発問をすることで，児童生徒の変化を見取るという方法もあります。これは，すでに述べた「ねらい（価値）に関わる導入」の一種です。加藤（2017）は，「導入―展開―終末の基本的な流れ」を表2.12のように提案しています。授業の最初と最後の変化を容易に見て取れるので，評価のためにも有効な方法です。こうでなければいけないというわけではもちろんなく，1つの参考にしてください。

【加藤宣行による，「導入→展開→終末」のパターン】　　　　表2.12

①導入で，内容項目の本質的なことを問う。
②展開内で，内容項目の「お決まりパターン的解釈」を一度崩す。
③展開内で，内容項目を子ども自身の言葉で再構築させる。
④終末で，導入と同じ問いをして，どのくらい自分の解釈で言えるようになったかを自己評価させる。

2) 展　開

【展開前段と展開後段】　　　　表2.13

展開前段	教材を扱い，ねらいとする価値を追求させ，把握させる。
展開後段	ねらいとする道徳的価値を自分との関わりでとらえさせる。「価値の一般化」。「価値の主体的自覚」。「自己を見つめる」。

　展開については，一般に，**展開前段**と**展開後段**に分けられます。展開前段で，教材に含まれている価値理解を押さえたうえで，展開後段で，「では，自分ならどう考えるか」「自分にもそんな経験があったか」など，道徳的価値を自分との関わりで考え，自己を見つめる時間です。一部では，「展開後段は不要」「教材を扱う展開前段の後は感想を書かせるだけでよい」という主張が聞かれます。それは，わざわざ道徳的価値を自分との関わりでとらえさせようとしなくても，児童生徒が自分なりに自己を見つめるはずだからという理由です。

　しかし，まず，展開後段が必要かどうかは発達段階によるといえます。中学校段階では，教材との対話がそのまま自己との対話になるとも考えられるから

です（村上，1973）。また，一般的にいえば，「**授業のねらいによる**」「**教材の内容による**」「**展開の流れによる**」と答えたいと思います。教材の内容があまりに崇高であり，日常生活とかけ離れている場合には，児童生徒に道徳的価値を自分との関わりでとらえさせようとするのは難しいかもしれません。しかし，「自己を見つめ」「自己の（人間としての）生き方についての考えを深める」学習という点でいえば，展開後段で意図的に道徳的価値を自分との関わりで考えさせることに意義はあるといえるでしょう。

　一方，展開前段では，多くの場合，教材登場人物の判断や心情について考えることになります。つまり，あくまで「Aさんが考える道徳的価値（友情）」を理解することにとどまるわけです。だとすれば，展開後段で，「Aさんはこう考えて友達を助けてあげたけれど，あなたはAさんの判断をどう思う？」「Aさんの考え方はいつでも正しいといえるかな？」などと，教材で学んだ価値観を**一般化**して問うことには意義があるでしょう。

　展開の流れについていえば，たとえば，「主人公Aさんは○○したけれど，あなたならできるかな？」というような「自己を見つめる」発問を，展開前段のなかであえて先に問い，児童生徒に「**自我関与**」をうながします。そのうえで，「主人公Aさんは，どうして○○できたのだろう？」と，中心発問で行為の根拠・理由を問うことで，児童生徒が深い価値理解に到達することもあります。したがって，展開後段のように「自己を見つめる」発問を展開前段のなかで問うておくことがしばしば効果的なこともあります。自我関与をうながす発問のつくり方については，次の3節で詳しくみていきます。

【展開前段における発問の種類】[3]　　　　　　　　　　　　　　　　　表2.14

(1) 基本発問	中心場面の前後に価値の把握を効果的にする発問。「葛藤」「弱さ」「現実」などをおさえる。
(2) 中心発問	ねらいとする価値を追求させる発問。「解決」「気づき」「強さ」「理想」などをおさえる。
(3) 補助発問	意図する内容を角度を変えて見つめさせたり，子どもたちの反応を焦点化して考えさせたりする発問。**問い返しの発問・揺さぶりの発問**とも呼ばれる。

　道徳授業の展開前段は，大きく，複数の「**基本発問**」と単一の「**中心発問**」の2種類から構成されます。発問をつくる順番としては，最初の基本発問から授業の流れを予想して中心発問まで順番に考えていくやり方と，反対に，中心発問を決め，そこに至るように基本発問を考えるやり方があります。どちらにしても，重要なことは，一つひとつの発問が断片的にならないように，発問と

3) 髙橋（2012）をもとに作成しました。

発問のつながりを意識して発問の構成を考える必要があるということです。

【展開前段における発問の構成方法】	表2.15

①最初の基本発問から，授業の流れを予想して中心発問まで順番に考えていくやり方。
②授業で一番考えさせたい道徳的問題を問う中心発問，または授業を通じて気づかせたい価値観を引き出せるような中心発問を決める。その次に，その中心発問までうまく導けるような基本発問をつくる。

　②の場合，まず，授業で一番考えさせたい道徳的問題を問う中心発問，または授業を通じて気づかせたい価値観を引き出せるような中心発問を決めます。その次に，その中心発問までうまく導けるような基本発問をつくります。
　そして，授業時には，基本発問と中心発問に対する児童生徒の答えを板書していきます。しかし，児童生徒の答えをたんに羅列するだけでは，「他の児童生徒がどう考えているのか」という「他者理解」にはなるとしても，深い「価値理解」や「人間理解」には至らないことがあります。そこで，重要になるのが「補助発問」です。児童生徒の答えをさらに焦点化して考えさせる発問であり，「問い返し」とも呼ばれます。もちろん，問い返しするためには，その前に児童生徒が一定の答えを言うかどうかに依存するので，問い返しは複数用意しておくのが望ましいでしょう。次の2-4では，この問い返しの方法についてみていきます。

■ 2-4　価値理解を深める問い返し

テーマ ≫≫ どうやって問い返しをしたらよいの？

　道徳的価値の理解を深めるためには「問い返し」が重要となります。

1）明確化
　まず，たとえば「どんな気持ち？」と登場人物の心情を問うて，「うれしい」「悲しい」などの答えが出たときは，「何がうれしいの？」「どうしてうれしいの？」と問い返しをします。また，「どう思う？」と批判的に問うて，児童生徒が「よい」と答えたら，「どうして？」と問い返しをする必要があります。

2）重層的な発問
　上記のことだけでも，児童生徒の価値観を深めることにつながります。しかし，「道徳的諸価値の理解を基に」「物事を（広い視野から）多面的・多角的に考え」る学習とあるように，「多面的・多角的」に考えさせるには，たんに「明

確化」するだけでは不十分です。「多面的・多角的」に考えさせるには，発問に対する児童生徒の答えをたんに順番に並べるだけではなく，児童生徒の答えに対して適切な問い返し（補助発問）を行い，議論を発展させていく必要があります。

この問い返しのリストとしては，柴原・荊木（2018）の「重層的な発問」が参考になります。すなわち，「比較対照」「根拠・理由づけ」「言い換え」「確認・焦点化」「立場変更」「類推・想像」「条件変更」「具体例・反例」などです。これに，カントの「普遍化可能性」を問う発問，功利主義の「結果・帰結」を問う発問，加藤（2016）の「他律から自律へ」とうながす発問を加えることができるでしょう。

【「問い返し」の発問リスト】　　　　　　　　　　　　　　　　　**表2.16**

比較対照	○○と△△は何が違うの？ （児童生徒から出た意見について）CさんとDくんの意見はどこが違うのかな？
根拠・理由	なぜ？
言い換え	どういうこと？
確認・焦点化	こういうことかな？
立場変更	Aさんの立場ではなく，Bさんの立場からしたらどう？
類推・想像	○○を想像してみて。
条件変更	もし○○だったら，どう？
具体例・反例	具体的にはどういうこと？　それがあてはまらないことはない？
普遍化可能性	それはいつでも正しいの？
結果・帰結	もしそうしたら，どうなる？
他律から自律へ	人から褒められる（好かれる）から，そうする（べきな）の？
利己（反価値）的な答えが出たとき	それだけかな？
意図した内容項目と違う答えが出たとき	それだけかな？

以下では，上の発問リストの一部について具体例を用いて説明します。

①根拠・理由

第6章で提案する授業の多くでは，あえて二者択一の発問をすることによって，児童生徒の価値理解を深めることをねらっています。二者択一の発問では，「どちらが正しいのか」について議論が白熱します。しかし，二者択一の答えそのものが重要なのではありません。その二者択一の答えを選択する根拠・理由が大事なのです。それゆえ，児童生徒の答えに対して，必ず「どうして？」と問い返しをする必要があります。「いつわりのバイオリン」であれば，「フランクの行動をどう思う？」と問いますが，「悪い」「仕方ない」のいずれの答えで

▶実践へ⑩

「いつわりのバイオリン」の指導案については，第6章4節4-2を参照のこと（p.217）。

あっても，「どうして？」と問い返しをすることによって，児童生徒の価値理解を深めるべきでしょう。これは，コールバーグのモラルジレンマ教材で賛否両論を議論させるときに，必ずその選択の理由を問うことが大事であるのとまったく同じことです。

②立場変更

ある登場人物の立場から考える発問をしたあと，違う登場人物の立場から考えることをうながします。「絵葉書と切手」の場合，「あなたがひろ子だったら，定形外郵便で料金が足りなかったことを正子に伝える？」と問うて意見を聞いたあと，「では，あなたが正子みたいに定形外郵便だと知らずにひろ子に送って相手に払わせてしまったとしたら，あなたはひろ子にそのことを伝えてほしい？」と補助発問で問います。これは，多角的に考える方法の1つです。

▶ 実践へ⑪

「絵葉書と切手」の指導案については，第6章2節2-2を参照のこと（p.199）。

③類推・想像

また，コールバーグの認知発達的アプローチに基づく発問（①明確化のための発問，②道徳論点に目を向けさせる発問，③道徳的価値の間の発問，④立場を変える発問，⑤普遍化した場合の結果を考える発問）もあります（ライマー・パオリット・ハーシュ，2004）。このうち，①と④はすでに述べた発問リストと重なります。①は「明確化」であり，④は「立場変更」です。

⑤は，「もしみんなが○○したら，どうなる？」と問います。これは，カントの「普遍化可能性」への問いと，功利主義の「結果・帰結」への問いを組み合わせたものです。

④普遍化可能性

「いつでもそれは正しい？」「いつでもそういえる？」と，カントの義務論のように普遍化可能性を問います。

⑤結果・帰結

「○○したらどうなる？」「○○しないとどうなる？」「もしそうしたら，○○になるかもしれないけど，それでよい？」「みんなが○○したらどうなる？」など，功利主義のように行為の結果・帰結を問います。わが国の道徳授業では，カント倫理学の影響が強く，結果・帰結に訴えることは「他律」的判断であり，レベルが低い道徳的判断だと思われてきた節があります。しかし，一口に結果・帰結といっても，自分の利益（**自己利益**）という結果・帰結と，他人の利益や社会の利益（**公益**）という結果・帰結ではまったく異なります。このことは，コールバーグが，自己利益に訴えて道徳の正しさを判断する「**道具的相対主義**」を道徳性の発達段階の第2段階とする一方で，公益によって道徳の正し

🔗 関連箇所⑨

コールバーグ

コールバーグによる道徳性の発達段階については，p.157の表4.21を参照のこと。

さを判断する「**公益**の道徳性の段階」を第5段階としていることにも表れています。

　たとえば，「勤労」の内容の授業で，「人は何のために働くのだろう？」と問うとします。すると，「お金のため」「生きていくため」などの答えが出るでしょう。そこで，「もし誰も働かなくなったら社会はどうなるだろう？」と結果・帰結を問います。この発問によって，労働は個人の生存のためだけでなく，社会の存続のためでもあることに気づかせることができます。

⑥他律から自律へ

　小学校低学年の児童であれば，「○○さんはどうしてやさしくしたのだろう？」と問うと，「褒められたいから」「友達に好かれたいから」と答えるかもしれません。しかし，これは正しいことを正しいと思うから行うのではなく，正しいことをする結果として得られる利益に訴えている点で，**他律的**な判断です。そこで，「褒められたいからそうしたのかな？」「友達から好かれたいからそうしたのかな？」などと問い，正しいと思うから正しい行為をするという**自律的**判断への気づきをうながします。

⑦利己（反価値）的な答えが出たとき

　利己的な答えが出たときは，「それだけかな？」とか，「たしかにそういう理由はあるね。でも，なぜこの登場人物は○○できたのだろう？」と問い，道徳的価値への気づきをうながします。

⑧意図した内容項目と違う答えが出たとき

　ねらいとは違う内容項目に関する答えが出たときは，「そうかもしれないね。でも，○○（正直など）なだけでそんなことができるかな？」というように，行為の根拠・理由はそれだけかどうかを問います。

▌2-5　価値理解を深める板書

> **テーマ** ≫≫ どうやって板書するの？

　他教科と異なり，道徳科の授業では「答えが1つではない」ので，板書計画が難しいといえます。そのため，発問に対する児童生徒の答えを右から左に，または上から下に順番に板書していくスタイルが多いのは仕方ないことです。また，「特定の価値観を押し付けない」ということからすれば，事前に完全な板書計画ができるということ自体が，価値観の押し付けになっているのではないかという疑念が生じるかもしれません。

しかし，道徳的価値の理解を深めるという目的からすると，児童生徒の答えをひたすら羅列する板書が最善かどうかについては再考の余地があるでしょう。価値観の押し付けではないかという疑念に答えるならば，板書はあくまで児童生徒の思考の構造を示すためにあります。それゆえ，構造的な板書を計画することは，特定の価値観を無理やり言わせることとは異なります。

　そこで，ここでは価値理解を深めるための板書の方法を4つ紹介します。ただし，注意したいことは，あらゆる場合に万能な板書は存在しないということです。あくまで発問に対応した板書を考える必要があります。

1）二項対立を活かす

　第6章では，永田繁雄の「**批判的発問**」を用いた授業を多数提案しています。「批判的発問」は，ある行為が「よかったか」「よくなかったか」などについて賛否両論を議論するために用います。そのため，児童生徒の答えを**二項対立**的に板書することで，思考を可視化することができます。ただし，重要なことは，二項対立的な選択そのものが大事なのではなく，その選択の根拠・理由を問うことで，児童生徒の価値観を深めることがねらいであるということです。

2）棒グラフ

　残りの3つの板書の方法は，いずれも算数や数学から借りてきた思考の表現方法です。それはたんなる偶然ではありません。そもそも算数や数学とは，人間の思考方法の1つの表現なのです。それゆえ，算数や数学の思考方法を道徳授業にも活かせます。そして，板書とは，思考方法を可視化したものなのです。

> 　算数科の目標にある「日常の事象を**数理的**に捉え見通しをもち筋道を立てて考察する力」を育てることは，**道徳的な判断力**の育成にも資するものである。また，「算数で学んだことを生活や学習に活用しようとする態度」を育てることは，工夫して生活や学習をしようとする態度を育てることにも資するものである。（『小学校解説』p.12）（太字は筆者）

> 　数学科の目標にある「数学を活用して事象を**論理的**に考察する力」，「数量や図形などの性質を見いだし統合的・発展的に考察する力」，「数学的な表現を用いて事象を簡潔・明瞭・的確に表現する力」を高めることは，**道徳的判断力**の育成にも資するものである。また，数学的活動の楽しさや数学のよさを実感して粘り強く考え，数学を生活や学習に生かそうとする態度を養うことは，工夫して生活や学習をしようとする態度を養うことにも資するものである。（『中学校解説』p.10）（太字は筆者）

このように，算数や数学で「事象を論理的に考察する力」を高めることが道徳的判断力の育成に資するのであれば，道徳授業の板書でも，算数・数学的な表現を活用することが有効だといえるでしょう。

そこで，まずは算数でよく用いる棒グラフの活用方法を紹介します。「いつわりのバイオリン」では，「どうしてロビンはフランクを許せたのだろう？」と問い，「あなたならフランクを許せる？」と問います。その際，「許せる」から「許せない」までのレベルを棒グラフで表現することができます。実際，この教材を用いた授業実践をした中学校の先生は，そうした板書をしていました。そのレベルを可視化することで，さらにその理由を問うことができます。また，「悲願の金メダル――上野由岐子」では，金メダルをとったソフトボールの上野選手の感謝のレベルを棒グラフで表す授業を提案しています。

3）ベン図

数学の集合論で用いるベン図は，物事の**共通点**と**相違点**を可視化するための表現方法として有効です。「海をこえて」の指導案では，フランスのガーデニングと日本の盆栽の共通点と相違点を考えるためにベン図を用いた板書を提案しています。

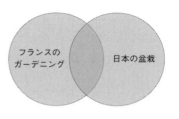

図2.2　ベン図

4）4象限

4象限の図は，2つの選択肢に対して2通り（2×2）の答えがあり得る場合に利用できます。これも児童生徒の価値観を可視化することで，思考を深めるために有効でしょう。

その他の板書の方法については，島（2017），加藤（2018b），柴原・荊木（2018）などが詳しいので，ぜひそちらをご覧ください。

図2.3　4象限の図

5）価値観の類型化

しかし，今まで述べてきた二項対立，棒グラフ，ベン図，4象限のように，あらかじめ児童生徒の答えを構造化しておける場合を除けば，やはり児童生徒の答えを順番に書いていくしかないでしょう。その場合は，児童生徒の答えを板書したあとに，価値観を分類して整理することができます。これを青木（1990）は「**価値観の類型化**」と呼んでいます。この価値観の類型化は，児童生徒の答え

▶ 実践へ⑫

「いつわりのバイオリン」の指導案については，第6章4節4-2を参照のこと（p.217）。

▶ 実践へ⑬

「悲願の金メダル――上野由岐子」の指導案については，第6章3節3-1を参照のこと（p.208）。

▶ 実践へ⑭

「海をこえて」の指導案については，第6章2節2-5を参照のこと（p.206）。

に線を引く際に，チョークの色を分けることで行うことができます。この「価値観の類型化」を行うことは，児童生徒の思考の整理につながるでしょう。

3　「自我関与」で，「読み取り道徳」「上辺の道徳」「忖度道徳」「裁く道徳」から脱却する

■ 3-1　切実感をもった学習で，「読み取り道徳」から脱却する

テーマ　▶▶▶　どうしたら「読み取り道徳」を脱せられるの？

1）「共感的発問」の留意点

　前節までは，道徳授業の基本的なつくり方についてみてきました。3節では，道徳授業が陥りがちな「罠」についてみていきます。これまでの道徳授業が「効果的でない」「実効性がない」としばしばいわれてきたのは，この節でみていくような罠に陥っていたからだといえます。

　すでに述べてきたように，道徳科の学習は「道徳的諸価値の理解を基に」考える学習です。それゆえ，価値理解として，児童生徒に道徳的価値の一般的な意味を理解させる必要があります。しかし，その際にも，価値理解を過度に強調することには2つの問題点があります。第1に，たんなる道徳的価値の「**観念的**」な理解にとどまる危険性があることです。第2に，特定の価値観を理解させようとすることが「**押し付け道徳**」につながる危険性です。ここでは，前者の道徳的価値の「観念的」な理解にとどまらないための工夫について説明していきます。

🔗 関連箇所⑩

押し付け道徳
「押し付け道徳」の問題については第4章で論じる。

> 　学校教育は，関係法令及び学習指導要領に基づいて編成された教育課程を実施することが求められており，年間指導計画等に従って全ての教師が意図的，計画的に指導することが重要である。しかし，このことは指導内容をたんに児童に**注入する（教え込む）**ことではない。指導内容を児童（生徒）が**自分との関わりで捉え，切実感**をもって学習することで真に児童が習得することにつながるものである。そのためには，児童の**主体的な学び**が必要になる。学習指導においては，児童（生徒）自らが**主体的に学ぶ**ための教師の創意工夫が求められる。（『小学校解説』p.92，『中学校解説』p.91）（太字は筆者）

　このように，たんに道徳的価値を**注入**するのではなく，道徳的価値を児童生徒が「自分との関わりで捉え，切実感をもって学習すること」が望まれています。そのためには，「主体的な学び」が必要であるとされています。しかし，道

徳科の授業において，「**切実感をもった学習**」や「**主体的な学び**」とは，いかにして可能なのでしょうか。以下では，この「切実感をもった学習」を可能にする工夫を説明していきます。そのために，まず，「道徳の時間」のときから行われてきた典型的な指導方法をみてみましょう。

　従来，読み物教材に含まれている理想的な道徳的価値を理解させようとして，教材の登場人物が理想的な道徳的価値観を実現した際の心情を共感的に理解させる指導方法がとられてきました。

■ ワーク：考えてみましょう ■

> 登場人物の心情理解のみの授業にはどんな問題点があるのでしょうか。考えてみましょう。

　有名な「泣いた赤鬼」（学研，小4）を例に考えてみましょう。青鬼が，人間と友達になりたい赤鬼のために，みずから悪役を買って出て赤鬼に自分を退治させます。しかし，青鬼は，自分が赤鬼と友達であると人間にバレないようにするために，遠くへ行ってしまうのです。それと知らずに青鬼の家に行った赤鬼は，青鬼の家の戸に貼ってある貼り紙を見つけます。それを見た赤鬼は，「戸に手をかけて，顔をおしつけ，しくしくとなみだを流しました」。そこで，永田繁雄の「**共感的発問**」を使って，「このとき，赤鬼はどんな思いでなみだを流したのだろう？」と問うのです。すると，おそらく，「青鬼さんが遠くに行ってしまって，悲しい」「青鬼さんを自分のために利用してしまって，後悔している」「もう一緒に遊べないからさみしい」など，いくつかの答えが出てくるでしょう。教師は，こうした児童生徒の答えに対して，さらに問い返しをしていくことで，「友情」についての価値理解を深めることができるでしょう。

　先ほども述べたように，こうした「共感的発問」がそれ自体として有効でないといいたいわけではありません。しかし，「共感的発問」の留意点を3点あげておきます。

【「共感的発問」の留意点】　　　　　　　　　　　　　　　　　　　　　　表2.17

(1) 登場人物の心情が「わざと書かれていない」教材でなければ使えない。
(2) 登場人物の心情が「書かれている」教材で「共感的発問」を使うと，書いてあることを答えるだけになってしまう。
(3) 登場人物の心情が「わざと書かれていない」教材であっても，特定の答えに収斂してしまい，思考が広がらない。

　第1に，共感的発問で「考えさせる」ためには，教材にわざと**登場人物の心情を書かないでおく**必要があります。先ほどの「泣いた赤鬼」でも，「戸に手をか

けて，顔をおしつけ，しくしくとなみだを流しました」とあったように，「なみだを流しました」という行為・行動のみが記述され，その行為・行動の根拠・理由は書かれていません。だからこそ，「そのときどんな思いだった？」と問えば，児童生徒は登場人物に仮託して道徳的価値を共感的に理解することが可能になるのです。実際，現在教科書で使用されている読み物教材の多くでは，そのように「登場人物の心情」がわざと書かれていません。それは，今使用されている読み物教材の多くが，青木孝頼の**「共感的活用」**を前提としてつくられてきたからです（柳沼，2012b）。

　しかし，第2に，教科化した現在の教科書では，「登場人物の心情がわざと書かれていない」教材だけではなくなってきています。その場合，「どんな思いだった？」「どんな気持ちだった？」と問うてしまうと，教材に書かれていることを言うだけの「正解」を当てる授業になってしまいます。

　第3に，仮に「泣いた赤鬼」のように，「登場人物の心情がわざと書かれていない」教材であったとしても，「どんな思いだった？」「どんな気持ちだった？」と問うだけでは，少数の特定の答えしか出てきません。それゆえ，「どんな思いだった？」「どんな気持ちだった？」と問うたあとに，**問い返し**で価値理解を深める必要があります。それゆえ，加藤宣行は，こうした登場人物の心情を問う発問を**「閉じた発問」**と呼び，**「開かれた発問」**と区別しています（加藤・岡田，2016）。加藤は，「閉じた発問」を，「初めからある「答え」を読み解いていくようなスタイルとなり，新しい発見をするというよりは，常識的なことの見直しをするという形になりがちである」としています。一方，「開かれた発問」とは，「読み物教材を読むだけではわからない，「道徳的ではない」考え方をすることで，「ああ，そう考えればこれにも意味があるなあ。だったら……」とか「そうか！　自分たちが，主人公の行動がいいなあと思った理由はこういうことだったのか！」「なるほど！　そんなこと考えたこともなかった！！」というように，思考がどんどん広がっていく発問」です。「閉じた発問」と「開かれた発問」を厳密に区別することはできません。というのは，ある児童生徒には，「分かりきったこと」であっても，別の児童生徒には「新鮮な考え方」である可能性もあります。それゆえ，2つの発問を厳密に区別することはできませんが，筆者なりに整理すると，次のように区別できるでしょう。

【「閉じた発問」と「開かれた発問」】　　　　　　　　　　　　　　表2.18

閉じた発問	特定の答えに収斂していく発問。具体的には，登場人物の状況や心情を問う発問。
開かれた発問	特定の答えに収斂しにくい，思考が広がっていく発問。

関連箇所⑪

開かれた発問

この「開かれた発問」になるような発問の工夫については，p.40の表2.6を参照のこと。

　以上の点から，第2の点で述べたように，現在の教科書には，「登場人物の心

情がわざと書かれていない」教材だけではなく，多様な教材が入ってきています。つまり，教材に書かれていない登場人物の心情を問う「閉じた発問」だけでは対応できなくなっています。また，第3の点で述べたように，「登場人物の心情がわざと書かれていない」教材であっても，たんに「気持ち（心情）」を問う「閉じた発問」だけでは，特定の「正解」を当てるだけの授業になりがちです。では，そのような「正解」を児童生徒に「忖度」させるだけの授業にならないためには，どうしたらよいのでしょうか。

2）道徳授業では何を考えるのか？

島恒生の「氷山の三層モデル」をもとに考えてみましょう。

この「氷山の三層モデル」に従うと，道徳授業のねらいは，たんに「教材」に書いてあることを言わせることにあるのではありません。また，教材の登場人物の心情を「読解」させることでもありません。そうではなく，一番深いレベルの「**道徳的価値・価値観**」について考えさせることなのです。

図2.4　「氷山の三層モデル」
（島・吉永，2007）

第2層の「読解レベル」とは，登場人物の心情や判断を「読み取る」ことです。もっとも，従来から，道徳授業では，登場人物の心情や判断を正しく読み取ることがめざされてきたわけではありません。これについては，青木（1990）が，国語と道徳の違いとして，以下のように説明をしています[4]。

> ### ワーク：考えてみましょう
>
> 国語と道徳の違いは何かを考えてみましょう。

国語では，教材に書かれていることを**正しく読解**する。しかし，道徳では，教材に書かれていない心の内面を**自由に想像させる**ことにより，児童生徒自身の**本音**を引き出す。国語と道徳の違いはここにあるのだといいます。たしかに，この国語と道徳の違いの説明は今でもおおよそその通りでしょう。国語は「教材に書かれていることを正しく読解」するのに対して，道徳は「教材に書かれていない心の内面を自由に想像させる」のだと。このような「教材に書かれて

4）ここでは，実際の国語の授業というよりは，あくまで道徳との違いを際立たせるためにあえて国語という教科名を用いていることに留意してください。

いない心の内面を自由に想像させる」学習をとおしてこそ，「**自我関与**」が可能になるでしょう。

ワーク：考えてみましょう

登場人物の心情を問うだけの授業にはどんな問題点があるのでしょうか。考えてみましょう。

このように，青木が提要した従来の指導方法では，登場人物の心情や判断を問うことで，児童生徒が登場人物に仮託して自分の考え方や感じ方を表現することがめざされてきました（青木, 1990；赤堀, 2018）。つまり，**自我関与**を重視してきたといえます。しかしながら，この指導方法には1つの留意点があります。それは，登場人物の心情や判断を問うだけで，はたして児童生徒自身が十分に自我関与できるかどうかという問題です。たしかに，小学校低学年や中学年までの児童ならば，登場人物の心情を問うことによって，児童が登場人物に仮託して自分の考え方や感じ方を表現することが多いのは事実です。しかし，児童生徒が抽象的な思考ができるようになるにつれて，登場人物と自分自身を区別できるようになっていきます。そうなると，登場人物の心情や判断を問うても，当の児童生徒本人が登場人物の行為や考えに共感できなければ，登場人物の心情や判断の根拠・理由を「知的・観念的」に類推するにとどまり，児童生徒本人の考え方や感じ方が引き出されず，切実感のない学習で終わってしまうでしょう。そして，その可能性は学年が上がるにつれて高まるでしょう。

柳沼（2012b）が指摘しているように，「道徳の時間」が「楽しい」と答える児童生徒は，学年が上がるにつれて減っていくというデータがあります。それは，登場人物の心情を問うだけの授業では，児童生徒**本人の判断**が必ずしも問われないので，**主体的**に考える動機づけが十分に与えられないからでしょう。

そのとき，登場人物の心情や判断を問うだけでは，しばしばたんなる「読み取り」で終わってしまいます。たしかに，読み物教材を紙芝居の形にしたり，パネルシアターで示したり，教材に関わる絵や写真などの補助的な資料を提示したりして，読み物教材に対する児童生徒の興味・関心を高め，登場人物に親しみをもたせる工夫はできるでしょう（赤堀, 2013）。しかし，その場合にも，児童生徒が登場人物の行為や考え自体に「ついていけない」と思えば，やはり「他人事」で終わってしまうでしょう。また，児童生徒が登場人物の心情を「他人事」として考えるところから，先生が言ってほしいに違いない答えを予想して答える「**忖度道徳**」が生まれてしまう可能性もあります。

それゆえ，発達段階にもよりますが，登場人物の心情や判断を問うだけではたんなる登場人物の心情の「読み取り」に終始してしまうことが多かったとい

🔗 **関連箇所⑫**

1つの留意点

青木孝頼の指導過程論においては，登場人物の心情や判断を問うだけでは，子ども自身の本音が引き出されない可能性があることに留意する必要がある。第3章で詳しく検討するように，柳沼良太（2012）は，青木などの指導論を「心情追求型」として批判し，「問題解決的な学習」を提唱している。p.92の表3.3を参照のこと。

えます。だからこそ，教科化に際して「登場人物の**心情理解のみに偏った形式的な指導（「読み取り道徳」）**」は効果的ではないと批判されることになりました。そこで，「読み取り道徳」を克服すべく，教科化の際に「**自我関与**」が改めてキーワードとしてあがったのです。「読み物教材の登場人物への自我関与が中心の学習」は次のように定義されています。

> 教材の登場人物の判断や心情を**自分との関わりで**多面的・多角的に考えることなどを通して，道徳的諸価値の理解を深める。（道徳教育に係る評価等の在り方に関する専門家会議「「特別の教科 道徳」の指導方法・評価等について（報告）」2016年7月22日）

このように，「自我関与」を伴った学習とは，「教材の登場人物の判断や心情を**自分との関わりにおいて**」考えることです。つまり，青木が述べたように，教材の登場人物の判断や心情を，国語のように正しく読解するのではなく，**自分との関わり**において考えるところに道徳授業の特質があります。しかし，青木が道徳と国語の違いとして述べたこと自体は今も正しいのですが，青木が提唱した指導方法がたんなる「読み取り」で終わらないためには，どのような工夫をすればよいのかが問われているのです。それゆえ，今後は，登場人物の心情や判断を問うだけで自然に自我関与すると安易に想定するのではなく，意図的に自我関与をうながす発問の工夫が求められるでしょう。

しかし，このような留意点があるとしても，道徳は教材に書かれていない心の内面を自由に想像させる学習だという青木の主張自体は今でも妥当です。

ここで，サン＝テグジュペリの『星の王子さま』の名言を想起してもよいでしょう。「ものごとはね，心で見なくてはよく見えない。いちばんたいせつなことは，目に見えない」。この「目に見えない」ことを考えるのが道徳でしょう。

ただし，筆者としては，「教材に書かれていない心の内面」とあるように，「心の内面」とされているところが気になります。「心の内面」とされているために，「共感的発問」に基づき，登場人物の心情を共感的に想像させる学習が正当化されているともいえるからです。先述した島恒生の「氷山の三層モデル」に従えば，「教材に書かれていない心の内面」に限らず，「**教材に書かれていない道徳的価値・価値観**」について自由に考えるのが道徳科の授業ではないでしょうか。筆者はあえてそういいたいと思います。島恒生は，その講演のなかで，教材に書かれていることを言っているときは，児童生徒は下を向いて教材のなかに答えを探しているのに対して，教材に書かれていない道徳的価値観を考えているときは，上を向いていると話していました。児童生徒が上を向いて考えるような授業をしてほしいと思います。

ここで改めて，島と青木の知見に基づき，国語と道徳の違いを整理してみま

しょう。

【国語と道徳の違い】　　　　　　　　　　　　　　　　　表2.19

国　語	教材に**書かれていること**を正しく**読解**する。
道　徳	教材に**書かれていない道徳的価値・価値観**について**自由**に考える。

　しかし，現在では，「登場人物の心情がわざと書かれていない」教材だけではなくなってきており，大事なことがほとんど書かれているような教材もみられます。その場合は，どのようにして「教材に書かれていない道徳的価値・価値観」について考えさせたらよいのでしょうか。

　実際，「思いやりの日々」では，本当の「思いやり」とは，「相手に何もかもしてあげるのではなく，その人ができることは，何とか自分でこなしてもらう」ことだと文章の最後に明確に書かれています。それゆえ，たんに「主人公の和威さんにとって，思いやりとはどんなことだろう？」などと問うてしまえば，生徒はそこに書いてあることを言うだけに終わってしまうでしょう。そのような「書いてあることを言わせる」だけの授業にならないためには，発問の工夫が必要です。実際の教材を活用しながら，どういった発問を工夫すればよいかについては，第6章をお読みください。

● 実践へ⑮
「思いやりの日々」の指導案については，第6章4節4-1を参照のこと（p.215）。

　ただし，一般論としては，教材に**書かれていないこと**を考えさせられるような発問をする必要があります。そうでなければ，児童生徒が「**自我関与**」することは不可能だからです。それゆえ，もし教材に書いてあることを言わせるだけになりそうな発問なら，そのような発問はしないほうがよいでしょう。次の3-2からは，「自我関与」をうながすための発問をどのようにつくったらよいのかを説明していきます。ここでは，3-2から説明していく発問のつくり方をあらかじめ表にしておきます。

【「自我関与」をうながす発問の工夫】　　　　　　　　　　　表2.20

①「道徳的価値相互の対立や関連」「道徳的価値と反道徳的価値との葛藤」を活用する。
②「自分だったらどうする？」と問う。
③「自分ならできる？」と問う。
④理想的な価値観と現実の価値理解の距離を見つめさせる。
⑤あえて「弱さ」に向き合わせる。

3-2 「道徳的価値相互の関連」や「道徳的価値同士の対立」を用いて，「上辺の道徳」「忖度道徳」から脱却する

テーマ >>> なぜ道徳的価値相互の対立や関連を問うことが大事なの？

1）道徳的価値相互の関連を扱う

道徳に熱心な学校の先生ほど，毎回の授業では1つの内容項目のみを扱わなければならないと考える傾向にあります。たとえば，「今日は「親切，思いやり」の内容の授業をしないといけない」と思うのです。しかし，それはもちろん間違いではありませんが，1つの内容項目に集中するあまり，その内容項目と他の内容項目の**関連**を無視してしまうことがあり得ます。たとえば，本当の「思いやり」を実現するには，「相互理解」が必要でしょう。そして，1つの教材のなかにも，そのように複数の道徳的価値が含まれていることがしばしばあるのです。

1つの内容項目に含まれている道徳的価値の理解をうながそうとするあまり，その内容項目から逸脱してはいけないと考えている先生方が多いようです。しかしながら，ある内容項目を他の内容項目と関連させてはいけないなどということは，『学習指導要領』には書かれていません。むしろ，以下のように，内容項目の相互の関連をとらえ直すべきと書かれているのです。

> （「第3章　特別の教科　道徳」の「第3　指導計画の作成と内容の取扱い」の2）
> （2）道徳科が学校の教育活動全体を通じて行う道徳教育の要としての役割を果たすことができるよう，計画的・発展的な指導を行うこと。特に，各教科，外国語活動，総合的な学習の時間及び特別活動における道徳教育としては取り扱う機会が十分でない内容項目に関わる指導を補うことや，児童や学校の実態等を踏まえて指導をより一層深めること，**内容項目の相互の関連を捉え直したり発展させたりすること**に留意すること。（『小学校解説』p.89，『中学校解説』p.88）（太字は筆者）

たしかに，「内容項目の相互の関連を捉え直す」というのが，毎時間の授業のなかのことなのか，「指導の順序を工夫」するというように，各時間の間のつながりのことなのか，それとも両方のことなのかは必ずしも明確にされていません。しかし，偶発的にではなく，意図的・計画的に内容項目相互の関連をとらえ直そうとするならば，毎時間の授業のなかで，「この内容とあの内容は関連する」という意識をもって自覚的に指導する必要があるのではないでしょうか。

あくまで主題とする内容は1つに絞ったうえで，その内容と他の内容項目の相互の関連を考えさせる授業は認められるでしょう。上記の『学習指導要領』

の記述からしてもそのように読み取れます。むしろ，1つの内容項目を単独で取り上げ，相互の関連を考えない態度は，かつて上田（2004）が戦前の修身科の授業を「徳目主義」として批判した点なのです。つまり，修身科では，「忠誠」や「勤勉」といった徳目（道徳的価値）を個別に取り上げるだけなので，徳目相互の関連がとらえられず，現実の道徳的判断には役立たないという批判です。

　そこで，「あるレジ打ちの女性」では，「勤労」と「個性の伸長」という2つの内容項目相互の関連をとらえさせる授業を提案しています。つまり，『解説』にも書かれているように，働くとはたんに「心身を労して働くこと」を意味するだけではなく，「自分の能力や個性を生かしてみずからの内面にある目的を実現するために働く」という考え方もあります。このような勤労と個性の伸長の関連性をとらえる授業です。

● 実践へ⑯
「あるレジ打ちの女性」の指導案については，第6章4節4-5を参照のこと（p.224）。

　また，「すきなことだから　高橋尚子物語」では，元マラソン選手の高橋尚子氏が，「好きだから」マラソンをがんばれたことが描かれている一方で，「好きなだけでは目標を実現できないこと」が描かれています。つまり，この教材には，「好き」なことや長所を伸ばすという「個性の伸長」と，「目標を立て，あきらめずに粘り強くやり抜く強い意志」という「努力と強い意志」という，2つの道徳的価値相互の関連が含まれていると解釈することができます。これら2つの道徳的価値は相乗効果となるため，必ずしも対立・矛盾するわけではありません。しかし，あえてこれら2つの道徳的価値の対立を利用することで，価値理解を深めることができるでしょう。

● 実践へ⑰
「すきなことだから　高橋尚子物語」の指導案については，第6章2節2-1を参照のこと（p.197）。

　同様に，「げんきにそだて，ミニトマト」では，ミニトマトをやさしく一生懸命育てるのは，ミニトマトが生命をもつものだからということがいえるでしょう。そこで，この授業では，「自然愛護」と「生命の尊重」との関連を扱っています。

● 実践へ⑱
「げんきにそだて，ミニトマト」の指導案については，第6章1節1-4を参照のこと（p.195）。

2）道徳的価値同士の対立を扱う

　第3章でも詳しく述べますが，読み物教材の登場人物の心情を問うだけの授業では，登場人物の心情を共感的に理解させるという目的はあるものの，児童生徒本人の感じ方・考え方は無視されてしまいがちです。

　それでは，読み物教材の登場人物の心情を問うだけの授業にならないようにするためには，どうしたらよいのでしょうか。筆者が提案したいのは，**道徳的価値同士の対立**や，永田繁雄の**「批判的発問」**を活用することです。「批判的発問」は，「○○さんの行為をどう思う？」「○○さんの行為はこれでよかったのかな？　よくなかったのかな？」というように，児童生徒に主体的な判断を求めます。

道徳的価値同士の対立や批判的発問を活用して，賛成・反対を議論させることにはどんな意義があるのでしょうか。考えてみましょう。

ただし，急いで補足しなければいけませんが，「批判的発問」を用いることは，「どちらも正解」，つまり「**オープンエンド**」の授業であることをただちに意味するわけではありません。

🔗 関連箇所⑬
認知発達的アプローチ
pp.121–123を参照のこと。

「オープンエンド」の授業の代表例として，コールバーグの認知発達的アプローチに基づくモラルジレンマ授業があります。たとえば，有名な「ハインツのジレンマ」という「**モラルジレンマ**」があります。「ハインツのジレンマ」は，要約すると，病気の妻を助けるために薬屋に押し入ることは正しいかどうかという問題です。しかし，この場合，妻を助けようとして薬屋に押し入ることも，何もせずにいることも，どちらも同様に正しくないのです。こうした容易に解決し難い葛藤状況を「モラルジレンマ」といいます。コールバーグは，子どもの**主体的な判断**をうながすために，こうしたモラルジレンマ教材を考案しました。

しかし，以上のようなモラルジレンマ教材でなくても，批判的発問を用いることで，児童生徒の主体的な判断をうながすことができます。教材のなかに，ある一定の理想的な価値観が含まれているとします。その点で，こうした教材は，モラルジレンマ教材ではありません。そうした理想的な価値観が含まれている教材は，当然，その理想的な価値観に気づかせたいと思ってつくられており，授業でもその価値観を引き出すような授業づくりをすることが暗に想定されているといえるでしょう。しかし，その場合でも，あえて批判的発問を用いることで，賛否両論のある議論をうながすことができます。

とはいえ，多くの先生方は，「気づかせたい理想的な価値観があるのに，批判的発問を使ったら，「どちらも正解」になってしまうのではないか」と疑問をもつでしょう。だからこそ，「登場人物の○○さんは，そのときどんな思いだったのだろう？」と問うことで，児童生徒から賛否両論が出てくることを防ごうとしてきた面があります。そこで，「どちらも正解」で終わらないための授業展開の工夫について，これから詳しくみていきます。

たしかに，小学校低学年くらいの素直な児童なら，教材に含まれている理想的な価値観に素直に共感するでしょう。しかし，登場人物の心情をひたすら追うだけの授業では，教材に対する違和感をもったり，「それはよいことかもしれないけど，簡単にできないよ」と思ったりする児童生徒の**現実的な価値理解**を無視してしまいます。だからこそ，学年が上がるにつれて，道徳授業に対する受け止め

が悪くなるのでしょう。そうであれば，むしろ児童生徒の率直な**本音**を批判的発問によって引き出し，児童生徒が**自由**に意見を交わせるようにします。そのうえで，理想的な価値観と，それに対する**違和感**や，その理想的な価値観を**実現する**ことの難しさを両面から考えさせることで，より深い，**多面的**な価値理解をうながすことができると主張したいのです。青木（1990）が，道徳では，国語と違い，教材に書かれていない心の内面を**自由**に**想像させる**ことにより，子ども自身の**本音**を引き出すと述べていることはすでにみた通りです[5]。子ども自身の**本音**を引き出すというのであれば，教材が想定している理想的な価値観ばかりを児童生徒が言うとは限らないでしょう。そして，児童生徒の本音を引き出すためには，登場人物の心情を問うばかりでなく，「○○さんの行為についてどう思う？」などと批判的に問うことが有効でしょう。

　しかし，批判的発問を用いることが，「どちらも正解」とすることと必ずしも同じではないということについては，詳しい説明が必要でしょう。そこで，以下では，そのことを詳しく説明していきます。

　批判的発問を用いることによって，道徳的価値同士の対立を活かすという場合，以下の3つの類型があります。

【道徳的価値同士の対立とは】	表2.21
①モラルジレンマの場合。	
②道徳的価値と「反道徳的価値（利己主義）」が対立する場合。	
③重みの違う道徳的価値・価値観同士が対立する場合。	

①モラルジレンマの場合

　すでに述べたように，モラルジレンマとは，どちらも同じように正しい，あるいはどちらも同じように正しくないような道徳的な葛藤のことです。つまり，オープンエンドの問いです。それゆえ，教師は特定の価値観に気づかせようとしたり，引き出そうとしたりする必要はありません。問い返しをする場合にも，あくまで児童生徒の考えに「**揺さぶり**」をかけるために行います。

②道徳的価値と「反道徳的価値（利己主義）」が対立する場合

　次の②・③の場合，より理想的な価値観とそうでない価値観がはっきり存在します。たとえば，「いつわりのバイオリン」で，「フランクが弟子のつくったバイオリンに自分のラベルを貼ったことをどう思う？」と問うとします。すると，「やるべきではなかった」という答えとともに，「仕方がなかった」という

実践へ⑲

「いつわりのバイオリン」の指導案については，第6章4節4-2を参照のこと（p.217）。

---

5) とはいえ，第3章の2節でみる通り，青木がいう本音とは，ありのままの「本心」や「事実をありのままにかくさずいう」ことではなく，「社会性」によって統制された本音です。

答えが出るでしょう。しかし，これら2つの答えは同等に正しいわけではありません。やはり，道徳的にみれば，弟子のバイオリンに，許可を得ずに勝手に自分のラベルを貼って，客に渡すことは許されないでしょう。しかし，「時間がない」という特定の条件のもとでは，そのような行為も，**自己利益**の観点からすれば仕方がないという判断もあり得ます。この場合，道徳的な判断と**利己的な判断**とが対立しています。筆者は，こうした対立を，道徳的価値と「反道徳的価値（利己主義）」が対立する場合と呼ぶことにします。

　では，どちらが道徳的により正しい判断かが明確なのに，なぜあえて批判的に問う必要があるのでしょうか。それは，児童生徒に登場人物の行為を**自分との関わり**で考えさせ，児童生徒の**本音**を引き出すことによって，**切実感**のある学びを可能にするためです。つまり，自我関与をうながすためです。たんに理想的な道徳的価値観を共感的に理解させようとするだけでは，「僕・私には関係のない話だ」と児童生徒に思わせてしまうでしょう。そのとき，児童生徒は自分との関わりで道徳的価値について考えることはできないでしょう。また，たとえ児童生徒が理想的な価値観を言ったり書いたりしたとしても，それはしばしば「**上辺の道徳**」「**忖度道徳**」で終わってしまうでしょう。そうならないために，あえて批判的発問を用いるのです。

③重みの違う道徳的価値・価値観同士が対立する場合

　②は道徳的価値と利己主義が対立する場合でした。③は，2つの道徳的価値・価値観が対立する場合です。その点では，①のモラルジレンマと似ています。しかし，③は，たしかに2つの道徳的価値・価値観が対立するのですが，2つの道徳的価値・価値観は**重み**の点で異なります。つまり，より重要な道徳的価値・価値観と，それほど重要でない道徳的価値・価値観が対立している場合です。

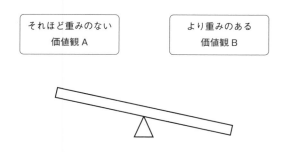

図2.5　重みの違う道徳的価値・価値観同士の対立

　なお，2つの道徳的価値・価値観という場合，2つの異質な道徳的価値が相互に対立している場合と，同じ種類の道徳的価値同士の間で，ある価値観と別の価値観が対立している場合があります。

(1) 種類の異なる道徳的価値同士の対立。
(2) 同じ種類の道徳的価値同士の価値観の対立。

前者の対立の例としては，「ブランコ乗りとピエロ」があげられます。この教材では，決められた演技の時間を守るという規則を破ったサムを，ピエロが受け入れられない状況が描かれており，「規則の尊重」と「相互理解・寛容」とが対立しています。

こうした重みの異なる2つの道徳的価値・価値観同士が対立している場合，多くの教師は，より重要な価値観に気づかせたいあまりに，批判的に問うことを恐れてきたのではないでしょうか。しかし，複数の道徳的価値・価値観同士の対立を扱う授業は可能であり，切実感のある学習をうながすうえで効果的なのです。実際，『解説』には次のように書かれています。

> 例えば，発達の段階に応じて二つの概念が互いに**矛盾，対立している**という**二項対立**の物事を取り扱うなど，物事を**多面的・多角的**に考えることができるよう指導上の工夫をすることも大切である。（『小学校解説』p.19）（太字は筆者）

> 時には**複数の道徳的価値が対立する場面**にも直面する。その際，生徒は，時と場合，場所などに応じて，**複数の道徳的価値**の中から，どの価値を**優先**するのかの判断を迫られることになる。その際の心の葛藤や揺れ，また選択した結果などから，道徳的諸価値への理解が始まることもある。このようなことを通して，道徳的諸価値が人間としてのよさを表すものであることに気付き，人間尊重の精神と生命に対する畏敬の念に根ざした自己理解や他者理解，人間理解，自然理解へとつながっていくようにすることが求められる。（『中学校解説』p.15）（太字は筆者）

後者の対立の例としては，「思いやりの日々」があげられます。そこでは，思いやりについての2つの価値観が対立しています。1つ目の思いやりは，相手のことを思っている点ではたしかに思いやりですが，相手の立場に立っていない，あるいは相手のためになっていません。2つ目の思いやりは，相手の立場になって，あえて手伝わない思いやりです。このように，たんに「相手のことを思うだけの思いやり」と，「相手の立場に立つ思いやり」の2つの思いやりが対立しているのです。そして，この教材では，後者のほうが価値として**重み**のある思いやりです。それゆえ，「どちらも等しく正解」というわけではありません。しかし，あえて道徳的価値同士の対立を活用することで，**主体的な学び**をうなが

▶ 実践へ⑳
「ブランコ乗りとピエロ」の指導案については，第6章3節3-3を参照のこと（p.212）。

▶ 実践へ㉑
「思いやりの日々」の指導案については，第6章4節4-1を参照のこと（p.215）。

すことができるでしょう。

　道徳的価値同士の対立には，①のモラルジレンマのように，道徳的価値と道徳的価値が対立し，どちらが正しいとも言い切れない場合もあることはすでに述べた通りです。しかし，②の道徳的価値と利己主義の対立，③の道徳的価値・価値観同士の対立は，モラルジレンマではなく，教材のなかにある一定の理想が含まれているような場合です。その場合でも，道徳的価値同士の対立を利用することは主体的な学びをうながすために有効でしょう。

　しかし，道徳的価値同士の対立を用いることには，それ以外の意義もあります。道徳的価値同士の対立を用いて，「わかりきった」平板な価値理解を，別の道徳的価値といったん対立させることによって，最初の平板な価値理解を否定し，「揺さぶる」ことをとおして，新しい肯定的な価値理解を加えることができるのです。これは，最初の平板な価値理解を全面的に否定するわけではなく，最初の「わかりきった」価値理解を部分的に**否定**することによって，最初の価値理解とは異なる**新しい価値理解**を獲得することなのです。たとえば，導入で「友達とはどんな人だろう？」と問い，展開のなかで，「でも○○するような友達は本当に友達といえるだろうか？」と部分的に否定をします。そのうえで，展開後段や終末で，もう一度「友達とはどんな人だろう？」と児童生徒に問えば，最初の答えとは違った答えが出てくるでしょう。

　実は，こうした否定を通じて新しい肯定を見出すという思考は，ヘーゲルの「**弁証法**」に非常に近いのです。ヘーゲル（2001）は『法の哲学』で，家族と市民社会を衝突・対立させたうえで，その対立を調停（ヘーゲルの言葉では「止揚」）させるものとして国家を描き出します。

　この弁証法の思考を筆者なりにわかりやすく説明してみます。「家族」は1組の夫婦と子どもからなる共同体です。しかし，家族には強い絆がありますが，家族だけで生きていけるでしょうか。生きていけません。それゆえ，人々は「市民社会」で互いに協力し合って生きていく必要があります。また，家族は強い絆で結ばれていますが，それは同時に束縛でもあります。子どもは，いつまでも束縛されたままでは自立できません。それゆえ，家族の絆を一度断ち切って市民社会へと出ていく必要があるのです。

　さて，次の段階は市民社会です。家族の束縛を断ち切って自立したものの，それは同時に孤立することでもあります。また，市民社会で人々は自分の欲望に従って，自己利益を追求して生きているため，弱肉強食となり，貧富の格差が生じます。そこで，家族と市民社会の両方の悪いところを補うものとして，国家が必要になるのです。

　こうして国家の段階に至ります。人々は1つの国家のもとで結束することによって，市民社会で生じた分裂と孤立を克服することができます。国家は，家族の絆を新しい形で取り戻すのです。

● 重要人物⑥

ヘーゲル
（1770-1831）

　ドイツの大哲学者。巨大な哲学体系を築き上げた。道徳や倫理については，カントに対する批判が有名。カントが道徳を内面的な意志とみなし，純粋な動機こそが大切だとみなして結果を問わなかったのに対して，ヘーゲルは，「理性的なものは現実的であり，現実的なものは理性的である」といい，善の理念は共同体の習俗のなかに具体化されていると考えた。この倫理的共同体を「**人倫**」という。主著は，『精神現象学』（1806），『論理学』（1811），『哲学体系』（1816），『法の哲学』（1821）など。

ここで重要なことは，家族の絆は市民社会によって一度否定されましたが，国家という新しい結束の形が再び肯定されていることです。

【ヘーゲルの「家族」「市民社会」「国家」の弁証法】　　　　　　　　　表2.23

定立（正）	家族（一体感はあるが，自立のために解体されるべき）
反定立（反）	市民社会（自立を可能にするが，弱肉強食となり，貧富の格差が生まれる）
止揚（合）	国家（新しい結束を可能にする）

　このような弁証法の思考は道徳授業でも有効でしょう。先の「友情」を主題にして，弁証法的な思考を用いた授業を組み立ててみましょう。

教　師	友情とは何だろう？
児童生徒A	仲良くすること。
教　師	では，嘘をつかれても仲良くするの？
児童生徒B	僕なら，「嘘をつかないで」とその友達に伝える。
児童生徒C	私なら，友達をやめる。
教　師	では，なぜ嘘をつかれたら，友達をやめるの？
児童生徒C	信じられないから。

　このように，否定を通過することによって，最初の「友情とは仲良くすること」という平板な理解を「揺さぶり」，「信じ合えること」という新しい「友情」の理解を獲得することができます。ただし，この新しい価値理解において，「仲良くすること」が全面的に否定されているわけではありません。友情とはたんに仲良くすることではなく，友情のそれ以外の条件や意味（**内包・外延**）について考えることになります。それゆえ，弁証法的思考は，道徳的価値についての一面的な理解を超えて「**多面的**」な理解を可能にするのです。

【「友情」の弁証法】　　　　　　　　　　　　　　　　　　　　　表2.24

定立（正）	友情とは仲良くすることである。
反定立（反）	嘘をつかれたら，友達と仲良くできない。
止揚（合）	友情とは，仲良く，かつ信じ合えることである。

　「伝統・文化の尊重」の内容を扱った「白川郷に魅せられて」の授業を行なった際には，「今，合掌造りは機能的・合理的だと思いますか？」と問い，「機能的でない」という否定的な答えを引き出しました。その**否定**をいったん通過したことによって，「伝統を守る」とは「時代に合わせて手入れすること」だと

▶ 実践へ㉒

　「白川郷に魅せられて」の指導案については，第6章4節4-6を参照のこと（p.227）。

いう答えが生徒から出たのだと思います。この授業では，弁証法的な思考を経ることで，新しい価値理解が可能になったといえるでしょう。しかし，もちろん「たとえ機能的でなくても，先人の思いを無駄にしたくない」という答えが出ることは当然あり得ます。それゆえ，「時代に合わせて手入れすること」が唯一の正解というわけではけっしてありません。弁証法によって，それまで児童生徒が気づいていなかった新しい見方を引き出せるということです。

【「伝統」の弁証法】　　　　　　　　　　　　　　　　　　　　**表2.25**

定立（正）	伝統を守るとは，先人が伝えてきた文化を継承することである。
反定立（反）	伝統は機能的・合理的ではないかもしれない。
止揚（合）	伝統を守るとは，時代に合わせて手入れすることである。

3-3　「自分だったらどうする？」と問う

テーマ >> なぜ「自分だったらどうする？」と問うの？

小学校低学年から中学年くらいまでの素直な児童であれば，登場人物の理想的な価値観や心情について考えさせるだけでも，十分に授業として成立するでしょう。しかし，学年が上がるにつれて道徳授業の受け止めが悪くなるというデータがあることを考えると，児童生徒が思春期になり，物事を「斜めからみる」ようになると，登場人物の理想的な価値観や心情を問うだけでは「白々しい」「僕・私には関係ない話だ」と思ってしまうでしょう。そのとき，先生が言わせたいと思われることを予想して言うだけの「**忖度道徳**」や，きれいごとを言うだけの「**上辺の道徳**」になってしまうでしょう。

そうした「上辺の道徳」にならないための工夫として，3-2では，理想的な道徳的価値観だけでなく，理想的な価値観と反道徳的価値観の対立や，道徳的価値同士の対立を活用させることで，切実感を伴って考えさせることができ，「他人事」で終わらないようにできることをみてきました。以下の3-3～3-6では，自我関与をうながすための他の発問の工夫をみていきます。

ワーク：考えてみましょう

「自分だったらどうする？」と問うことの意義は何でしょうか。考えてみましょう。

3-3では，「自分だったらどうする？」という発問を取り上げます。この発問の活用方法としては，主に次の2つがあります。

(1) **「問題解決的な学習」**として，道徳的な問題の解決法について主体的・能動的に考えさせることで，児童生徒本人の主体的な判断をうながし，主体的な学習を可能にする。

(2) **理想と現実の距離**を意識させることで，理想的な価値観の善さと実現の難しさや，理想的な価値観と現実的な価値観の両面を自覚させる。

1）問題解決的な学習として

「自分だったらどうする？」という発問は，道徳的な問題の解決策を構想させる「問題解決的な学習」として活用することができます。「問題解決的な学習」とは，道徳教育に係る評価等のあり方に関する専門家会議による「「特別の教科 道徳」の指導方法・評価等について（報告）」（平成28（2016）年7月22日）で，「道徳科における質の高い多様な指導方法」の3つのうちの1つとして例示されたものです。この報告では，「道徳科における質の高い多様な指導方法」として，「読み物教材の登場人物への自我関与が中心の学習」「問題解決的な学習」「道徳的行為に関する体験的な学習」の3つが例示されています。「読み物教材の登場人物への自我関与が中心の学習」とは，児童生徒が教材の登場人物の心情や判断を自分との関わりで考える学習のことです。本書で主に扱っているのはこの学習方法です。ここでは，2つ目の「問題解決的な学習」として，「自分（あなた）だったらどうする？」という発問の活用方法をみていきます。

まず，「問題解決的な学習」とは何かをみておきましょう。小学校と中学校の『解説』では一部記述が異なりますが，ここでは中学校の記述をみておきます。

> 問題解決的な学習とは，生徒が学習主題として何らかの**問題を自覚**し，その**解決法**についても**主体的・能動的**に取り組み，考えていくことにより学んでいく学習方法である。道徳科における問題解決的な学習とは，生徒一人一人が生きる上で出会う様々な道徳上の問題や課題を多面的・多角的に考え，**主体的に判断**し実行し，よりよく生きていくための資質・能力を養う学習である。（中略）問題解決的な学習は，生徒の学習意欲を喚起するとともに，生徒一人一人が生きる上で出会う様々な問題や課題を**主体的に解決**し，よりよく生きていくための資質・能力を養うことができる。（『中学校解説』pp.96-97）（太字は筆者）

この記述にあるように，問題解決的な学習とは，「生徒が学習主題として何らかの**問題を自覚**し」，そのうえで，その問題の解決法を考える学習です。それゆえ，最初に，「この教材では何が問題になっているのだろう？」「教材に出てくる○○さんはどんな問題を抱えているのだろう？」「教材に出てくる○○さんの行為にはどんな問題があるだろう？」などと問います。そのうえで，「○○さんと同じ状況なら，自分だったらどうする？」と問うことで，その道徳的な問題

🔍 **もっと学びたい方へ④**

道徳的行為に関する体験的な学習

役割演技などの疑似体験的な表現活動をとおして，道徳的価値の理解を深める学習。本書では扱わないので，早川（2017）などを参照してほしい。

の解決法を考える学習となります。登場人物の心情を共感的に理解させようとするだけの学習がしばしば「他人事」で終わってしまい，学年が上がるにつれて徐々に児童生徒の受け止めが悪くなっていくことはすでに述べました。それに対して，こうした問題解決的な学習は，児童生徒の**主体的な判断**をうながすことで，道徳的な問題を**自分との関わり**で考えさせることができ，学習意欲の向上につながるでしょう。

2）「自分だったらどうする？」という発問で，理想と現実の距離を意識させる

しかし，「自分だったらどうする？」という発問は，問題解決的な学習として活用できるだけではありません。理想的な道徳的価値観が明確に含まれている教材においては，まず，「〇〇さんはどうしてこのような行為をしたのだろう？」と問い，次に，「では，自分（あなた）だったらどうする？」と2段階で問うことで，登場人物が体現している**理想的な価値観**と，児童生徒がもっている**現実的な価値理解**を対比させることができます。それによって，理想的な価値観を容易には実現できない**弱さ**や，**理想と現実の距離**を意識させることができます。そのうえで，「では，どうしてあなたはできないのだろう？」（**阻害条件**），「どうしたらあなたもできるようになるのだろう？」（**促進条件**），「〇〇さんとあなたの判断はどうして異なるのだろう？」（**比較対照**）などと問います。そうすれば，「よい話だよね。でも，現実には無理だよね」で終わることはないでしょう。また，きれいごとを言わせるだけの「上辺の道徳」で終わることもないでしょう。

たんに登場人物の理想的な心情に共感させるだけの授業では，児童生徒の現実の心情や判断を無視して授業が進行してしまいがちです。つまり，理想的な価値観に共感させようとするだけの授業では，児童生徒の学年に上がるにつれて，「それはよいことかもしれないけれど，自分にはできるわけがない」「自分には関係のないことだ」と思わせてしまうでしょう。しかし，こうした**阻害条件**や**促進条件**を問う発問や**比較対照**をうながす発問によって，**理想と現実を架橋**するような実効性のある授業を行うことができるでしょう。

理想的な価値観と児童生徒の現実的な価値理解の距離を意識させるための発問の工夫として，「自分（あなた）が〇〇さんだったらどうする？」という問いへの答えと，「自分（あなた）だったらどうする？」という問いへの答えを**比較対照**する学習があります。荊木聡は，「いつわりのバイオリン」の授業で，「ロビンへの返信を，【A】フランクならどう書くか。また，【B】あなたならどう書くか」と2段階で問うています（柴原・荊木, 2018）。その2つの発問に対する生徒の意見を比較した結果，【A】では，「当為」，つまり理想を考察した意見が多く，【B】では，「様々な生活条件や個人的な志向性に基づい」た「事実」としての見解が多かったことを指摘しています。本書の表現でいえば，【A】では

▶ 実践へ㉓
「いつわりのバイオリン」の指導案については，第6章4節4-2を参照のこと（p.217）。

理想的な価値観を，【B】では現実的な価値理解を述べる傾向にあったということです。そこから，この理想と現実の距離それ自体をとらえさせる授業も可能でしょう。同じような対比は，「絵葉書と切手」でも可能です。「あなたがひろ子だったらどうする？」という問いへの答えと，「あなただったらどうする？」という問いへの答えを対比するのです。

実践へ㉔
「絵葉書と切手」の指導案については，第6章2節2-2を参照のこと（p.199）。

　ただし，「自分だったらどうする？」という発問には注意すべき点があります。それは，周囲の児童生徒がいる手前，利己的な判断は表明しづらいため，かえって本音を言えなくしてしまう危険性があることです（赤堀, 2017, 2018）。「もしもあなただったら？」と直接問うことで，かえって望ましいと思われることを言わせたり書かせたりするだけの授業になってしまう危険性があるのです（赤堀, 2017, 2018）。その点では，登場人物に仮託して語るほうが本音を言いやすいでしょう。同様に，荊木も，「あなたならどうするか」という発問は，「善悪の明瞭な場面や，生活事実に照らして発言しづらい場面等に設定することには慎重であるべきです」（柴原・荊木, 2018）と述べています。そこで，「自分だったらどうする？」と問うと利己的な答えが予想される場合は，「自分だったらどうする？」と問うとしても，児童生徒には心のなかで自問させるだけにし，教師が代わりに答えてしまう方法がよいでしょう。「正直，先生だったら，○○だと思ってしまうかな」などと，利己的な判断を表明しづらい児童生徒の代わりに，教師が代弁してしまうのです。それによって，教材の世界を児童生徒にとってより身近なものにできるでしょう。今述べた工夫は，次の「自分だったらできる？」という発問にもあてはまります。

3-4　「自分だったらできる？」と問う

テーマ　なぜ「自分だったらできる？」と問うの？

ワーク：考えてみましょう

「自分だったらできる？」と問うことの意義は何でしょうか。考えてみましょう。

　自我関与をうながすための次の発問は，「**自分（あなた）だったらできる？**」です。実際，先ほど言及した「「特別の教科　道徳」の指導方法・評価等について（報告）」に「別紙1」として添付された「道徳科における質の高い多様な指導方法について（イメージ）」では，「登場人物の心情理解のみの指導」では不十分としたうえで，「**読み物教材の登場人物への自我関与が中心の学習**」における発問例として以下があげられています。

> 【「読み物教材の登場人物への自我関与が中心の学習」における教師の主な発問例】
>
> ・どうして主人公は，○○という行動を取ることができたのだろう（又はできなかったのだろう）。
> ・主人公はどういう思いをもって△△という判断をしたのだろう。
> ・**自分だったら主人公のように考え，行動することができる**だろうか。
>
> （平成28年7月22日「「特別の教科 道徳」の指導方法・評価等について（報告）別紙1」（太字は筆者）

3番目の発問例は，「自分だったら主人公のように考え，行動することができるだろうか」と問うています。この発問によって，道徳的価値について**自分との関わり**で考えさせることができます。その結果，第1に，「自分だったらできない」という**弱さ**の自覚をもたらします。第2に，理想的な価値観と現実的な価値理解の距離を意識させることができます。

🔗 関連箇所⑭
弱さの自覚
弱さの自覚の必要性については，3節3-6で詳述する（pp.79-80）。

【「自分だったらできる？」という発問の効果】 表2.27

①「自分だったらできない」という**弱さ**の自覚をもたらす。
②理想的な価値観と現実的な価値理解の**距離**を意識させることができる。

🔗 関連箇所⑮
阻害条件・促進条件
p.46のキーワード⑭を参照のこと。

ただし，「自分ならできない」という自覚だけでは，「**ネガティブな道徳**」「**暗い道徳**」「**希望のない道徳**」で終わってしまいます。そこで，「どうしてできないのだろう？」（**阻害条件**），「どうしたらできるかな？」（**促進条件**）と問うことで，理想的な価値観を実現するための条件を考えさせることができます。こうした阻害条件や促進条件を問うことは実効性のある道徳授業につながります。登場人物の心情理解のみの授業に対しては，「登場人物の理想的な価値観や心情に共感させても，**現実の行為につながらない**ので，実効性がない」としばしば批判されてきました。阻害条件や促進条件を問うことで，そうした批判に一定程度こたえることができるでしょう。

ただし，もちろん「自分ならできない」ということを恥ずかしがって答えられない児童生徒もいるでしょう。それはそれでかまわないのです。教師の発問によって，児童生徒が心の内面で考えれば，必ずしも声に出す必要はないのです。その場合，児童生徒が言えない代わりに，「実際，先生もなかなかできないよ」と言って，次の展開に進めばよいのです。

本書では，「あなた（自分）だったらできる？」と問う発問を含む授業を複数提案しています。たとえば，「折れたタワー」では，給食当番がつけるマスクを忘れたひろしをひどく叱ったのりおが，今度はひろしが図工でつくったタワーを誤って落として折ってしまいます。しかし，ひろしはのりおを広い心で許す

▶ 実践へ㉕
「折れたタワー」の指導案については，第6章3節3-2を参照のこと（p.210）。

のです。この授業では，「あなただったら，ひろしみたいにのりおを許せる？また，その理由は？」と問うています。「許せる」「許せない」という両方の選択肢に対して，その**根拠・理由**を問うたり，「どうして許せないのだろう？」（**阻害条件**），「どうしたら許せるだろう？」（**促進条件**）と問うたりすることができます。それによって価値理解を深めるのです。

3-5　理想的な価値観と児童生徒の現実的な価値理解の距離を見つめる

テーマ　>>>　理想的な価値観の「観念的」な理解で終わらないためにはどうしたらよいの？

　読み物教材などに含まれている理想的な価値観をたんに知的に，あるいは「観念的」に理解するだけの学習は，現実の道徳的行為につながらないという点で実効性が薄いだけでなく，「**上辺の道徳**」で終わってしまうでしょう。そうならないためには，理想的な価値観の理解だけでなく，児童生徒に自分の現実的な価値理解を見つめさせる必要があるでしょう。その方法としては，3-3でみた「自分だったらどうする？」とか，3-4でみた「自分だったらできる？」があげられます。ただし，これらの発問に限らず，理想的な価値観と現実的な価値理解の距離について考えさせる学習は，「僕・私に関係のない話」ではなく，「僕・私にも関係のある話だ」と**自我関与**させるためには重要でしょう。

ワーク：考えてみましょう

理想と現実の距離をとらえさせることの意義は何でしょうか。考えてみましょう。

　本書では，理想的な価値観と現実的な価値理解の距離について考えさせるための工夫として，永田繁雄の「**批判的発問（賛否両論を問う発問）**」と「**投影的発問（「自分だったら……？」）**」を組み合わせた「**投影的＋批判的発問**」を提案しています。もちろん，批判的発問によって，たんに登場人物の行為について賛否両論を議論することもできます。しかし，「あなただったら，○○できるか？できないか？」「あなただったら，○○したいか？　したくないか？」などと児童生徒が**自分との関わり**で考えるように問い，さらにその**根拠・理由**を問います。そこで，イギリスの詩人オスカー・ワイルド原作の「幸福の王子」の授業では，登場人物の王子やつばめの献身的な行為について考えさせたあと，「あなたは，人から認められなくても，よいことができる？」と問うています。

▶ 実践へ㉖
「幸福の王子」の指導案については，第6章2節2-4を参照のこと（p.203）。

このような投影的＋批判的発問によって，級友がもっている多様な価値観を知り（**他者理解**），価値理解を深めることができます。しかし，この発問は，たんに多様な価値観を知るためになされるのではありません。**理想的な価値観と現実的な価値理解の距離**を意識させることで，より実効性のある道徳授業を可能にするためです。「幸福の王子」の場合，登場人物の王子やつばめの献身的な行為について考えさせるだけでは，ともすると「きれいごと」で終わってしまう危険性があります。そこで，「あなたは，人から認められなくても，よいことができる？」と問い，児童本人に自分の**現実の価値理解**を見つめさせることで，実効性のある道徳授業が可能になるのです。

投影的＋批判的発問は，他の授業案でも活用しています。たとえば，「二わのことり」では，「あなたなら，うぐいすのうちを出てやまがらのうちに行く？」「あなたは，みそさざいのような人と友達になりたい？」というように，投影的＋批判的発問を2回用いています。

▶実践へ㉗

「二わのことり」の指導案については，第6章1節1-3を参照のこと（p.193）。

たしかに，「みそさざいは，どんなところが友達思いかな？」などと**範例的活用**で問うこともできます。しかし，これは「みそさざいが友達思いであること」を前提にしており，どちらかといえば知的・観念的な理解をうながす発問であるといえます。一方，「あなたは，みそさざいのような人と友達になりたい？」と**投影的＋批判的発問**で問えば，児童は「友達になりたいか」「友達になりたくないか」を二者択一のなかから**主体的に判断**します。そのうえで，児童が「友達になりたい」と答えたとしましょう。そうしたら，教師は次に，「それはどうして？」と問うことで，みそさざいがよい友達である**根拠・理由**を考えさせることができます。

もちろん，この2つの発問をした場合，ほとんどの児童は「やまがらのうちに行く」「みそさざいのような人と友達になりたい」と言うでしょう。つまり，二者択一で問うても，実際の児童はほとんど片方を選択するでしょう。しかし，投影的＋批判的発問は，このように賛成と反対がほぼ明確な場合でも，児童生徒に道徳的価値を**自分との関わり**で考えさせることができ，**自我関与**をうながすのに有効だといえます。

また，3-2で道徳的価値同士の対立について述べたことと同じなのですが，二者択一で問うことは，必ずしも「オープンエンド」「どちらも正解」であることを意味しません。より重要な，**重みのある価値観の獲得**を教師がねらっている場合でも，自我関与させるために，あえて二者択一を用いることが有効でしょう。

▶実践へ㉘

「折れたタワー」の指導案については，第6章3節3-2を参照のこと（p.210）。

▶実践へ㉙

「ブランコ乗りとピエロ」の指導案については，第6章3節3-3を参照のこと（p.212）。

「折れたタワー」で，「あなただったら，ひろしみたいにのりおを許せる？」と問い，「ブランコ乗りとピエロ」で，「あなただったら，サムを受け入れられる？」と問うているのも，この投影的＋批判的発問の例です。

3-6 「弱さ」を見つめる

3-3〜3-5では，理想的な価値観に共感させるだけでなく，理想的な価値観と現実的な価値理解の距離を意識させることの有効性を論じてきました。その過程で，現実的な価値理解には「弱さ」の自覚も含まれることをみてきました。3-6では，「弱さ」の自覚がなぜ必要なのかを詳しくみていきましょう。

ワーク：考えてみましょう

なぜ「弱さ」を見つめさせる必要があるのでしょうか。考えてみましょう。

【「弱さ」の自覚をうながすことの意義】　　　　　　　　　　表2.28

①理想的な価値観の実現のためには，まずは「弱さ」の自覚が必要であること。
②それと同時に，自分の「弱さ」を自覚することで，「裁く道徳」を回避すること。

1）道徳的価値を実現することの難しさの自覚

「道徳的諸価値について理解する」ことには，「価値理解」「人間理解」「他者理解」の3種類の理解が含まれることは，すでに第1章の1節でみました。そして，人間理解とは，「道徳的価値は大切であってもなかなか**実現することができない人間の弱さなども理解すること**」であることもみました。この人間理解の重要性についてはすでに論じたので，ここでは，人間理解が**自我関与**につながることをみていきます。

「思いやりをもちたい」と言わせるだけでは「上辺の道徳」で終わってしまいます。このような授業は，斜に構えた中学生にはまったく効果をもち得ないでしょう。そこで，「いつでも思いやりをもつのは難しいよね」という**人間理解**を経ることで，そこから，「どうしてなかなか思いやりをもてないのだろう？」（**阻害条件**），「どうしたら思いやりをもてるのだろう？」（**促進条件**）を考えさせることができます。青木（1990）は，道徳授業の中心的な営みは，児童生徒が自分自身の価値観の自覚を図っていくことであるとしています。しかし，青木は，それは児童生徒にとっては「自分の自覚」であるが，多くの場合，「**不十分な自分の自覚**」であると述べています。「不十分な自分の自覚」を経ずに，いくら理想的な価値観にだけ気づかせようとしても，「上辺の道徳」で終わってしまうでしょう。それゆえ，第1章1節でも述べたように，**価値理解**と**人間理解**の両面があって初めて，より実効性のある道徳授業になるといえるでしょう。

2)「裁く道徳」の回避

　このように，理想的な価値観の実現のためには，弱さの自覚を経る必要があります。しかし，弱さの自覚が必要であるのは，もう1つの理由があります。それは，第1章の1節でも述べたように，道徳授業が「裁く道徳」になってはならないからです。それゆえ，矛盾するようではありますが，理想的な価値観の実現に近づくために弱さの自覚が必要なのですが，同時に，人間はいつまでたっても弱く，不完全であるという自覚が必要なのです。「自分は善い・強い」と思い込む傲慢さが，あるいは，「自分は善い・強い」と周囲に見せかけるために，道徳を利用することがあり得るのです。まさにこれは，第1章でも述べたように，イエス・キリストが批判した律法学者なのです。道徳授業が，こうした律法学者を生み出すことに加担してはならないでしょう。

　それゆえ，弱さを克服しようとする**努力**と，いくら努力しても依然として弱いままであるという**謙虚**さの両面の自覚が必要でしょう。

🔗 関連箇所⑯

裁く道徳
p.10を参照のこと。

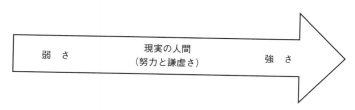

図2.6　「強さ」と「弱さ」のイメージ

3)「弱さ」とは何か

　ただし，弱さという概念については留意すべきことがあります。「弱さ」とは定義上「強さ」の否定です。「強さ」の基準が明確であってこそ，「弱さ」とは何かがはっきりします。つまり，「強さ」や「善さ」とは何が明確にわかって初めて，「価値を実現できないこと」「価値を実現しようとしないこと」が弱さであるといえるのです。ところが，価値観が多様化した現代にあっては，「強さ」とは何かが自明ではないことが多いのです。

　また，「価値が実現できていないこと」をすべて「弱さ」と呼んでよいのでしょうか。これにも疑問が残ります。たとえば，「自律できないこと」「勇気がないこと」「公平，公正になれないこと」は，たしかに「弱さ」でしょう。しかし，「個性を伸ばさないこと」「家族を愛さないこと」「国や郷土を愛さないこと」を「弱さ」と呼ぶことには躊躇するのではないでしょうか。このように，内容項目のなかには，「弱さ」というカテゴリーになじまないものもあります。本書では，この問題にこれ以上踏み込むことはできませんが，第4章の内容項目について論じるところで間接的にこの問題に触れます。

道徳の授業方法の論争に
終止符を打つ

「心情追求型」か，「問題解決的な学習」か

1　「心情追求型」の授業に対する誤解を解くために

テーマ　「心情追求型」の授業に対する誤解を解くためにはどうしたらよいの？

　道徳の授業方法として，「Aさんは○○をしたとき，どんな気持ちだった？」と教材の登場人物の心情を問うだけの「読み取り道徳」では効果がないという批判がなされてきたことはすでに述べました。前章では，「読み取り道徳」にならないための発問の工夫について論じてきました。

　ところで，そうした「読み取り道徳」が批判される過程で，「問題解決的な学習」や「道徳的行為に関する体験的な学習」が適切に取り入れられる必要が指摘され，実際に教科化の際に，『学習指導要領』に明記されました。

　しかし，「問題解決的な学習」や「道徳的行為に関する体験的な学習」の導入が強調されるあまり，教材の登場人物の心情や価値観を問う授業が，すべて実効性がなく，時代遅れであるかのような印象をもつ人もいます。前章では，たんなる「読み取り道徳」にならずに，価値観について深めるための発問づくりの方法をみてきました。とはいえ，教材の登場人物の心情を問う授業がなぜ批判されてきたのかを丁寧に分析しておくことは，価値観を問う授業が陥ってはならない「罠」を明確にするためにも重要でしょう。

　そこで，この章では，教材の登場人物の心情を問う「心情追求型」の授業を批判してきた柳沼良太の著述を検討します。それによって，心情や価値観を問う授業を正当に位置づけ直すことを試みます。

　この章で論ずることをあらかじめ示しておきましょう。

　2節では，まず，柳沼（2012b）が心情追求型の授業を批判する3つの論拠を概観します。ただし，それを論ずる過程で，柳沼が明確には述べていない**道徳観の対立**があること，実は，その対立が心情追求型の授業に対する柳沼の批判の暗黙の前提になっていることを示します。その対立とは，「理想主義」対「現

実主義」の対立です。そして、柳沼自身は「現実主義」の側に位置づけられることをみていきます。

3節では、この「理想主義」対「現実主義」の対立は、倫理学的にはカント対デューイの対立として解釈できることを論じます。この作業を通じて、「理想主義か、現実主義か」という道徳観の対立と、「心情追求型か、問題解決型か」という授業方法の対立は区別されるべきであることを示します。柳沼は、心情追求型の授業が陥りがちな弊害を指摘するうえではおおむね妥当でしょう。しかし、その批判によって、「理想主義」の道徳授業そのものがすべて否定されるわけではないのです。

4節では、そのうえで、デューイの倫理学に基づく「問題解決的な学習」のあり方を具体的に提案します。

5節では、1節で概観した心情追求型の授業の弊害を克服する指導方法を、「理想主義」の側から提案します。

6節では、5節で論ずる指導方法をふまえて、「理想主義」と「現実主義」の両方が児童生徒の主体的な学びを重視した授業を構想し得ることを論じます。ここでは、わが国で現在主流となっている道徳授業を包括的に位置づけることをめざします。

2 「心情追求型」の授業はなぜ批判されたのか

テーマ 〉〉〉 「心情追求型」の授業はなぜ批判されてきたの?

1958（昭和33）年に「道徳の時間」が特設されました。その後、学習指導要領に記載された内容項目を指導する際、その授業が説教や訓戒のような授業にならないようにするためには、どんな授業をすればよいのかが模索されました。しかし、「道徳の答えが1つではない」ということはすでに述べました。そうなると、学級や学校で起きた出来事について自由に話し合う学級活動のような授業になってしまうことや、学校で起きた事件について説教をするような生徒指導になってしまうことが多々ありました。そのため、国語の授業を援用した形で、登場人物の心情を問う授業が確立されました。

「道徳は答えが1つではない」ので、現場の教師にとっても、道徳授業をするのは難しいと考えられていました。そのとき、できるだけ単純で「分かりやすい組み立ての道徳授業」として、登場人物の心情を問う授業が重宝されたのです（柳沼、2012b）。

しかし、前章で述べたように、こうした心情を問うだけの授業は、児童生徒の学年が上がるにつれて、受け止めが悪くなるというデータがあります。その結

もっと学びたい方へ⑤

道徳の時間

太平洋戦争でのわが国の敗戦に伴い、戦前の「修身科」は停止され、以後、戦後の道徳教育は学校教育全体で行うことを原則として、特に社会科を中心に展開されることになった。しかし、1958（昭和33）年に、学校教育全体で行う道徳教育を「補充、深化、統合」するものとして「道徳の時間」が特設された。「道徳の時間」特設の経緯については、押谷（2001）、貝塚（2001）などを参照のこと。

果，心情追求型の授業には実効性がないとしばしば批判されてきました。そうした批判をする研究者は複数いますが，ここでは柳沼良太による批判を検討します。そのうえで，この章では，柳沼による批判を検討することによって，その批判をかなりの程度かわせることを示したいと思います。

ワーク：考えてみましょう

心情追求型の授業はどうして実効性がないといわれるのでしょうか。考えてみましょう。

2-1　児童生徒の主体的判断を無視しがちなこと

柳沼（2012b）は，「共感的活用は，ねらいに応じて設定された登場人物の気持ちをたずねることで道徳的心情を養い，道徳的価値の自覚を深めたと想定するため，子どもが道徳的問題を主体的に判断する余地はなくなってしまう」といいます。たしかに，教材の登場人物の心情を問うだけだと，**児童生徒本人の心情や判断**とは無関係に，授業が進んでしまうことがあります。これは筆者も，心情追求型の模擬授業を生徒役として受けた際に実際に感じたことです。たとえば，「このとき，マザーテレサはどんなことを思っていたのだろう？」と問われても，「いやいや，そんなすごいことは僕・私にはできないから，想像できません」と思う児童生徒もいるでしょう。

2-2　児童生徒に「忖度」させがちなこと

上記の点と重なりますが，登場人物の心情を問うていくだけの授業では，「子どもは自分の生活経験に基づく本来のリアルな思考や感情をいったん停止させて，教師のねらいとする道徳的価値（誠実）を探し当てて発言することになる。子どものほうも主人公の気持ちを繰り返し問われて，主人公の気持ちを共感的に理解し同一化しているうちに，いつしか自分の本心よりも主人公の気持ちを優先するようになり，あたかも主人公の気持ちが自分の本当の気持ちであるかのように思い込むことすらある」と柳沼（2012b）は述べます。

実は，これはそもそも心情追求型の授業を推奨する側がそれでよいと考えていたのです。青木（1990）は，「正解」ではなく，「本音」を引き出す発問が大切としながらも，次のように述べています。

「たてまえの発言」というのは，道徳の授業場面に即していえば，**知的な理解**，すなわち，こうあるべきだという**観念的な理解**を示す発言のことだと思い

> ます。
>
> 　それに対して，「本音の発言」とは，何のことでしょうか。「本音」という言葉を辞書で引いてみますと，「事実をありのままにかくさずいう」「本心から出たことば」と書いてあります。先生によっては，そのとおり理解されて，道徳の時間に，子どもが，つつみ隠さず，どんどん**本心**をいってくれれば，「本音が出た」といって，喜ばれる方がおられます。しかし，それは間違いなのです。人前で自分のことをさらけ出していうということは，これは，むしろ，**社会性に欠けた人**のやることであり，道徳の授業で，こうした意味での「本音の発言」を要求するのは，おかしなことです。（下線，太字は筆者）

　では，青木の考える道徳授業における「本音」とは何でしょうか。それについては，「いまもっている価値観に即した発言が主人公に託して出てくればよいのです」としています。

　ここでは，道徳授業における「本音」とは，ありのままの「本心」ではなく，「いまもっている価値観に即した発言」を主人公に託して言うことだと操作的に定義されています。筆者は，青木のいうように，「つつみ隠さず，どんどん本心を」言うことが「社会性に欠け」ることは認めます。また，学年が上がるにつれて，児童生徒自身，「これは言うのをやめておこう」と「社会性」に基づいて判断することはあり得るでしょう。しかし，そうだとしても，そうした本心を言わないように教師が仕向けるのはおかしいと思います。それゆえ，柳沼（2012b）が，心情追求型の授業が「本来のリアルな思考や感情をいったん停止させ」る傾向にあるという指摘は妥当だと思います。というのも，上記の通り，心情追求型の授業の推奨者である青木自身がそれを認めているからです。

　ただし，本書の立場としては，あとで詳しくみていくように，「教師のねらいとする道徳的価値を探し当てて発言する」のがよくないのは，教師がねらいとする道徳的価値（観）があるから<u>では</u>なく，その価値を考える際に児童生徒が**自我関与**できないからです。児童生徒本人の現実的な思考や感情をいっさい無視して授業が進んでしまうと，「お利巧」な児童生徒は教師の意図を忖度して話したり書いたりするだけでしょうし，「やんちゃ」な児童生徒であれば，授業に飽きてしまうでしょう。

▌2-3　価値と行為の切り離し

　柳沼（2012b）が心情追求型の授業を批判する3つ目の理由は，「価値と行為の切り離し」のせいです。つまり，よく小学校の低学年などでは，動植物が登場人物の教材が多くみられます。このような教材では，物語で推奨されている行為を現実に実行することはできません。それゆえ，こうした教材では，そも

そも道徳的実践を行うことが想定されておらず，「「**知行不一致**」を容認（とき
に推奨）する」というわけです（柳沼, 2012b）。

この批判は，柳沼自身は述べていませんが，動植物が登場するフィクション
の教材に限らず，マザーテレサや杉原千畝が登場するような教材にも一定程度
当てはまるでしょう。

2-4　暗黙の前提にある「現実主義」

しかし，こうした柳沼の批判の前提には，一定の道徳観があるといえます。そ
れは，「現実主義」と呼べるものです。まず，道徳は「行為」であること。次
に，道徳は誰かにとっての「現実」の利益や「現実」の変革に役立って初めて
意味があるということ。あとで詳しくみていきますが，柳沼はこうした「現実
主義」に立っているといえます。

一方，村上（1973）は次のようにいいます。「理想は価値観の中核であるから，
理想の形成は価値観の形成でもある。（…略…）理想は現実に対して超越的であ
り，現実とへだたりをもつ。しかしそれが空想や幻想でなく理想であるかぎり，
超越的でありながら現実において実現されることを要求する」。ここでは，「道
徳」ではなく「理想」についていわれていますが，「理想は現実に対して超越
的であ」るとされています。その点で，柳沼にとっては現実の利益や変革に役
立つものが理想ですが，村上にとっては，理想が超越的なものとして先にあり，
「理想は現実の行為・実践の努力目標」なのです。つまり，村上がいう「理想」
を前提とした「道徳」は，現実との間に距離があります。それゆえ，柳沼が想
定しているような「日常」的な「道徳」とはかけ離れています。そこで，村上
が想定するような「道徳」を「理想主義」の道徳と呼ぶことにします。

ところで，こうした「理想主義」と「現実主義」という区分は，吉田・木原
（2018）に依拠しています。吉田・木原（2018）は，この区分をもとに，道徳
授業の類型化を行なっています。この「理想主義」と「現実主義」との対立が，
わが国における道徳授業論争を理解するうえできわめて重要です。

本書では，この類型を倫理学者に当てはめてみます。なぜこれらの倫理学者
たちがこの順序で並んでいるのかを説明する機会は別稿に委ねます。ここでは，
わが国の道徳授業を大きく規定してきたカントと，柳沼が依拠しているデュー
イに絞り，両者を対比してみたいと思います。

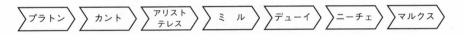

図3.1　理想主義から現実主義へのスペクトル

● 重要人物⑦

ジョン・デューイ
（1859-1952）

アメリカの哲学者。
教育学者。パース，
ジェームズとともにプ
ラグマティズムを提唱。
プラグマティズムと
は，思考や思想の意味
を実際的な結果と関
係づけて決定する立場。
教育思想では，自身の
思想に基づいてシカゴ
大学附属の実験学校
を経営したことで有名。
タフツとの共著である
『倫理学』（1908）にお
いては，道徳を「慣習
的道徳」と「**反省的道**
徳」に区別し，アリス
トテレスやカントなど
の既存の倫理学説を
後者の「反省的道徳」
に属するものとみな
し，それを人生と社会
の改善に寄与するもの
とみなした。また，道
徳を社会全体の福利
のための手段とみなす
プラグマティズムの観
点から，カントと功利
主義の対立を調停し
ようとした。著作は，
『学校と社会』（1899），
『民主主義と教育』
（1916），『哲学の再構
成』（1920），『人間性
と行為』（1922），『確
実性の探究』（1929）
など。

3　カントの「理想主義」対デューイの「現実主義」

　大切なものは目に見えない。大切な真実は心のなかにある。このように考える人は理想主義者でしょう。一方，目に見える結果が大事だ。何を思っているかよりも行動に移すことが重要だ。このように考えるならば，その人は現実主義者でしょう。おおむね，こうした対比がカントとデューイの違いと重なります。わが国における道徳授業論争を理解するうえで，カントとデューイの違いは重要な意味をもつので，以下でみていきましょう。

　カントの倫理学は，さまざまな二分法（二元論）によって成り立っています。デューイのプラグマティズムは，カントの二元論を批判して，一元論を掲げました。それゆえ，カントとデューイはさまざまなレベルにおいて対極にあります。両者の道徳観も対極です。

【カントとデューイの倫理学】　　　　　　　　　　　　　　　　　　　　表3.1

	カント	デューイ
1 内面と行為	内面（意志）／行為	内面と行為の連続性
2 道徳と非道徳	道徳／分別	道徳と分別の連続性
3 理想と現実	理性／経験	理想と現実の連続性

3-1　内面と行為

ワーク：考えてみましょう

行為の善さは動機にあるのでしょうか。それとも結果にあるのでしょうか。考えてみましょう。

　第1に，カントは義務のために義務に従おうとする意志だけが純粋に善いものであり，行為の結果は道徳には関係がないといいます。たとえば，溺れている人を助けようとして，結果的に助けられなかったとしても，助けようとした人の意志が善いことには変わりません。ゆえに，行為の結果ではなく，動機に善さがあるというわけです。この考えを，「結果説」に対する「**動機説**」といいます。したがって，カントは義務の内容を命ずる理性や，その理性に従おうと

する意志といった内面性を重視し，外に現れる行為は道徳にとって本質的ではないとしています。

　反対に，デューイは，行為の善さを決めるのは結果であるとします。つまり結果説に立ちます。ただし，この結果とは，「結果論」といわれるときの偶然的な結果ではなく，意図された結果のことです。たとえば，Ａさんがたまたま大声を出した結果，Ｂさんがこちらを振り返ったとします。そのおかげで，Ｂさんは上から落ちてきた鳥の糞に当たらずに済んだとしましょう。これはたんなる偶然的な結果であり，Ａさんの行為に善さはありません。というのは，Ａさんはその結果を意図していなかったからです。一方，デューイからすれば，いくら動機が善くても，結果的に他人に迷惑をかけてしまったら善ではないでしょう。このように，行為とは，善い結果を意図的にもたらすためにあります。

　では，デューイは，内面性をどう位置づけているのでしょうか。「道徳は内面的なものである」（デューイ，2002）とデューイはいいます。しかし，この内面性とは，将来の行動のために過去の行為を「**反省**（reflection）」することのうちにあります。それゆえ，内面と行為は連続的につながっており，カントのように両者を峻別していません。

▌3-2　道徳と非道徳

　第2に，道徳と道徳とは関係のない生活の区別についてです。第2章でも述べたように，カントは道徳法則が「……すべし」という「**定言命法**」でなければならず，「もし幸福になりたいなら，……せよ」という「**仮言命法**」であってはならないといいます。具体的には，「嘘をついてはならない」「自殺してはならない」「困っている人を助けなさい」「自分の能力を高めなさい」といった義務です。こうしたカントの道徳観からすれば，医者がどうやって治療するかといった職業的な技術は道徳ではありません。日常的な表現を使うならば，カントは，「善く生きる」ことである「**道徳**」と，「うまく生きる」ことである「**分別**（怜悧）」を厳密に区別するのです。

　一方，たしかにデューイも生活のあらゆる領域が道徳ではないことは認めます。しかし，生活のほとんどすべての領域が間接的には道徳に関わるといいます。デューイ自身があげている例でいえば，怠惰な人が朝ベッドのなかでぐずぐずしていることは，それ自体は道徳とは関係ない行為でしょう。しかし，その結果，重要な約束を守れなくなるならば，その行為は道徳と関係するのです（デューイ，2002）。このようにデューイは，「道徳」と「分別」を連続的なものとみなしています。

　カントの理想主義が「道徳」と「分別」を峻別することによって，「**利益**」や**処世術**に訴えることは道徳ではないとするのに対して，デューイは「**利益**」に

🔗 関連箇所⑰
定言命法
p.43を参照のこと。

よって道徳を正当化する点で現実主義です。ただし，デューイも，「長期的な利益」と「短期的な利益」，「社会的な利益」と「自己利益」を分けます。デューイのいう「共通善」は，「長期的かつ社会的な利益」のことです。

3-3　理想と現実

第3に，理想と現実の区別です。カントは「**理性**」と「**経験**」を完全に切り離します。定言命法は，いかなる経験に依拠せずとも，理性だけで，つまり頭のなかだけで発見することができるとカントはいいます。

デューイがカントを批判する最大の理由はここにあります。ある行為が人々の幸福にどう影響するのかを考えることなしに，道徳の規則を見出すことなどできない。デューイはそう考えます。この点で，デューイは道徳の規則を，カントがいう「**仮言命法**」に依拠させるべきだというのです。

カントとデューイの対立を，具体的な規則をもとに考えてみましょう。「嘘の約束をしてはならない」という規則が正当化されるのは，もし「嘘の約束をしてもよい」となると，約束そのものが成り立たなくなるからです。それゆえ，カントは，「嘘の約束をしてはならない」という規則を，まったく経験に頼らずに，論理的な推論だけで正当化できるとします。

しかし，たとえば，親が子どもを保護し養育する義務はどうでしょうか。理性だけで，つまり論理的な推論だけでこの義務を導き出すことはできるでしょうか。できないでしょう。親が子どもを保護し養育する義務は，たんに親の個人的な意志から出てくるのではなく，親と子の間の永続的な絆から生じるものでしょう（デューイ，2002）。それゆえ，デューイにとって，義務とは人々の社会的な関係を表現するものなのです。義務は，社会から独立した個人の理性から生まれるものではなく，人と人が互いに結ぶ関係のなかで理解されなければならないのです。

それゆえ，カントが「理想」と「現実」，「理性」と「経験」をきっぱりと分けるのに対して，デューイにとって，「理想」は，目に見えない永遠の真理ではありません。デューイは，**長期的な利益**という「現実」への影響を考慮して初めて，「理想」は理想になるとします。それゆえ，カントのように心と物，精神と物質を峻別することもできないとデューイは考えます。たとえば，芸術，科学，文化といったものが金銭や物よりも価値をもつのは，それらが精神的なものだからではなく，長期的にみた場合の関係者全員の幸福（**共通善**）によい影響をもたらすからだということになります。

3-4 デューイの「道徳」観

　これまで，デューイが，カントのように道徳と道徳でないものとを明確には分けないことをみてきました。しかし，それだけでは，カントに対するデューイの批判の理由はわかったとしても，デューイ自身の積極的な道徳観が明瞭になったわけではありません。そこで，デューイ自身が提出する道徳観をみていきましょう。

　デューイの究極の理想は，**個人の幸福と他人の幸福の間に調和がある状態**です。しかし，当然こうした調和は容易には達成できません。そこで，教育によって，すべての人のなかに共通善を促進することへの関心を創造すべきなのです（デューイ，2002）。具体的にいうと，他人の境遇を改善する行為のなかに，自分の喜びを見出すような人を育てなければいけないのです。それゆえ，デューイの倫理学にとって，そのような他人の幸福を自分の喜びと感じられるような「**性格（character）**」の形成こそ道徳教育の役割となります。それゆえ，たとえば芸術，科学，文化，知識といった対象が道徳的価値をもつのは，「人が所有する（have）もの」だけではなく，むしろ「人がなる（be）もの」に影響するからなのです。つまり，大事なことは，芸術や文化などが，どういう性格の形成に寄与するかをみなければならないということです。これが物事を道徳的な視点からみるということです。

　ただし，こうした性格の形成が教育の役割だからといって，人は常に他人の幸福を目的として行為しなければならないわけではありません。個人の幸福と他人の幸福の一致というのはあくまで「**基準（standard）**」であり，行為の直接の「**目的（end）**」ではありません。たとえば，学校の校則のように，特定の場面で，個人の幸福の要素である「個性の伸長」と，学校の秩序を維持するためにある「規則の尊重」が対立する場合に，デューイは常に後者を優先せよというわけではありません。「共通善」という「基準」は，少なくとも民主主義の社会においては，「社会」のためという口実のもとに個性を犠牲にすることによって成り立つものではなく，「各個人の全面発達を保障」するものでなければならないからです（デューイ，2002）。とはいえ，そうした基準が具体的にどんなものであるのかが前もって定まっているわけではありません。

　それゆえ，デューイの考えでは，ある行為が個人の幸福と他人の幸福の調和という基準に適っているかどうかは，カントの定言命法のような特定の規則に従っているかどうかによっては決定できません。むしろ，常に「**反省**」によって適切な行為であるかどうかを「**熟慮（deliberation）**」しなければなりません。要するに，何が道徳的に善く，正しい行為であるかを決める特定の絶対的規則は存在しません。何が善いのか，正しいのかについての探究は永久に繰り返されるのです。

3-5 「心情追求型」の授業に対する批判とデューイ倫理学の関係

これまでみてきた通り，デューイの倫理学は，「①内面と行為の連続性」「②道徳と分別の連続性」「③理想と現実の連続性」を主張しています。こうした3つの要素が，柳沼による「心情追求型」の授業に対する批判の前提にあると思われます。

第1に，「①内面と行為の連続性」が，「心情ばかり問うても，行為につながらない」という批判の根拠になっています。というのは，理想主義者であれば，すぐさま実行に移せないような心情を共感的に理解させることにも意味があると感じるでしょう。しかし，現実主義者にとっては，行為につながらない心情を理解させることに意味はないというでしょう。

第2に，「②道徳と分別の連続性」と「③理想と現実の連続性」が，「価値と行為の切り離し」を批判する根拠となっています。人々の現実的な利益を促進しないような，現実と遊離した理想を教えたとしても，かえって人々が不幸になってしまうのではないか。これが，デューイ的現実主義からみたカント的理想主義の弊害だといえるでしょう。これについても，理想主義者と現実主義者は対立するでしょう。理想主義者であれば，「実現できないとしても理想を知ることには意味がある」「もしかしたら児童生徒が将来そうした理想の大切さを感じ，行為に移してくれるかもしれない」と思うでしょう。一方，現実主義者であれば，「そんな遠くの理想よりも，もっと身近にある利益や実行し得る社会変革の方法を教えるべきだ」と考えるでしょう。

ワーク：考えてみましょう

あなたは，「理想主義」の道徳と「現実主義」の道徳のどちらに共感しますか。また，その理由は何ですか。考えてみましょう。

ここでのねらいは，理想主義と現実主義の対立を克服することではありません。ここで主張したいことは，一見すると，「心情追求型か，問題解決型か」という**授業方法論争**にみえるものの前提には，実は，「理想主義か，現実主義か」という**道徳観の争い**があるということです。そして，柳沼が「心情追求型」の授業を批判する際には，デューイの「現実主義」的な道徳観が暗黙の前提になっているということです。実際，柳沼（2012b）は，道徳観の争いとして「価値伝達型」と「価値創造型」の対立があると述べています。そして，柳沼は，子ども一人ひとりの個性や価値観を尊重する点で「価値創造型」，つまり本書でいう「現実主義」の授業が優れているとしています[1]。

その一方で，「心情追求型」の授業をしてきた先生方は，カント的な「理想主

義」の道徳観を当然視しているため，デューイや柳沼の「現実主義」的な「問題解決的な学習」に対して，「それは道徳ではない」と決めつけてしまう節があるのでしょう。

　本書としては，「カントの理想主義か，デューイの現実主義か」の争いに決着をつけようというつもりはありません。むしろ，理想主義と現実主義の双方がそれなりに支持されてきた道徳観なのです。それゆえ，両者は互いに「それは道徳ではない」と対立し合うのではなく，理想主義に基づく道徳授業理論と，現実主義に基づく道徳授業理論を包括的に位置づけるべきでしょう。本章の6節では，これを試みます。

　ここでもう1つ主張したいことは，**道徳観の争い**と**授業方法の争い**は区別されなければならないということです。柳沼の批判は，心情追求型の授業が陥りがちな弊害を指摘した点では妥当です。しかし，それによって，理想主義の授業そのものが無効だと論証されたわけではありません。そこで，のちの5節では，理想主義の道徳授業であっても，柳沼が批判した弊害を克服できることを示したいと思います。

4　デューイ倫理学に基づく問題解決的な学習

テーマ 》》 デューイの倫理学に基づいた問題解決的な学習とは？

　3節では，デューイの道徳観を概観しました。ここでは，デューイの道徳観の重要なポイントを再度示しておきます。それによって，デューイの倫理学に基づく問題解決的な学習を構想するにあたって，柳沼が提示している発問に付け加えることができるでしょう。

　デューイの倫理学の重要な主張は，簡潔にまとめれば，次の2点でしょう。第1に，共通善という長期的な利益を実現するために「反省」が重要であること。第2に，たんなる短期的で物質的な利益ではなく，性格の形成という利益に注目すべきであること。つまり，「人が所有する（have）もの」だけではなく，「人がなる（be）もの」にも注目すべきだということです。

1）とはいえ，その少しあとで柳沼（2021b）は，「価値伝達型と価値創造型を両立（止揚）させるアプローチが求められてきた」といっています。だとすれば，柳沼は「心情追求型」の授業が「価値伝達型」の授業を行なってきたことをもっと評価してもよいはずです。柳沼がそうしないのは，2節でみた「心情追求型」の弊害があると想定しているためでしょう。しかし，本章6-3節でみていくように，「心情追求型」の授業であっても，子ども一人ひとりの価値観を尊重すること，つまり「価値創造型」（本書でいう「現実主義」）を組み込んだ授業展開は可能です。それゆえ，まさに本書は「価値伝達型と価値創造型を両立（止揚）させるアプローチ」の1つを提示しているといえます。

【デューイの道徳観のポイント】   表3.2

①共通善という長期的な利益を考えるために「反省」が重要。
②人が「所有するもの」だけではなく，人が「なるもの」，つまり「性格」に注目すべき。

　これら2つのポイントを意識しつつ，柳沼が「問題解決的な学習」の例として示している「手品師」における発問をみてみましょう。
　「手品師」（東書・小6）の話を要約しておきましょう。ある日，腕はいいが売れない手品師が，道にしゃがみ込んでいる少年に出会い，少年を励ますために手品を見せてあげました。少年は喜び，手品師は翌日も少年のところに来ることを約束しました。しかし，その夜，友人から手品師に電話があり，急病で倒れた手品師の代わりに，大劇場に出演してくれないかと依頼されたのです。手品師は迷いに迷いましたが，少年との約束を果たすために，友人からの誘いを断りました。次の日，手品師は少年という1人の客の前ですばらしい手品を演じていました。
　この教材で授業をする際，柳沼（2012b）は，次の5つの学習活動を提案しています。

【柳沼（2012）の問題解決型の学習における「手品師」の発問】　表3.3

①因果性	・そうしたらどうなるのか。 ・そうした場合，短期的または長期的に，個人的または社会的にどのような影響（結果）を及ぼすか。 「そうすることによって手品師はどうなるか」 「少年はどうなるか」
②可逆性	・あなたがそうされてもよいか。 ・自分のその解決策が適用されてもよいか。 「自分が少年でも，手品師にそうされてもよいか」
③普遍妥当性	・皆がそうしてもよいか。 ・誰にでもそうするか。 「もし相手が友達（敵，恋人，自分の子ども）でも，そうするか」
④関係者全員の幸福	・それで皆が幸せになれるのか。 「そうすることで，その少年や手品師は幸せになれるのだろうか」
⑤人的・物的な環境改善や制度計画や社会改革	「お父さんが死んだ後，お母さんが働きに出て，そのままずっと帰ってこない」かわいそうな男の子を放置する社会制度を改革するための方法などを考える。

　①〜④の，①因果性（結果・帰結），②可逆性（立場変更），③普遍妥当性（カント），④関係者全員の幸福（功利主義）を考える発問は，本書でも第2章であげたものと重なっています。
　しかし，先に述べたデューイの道徳観の2つのポイントに従えば，柳沼は①

で「長期的な利益」に言及しているものの，実際には長期的利益を考えさせる発問はあまりありません。また，デューイのいう「性格」に関する考慮をしていません。そこで，本書では，次の2つの学習活動を提案したいと思います。

⑥は，**性格**について考える学習です。たとえば，「あなたなら，どういう人になりたい？」「あなたなら，どちらの人になりたい？」「どちらの人のほうがより○○（道徳的価値）かな？」などと問います。

⑦は，①にも記載されている「社会的」な「長期的」利益です。しかし，たんなる「行為」の結果としての利益ではなく，ある「**性格**」になることの結果としての**長期的な利益**（共通善）を考えます。これは，第2章であげた「成長・変化」のうち，社会的な変化を問う発問と同じです。

【「性格」に注目した発問】 表3.4

⑥性　　格	・あなたなら，どういう人になりたい？ ・あなたなら，どちらの人になりたい？ ・どちらの人のほうがより○○（道徳的価値）かな？ 「あなたは，大劇場を選ぶ手品師と，少年との約束を選ぶ手品師のどちらでありたい？」 「どちらの人がより誠実だろう？」
⑦性格の長期的な利益 　（結果・帰結）	・どちらの人がいれば，社会はよりよくなるだろう？ ・Aさんみたいな人がたくさんいると，社会はどうなっていくだろう？ 「大劇場を選ぶ手品師と，少年との約束を選ぶ手品師のどちらが，社会をよりよくするだろう？」 「手品師みたいな人がたくさんいると，社会はどうなっていくだろう？」

では，⑥と⑦の学習活動を「手品師」に当てはめてみましょう。

まず，⑥です。①のように，「そうすることによって手品師はどうなるか」「少年はどうなるか」と問うと，「手品師は夢を実現できる」「少年が喜ぶ」という答えが出るでしょう。しかし，⑥では，「**性格**」を問うことで，たんに「**行為**」の解決策を考えるのではなく，「その行為をとおして，あなた自身はどんな人になりたいのか」を考えさせることができます。そのうえで，①と⑥の学習から出てくる答えを**比較対照**するのもよいでしょう。たとえば，「行為」と「性格」を2段階に分けて問うと，「私は大劇場に行くほうを選ぶけれど，手品師みたいな誠実な人になりたい」という答えが出てくることもあり得ます。そこから，「その誠実さとはどういうことだろう？」と価値理解を深めることもできます。

⑦では，①の例にあるように，たんに「手品師はどうなるか」「少年はどうなるか」という**短期的利益**を考えるのではなく，そういう「性格」の人がいることによる**長期的・社会的な利益**（共通善）を考えさせます。具体的には，「大劇場を選ぶ手品師と，少年との約束を選ぶ手品師のどちらが，社会をよりよくす

るだろう？」「手品師みたいな人がたくさんいると，社会はどうなっていくだろう？」と問います。内容項目との関係でいえば，「誠実」な性格であることの社会的な利益を問うことになるでしょう。

　従来の心情追求型の授業では，個々の場面での「行為」の前提となる道徳的価値ばかりを考えてきて，その「性格」の善さや，「性格」の長期的な影響や結果についてはあまり考えてきませんでした[2]。もちろん，偉人の伝記などの教材では「性格」について考えることはできます。しかし，そうでない読み物教材でも，「そのとき，Ａさんはなぜ○○をしたのだろう？」など行為の根拠・理由を問うだけでなく，⑥の発問のように，「あなたは，Ａさんのようになりたい？」と「性格」の善さを問うことができます。また，⑦の発問のように，「性格」の結果としての長期的利益を考えることができます。

5　「心情追求型」の授業に対する批判にこたえるための指導方法

> **テーマ** >>> どうやって「心情追求型」の授業に対する批判にこたえたらよいの？

　4節ではデューイ倫理学に基づく問題解決的な学習の方法を提案しました。5節では，2節でみた，柳沼による心情追求型の授業に対する批判の論拠を再度取り上げ，その批判にこたえるための授業方法を**理想主義**の側から提案します。

【心情追求型の授業が批判される論拠】	表3.5
①児童生徒の主体的判断を無視しがちなこと。	
②児童生徒に「忖度」させがちなこと。	
③価値と行為の切り離し。	

5-1　児童生徒の主体的判断を無視しがちなこと

　登場人物の心情を追っていくだけの授業では，道徳的価値について児童生徒がどう思うのか，どう判断するのかということは無視されてしまいがちです。この批判については，筆者も同意します。

　しかし，第2章でみたように，心情追求型の授業でも，「**投影的発問**」を用いて児童生徒本人の心情を問うことはできます。つまり，登場人物の心情を問う

2）吉田・木原（2018）による「行為主義」と「人格主義」の道徳授業の区別が参考になります。

だけでなく，「あなただったらできる？」「あなただったらどうする？」と問うことで，自我関与をうながすことができます。

また，「批判的発問」を用いて児童生徒本人の判断を問うことは可能です。「Aさんは○○してよかったのだろうか？」と賛成・反対とその根拠・理由を考えさせるのです。

さらに，「あなただったら，○○する？　○○しない？」というように，「投影的＋批判的発問」を用いることもできます。たとえば，「たったひとつのたからもの」でいえば，「あなたは，「人の幸せは，命の長さではないのです」という言葉を素直に受け入れられる？」という発問です。

こうした発問をすれば，「僕・私は登場人物の心情についていけません」と児童生徒に思わせることなく，すべての児童生徒を自我関与させ，授業に巻き込むことができるでしょう。したがって，「心情追求型」の授業すべてに実効性がないとは言い切れません。たんに，登場人物の心情だけを問う授業では実効性がないということです。

▶ 実践へ㉚

「たったひとつのたからもの」の指導案については，第6章4節4-3を参照のこと（p.219）。

🔗 関連箇所⑱

発　問

発問の工夫については，p.37の表2.4「「発問の立ち位置・4区分」をアレンジした発問」などを参照のこと。

5-2　児童生徒に「忖度」させがちなこと

心情追求型の授業を批判する第2の論拠は，登場人物の心情を問うていくだけの授業では，児童生徒のありのままの本音や，現実的な思考と感情を封じ込めることになるというものです。つまり，登場人物の心情を問うだけでは，作者の意図や教師のねらいを「忖度」して発言したり書いたりするようになるということです。

しかし，筆者は，ここでは問題を切り分ける必要があると思います。つまり，作者の意図や教師のねらいがあることと，児童生徒が作者の意図や教師のねらいを「忖度」してしまうことは別の問題であるということです。しかし，柳沼は両者を一緒くたにして批判しているようにみえます。

ワーク：考えてみましょう

教師や作者がこれに気づかせたいという意図をもっていてはいけないのでしょうか。いけないとすれば，その理由は何ですか。考えてみましょう。

【作者の意図，教師のねらいに関する区別】　　　　　　　　　　表3.6

①作者の意図や教師のねらいがあること。
②作者の意図や教師のねらいを「忖度」すること。

しかし，これは教育学では伝統的に区別されてきたことです。つまり，教師がねらいをもっていたとしても，児童生徒にはそれを気づかせないようにするこ

とができます。それによって，児童生徒の**主体的な学び**をうながすのです。ルソーの「**消極教育**」とはそういう教育のことです。つまり，大人や教師はある意図をもっているのですが，子どもにそれとわかってはいけないという関係のなかで行われる教育です。

それゆえ，作者の意図があり，教師のねらいがあるからといって，それが悪いとはいえません。しかし，柳沼は「**現実主義**」の道徳観を前提とするため，作者や教師が特定の価値観に気づかせようとすること自体を否定するのでしょう。反対に，「**理想主義**」であれば，児童生徒に一定の価値観を学ばせることそれ自体を否定するわけではありません。

とはいえ，やはり作者の意図や教師のねらいを「忖度」させてしまっては，主体的な学びにならないという授業方法への批判としてみる限りでは，柳沼の批判は正しいでしょう。

こうしてみると，やはり**道徳観の対立**と**授業方法の対立**とは区分けされなければなりません。柳沼は，**現実主義**の立場から，作者や教師が「こういうことに気づいてほしい」というねらいをもっていること自体を批判しているのです。しかし，**理想主義**は，作者や教師にそうしたねらいがあること自体がよくないとは考えません。ここには道徳観の対立があります。

一方，もう1つの批判は心情追求型の**授業方法**に対する批判です。つまり，作者の意図や教師のねらいを「忖度」させてしまうと，**主体的な学び**にならないという批判です。これについては筆者も同意します。

【「道徳観に対する批判」と「授業方法に対する批判」の区別】　　　表3.7

①「**理想主義**」に対する批判	作者の意図や教師のねらいがあること自体に対する批判。
②登場人物の心情だけを問う**授業方法**に対する批判	作者の意図や教師のねらいを「忖度」させてしまうと，主体的な学びにならないという批判。

このように問題を区分けしたうえで，本書は，**理想主義**の側から，作者や教師が「こういうことに気づいてほしい」というねらいをもっていたとしても，それを児童生徒に「忖度」させるのではなく，児童生徒にとって主体的な学びになる指導は可能だと主張します。そのための理論的根拠を3つ述べていきます。

【理想主義的道徳授業の理論的根拠】　　　表3.8

① 「価値観」と「行為」の区別
② 「発達」の視点
③ 「方向目標」と「到達目標」の区別

重要人物⑧

ジャン＝ジャック・ルソー
（1712-1778）

18世紀フランスを代表する思想家，小説家。『人間不平等起源論』（1755），『社会契約論』（1762）などで展開した社会思想も有名であるが，「教育について」という副題をもつ『エミール』（1762）では「消極教育」を主張した。

1）「価値観」と「行為」の区別

ワーク：考えてみましょう

「行為」と「価値観」はどう違うのでしょうか。考えてみましょう。

　柳沼（2012b）は，道徳授業が道徳的実践（行為）につながるべきだと主張します。しかし，その際，**価値観**と**行為**を区別していません。そのことは，読み物教材に対する柳沼の批判をみると明らかです。

　たとえば，「手品師」を用いた心情追求型の授業を次のように批判しています。「実際のところ，「手品師の生き方を見習いなさい」と言われても，自分の将来の夢を投げ出して，たまたま知り合った少年との先約をかたくなに守ることなどなかなか真似できないだろう」（柳沼，2012b）。同様に，「みみずくとおつきさま」は，先生モグラをいじめるイタチに，それを木の上から見ていたミミズクがこらしめる話です。この教材について柳沼（2012b）は，「この資料の内容を応用して実際に，小学1年生が学校に来た不審者に対して，ミミズクのように勇敢な行為をしたらきわめて危険である」と述べています。

　こうした批判は，教材の物語の筋と道徳的行為を直結させてしまっているからこそできる批判です。しかし，「価値観」と「行為」を区別すれば，上のような批判は無効になるでしょう。「手品師」であれば，「少年との約束を守れ」と特定の**行為**を命じているのではありません。「大劇場の誘いを断り，少年との約束を優先した手品師の選択を支える「誠実さ」とは，いったいどういうことなのか」「その選択の**根拠・理由となる価値観**はどういうものなのか」を考えるのが「理想主義」の道徳授業なのです。

　「みみずくとおつきさま」であれば，「学校に来た不審者に飛びかかる」という特定の**行為**を推奨しているのではありません。そうではなく，ミミズクが，自分がイタチにやり返されるかもしれないなどの危険をかえりみず，モグラを助けるという「勇気」という価値観を問題にしているのです。したがって，発問としては，「どうしてそのような行為ができたのだろう？」というように，行為の**根拠・理由となる価値観**を問うのです。

　本書は，柳沼の「現実主義」のように「行為」や「解決策」を考える授業を否定したいわけではありません。そうではなく，「理想主義」の道徳授業というものがあり得ること，それ自体を否定すべきではないことを主張したいのです。理想主義にとって，道徳授業のねらいは，特定の「行為」や「解決策」を考えることではなく，行為の前提となる「価値観」を問うことにあります。

　そうした理想主義の道徳授業の立場からみると，「実際のところ，「手品師の

生き方を見習いなさい」と言われても，自分の将来の夢を投げ出して，たまたま知り合った少年との先約をかたくなに守ることなどなかなか真似できないだろう」という柳沼の批判は的はずれにみえます。理想主義の道徳授業にとっては，そもそも「少年との先約を守りなさい」という「行為」を問題にしているのではなく，その行為の前提となる「価値観」を問題にしているからです。加藤（2018a）は，「「これを守ればよい」というような行動規範では片付けられないところに真の誠実性があると考える」としています。理想主義は，まさにこの「真の誠実性」とは何かという価値観を問題にするのです。

　それゆえ，理想主義の道徳授業からみると，「少年との先約を選び，次の日，少年の前で手品をする行為が誠実だ」というわけではありません。むしろ，少年との約束を選んだ根拠・理由となる価値観を問題にするのです。その場合，「では，どうして手品師は少年との約束を選んだのだろう？」と問い，その選択の前提にある価値観を考えるのです。

　もちろん，柳沼（2012b）がいうように，「どうして手品師は少年との約束を選んだのだろう？」とだけ問うならば，「僕・私なら大劇場に行く」という答えや，「「少年との約束か，大劇場か」という二者択一以外に，「少年に手紙を書いて公園に置いておく」などの第三の方法をとれば，どちらも悲しくない」というような答えが出ないように，教師が児童生徒の現実的な思考や感情を封じ込めているのではないかという批判が起きるでしょう。

　しかし，この批判に対しては，次のようにこたえられます。いきなり手品師の選択の根拠・理由を問う前に，「あなたなら大劇場に行く？　少年との約束をとる？」と**批判的発問**で問います。すると，当然両方の答えが出るでしょう。そうしたら，次に両方の根拠・理由を考えさせます。先述した加藤（2018a）も，「真の誠実性」の理解をねらいとしていますが，それでも，「どちらに行くこともあってよいというように，一旦フラットにして考えさせることで，子どもたちも本気で考えるようになる」といいます。そのうえで，「でも，この話では，手品師は大劇場の誘いを断ったよね。それはいったいどうしてなのだろう？」とやさしく問えば，児童生徒の現実的な発想を封じることはいっさいありません。

　また，二者択一以外の第三の選択肢を出す児童もいるでしょう。これまで「手品師」の授業過程を示した指導案などでは，「授業展開が，手品師と少年の両方が困らないような第三の選択肢などの具体的な解決策の追求にならないようにする」などと書かれているものもありました。そのように児童の思考を封じ込めるのはおかしいという柳沼の主張は，筆者も理解できます。

　しかし，理想主義からしても，こうした第三の選択肢が出たときに，それを否定する必要はまったくありません。第三の選択肢を出した児童の意見を認めたうえで，手品師の選択の根拠・理由を問う授業展開は十分に可能です。実際，加藤（2018a）は，以下のようなやり取りを記載しています。

> C18　手品師は男の子を大劇場に連れて行けばよかったと思う。
>
> 加藤　そういう方法もあったけど，手品師はしなかったんだよね。

　教師は，このように児童の意見を受け止め，そのうえで，「でも，手品師はそうしなかったよね。それはどうしてだろう？」と展開することができます[3]。

　そして，理想主義にとって，児童に考えさせたいことは，行為ではなく価値観です。それゆえ，たんに「少年との約束か，大劇場か」という「行為」や「解決策」が問題なのではなく，「手品師」であれば，「誠実」という道徳的価値についての理解を深めることが目的です。

　柳沼の批判とは別に，かつて「ミスター文部省」と呼ばれた寺脇（2018）も，「手品師」の教材を批判して次のようにいっています。

> 　この美談仕立ての「手品師」を読んで「誠実に生きるとは何か，答えなさい」と言われたら，たいていの子どもは「チャンスを捨ててまで約束を守った手品師のように生きること」と答えるだろう。しかし，それでは，手品師の内心の葛藤は何だったのかが議論されないままに終わってしまうことになる。
>
> 　この話ではあえて説明されていないが，手品師を迷わせた「大きなチャンス」とは，具体的に言えば，経済的な利益や自身の名声のことである。
>
> 　「誠実に生きる貧乏人」と「不誠実に生きる金持ち」がいたとしたら，どちらがよりよい生き方なのか。そしてその場合，どちらの心が明るくて，どちらの心が暗いのか。手品師にはもっと，別の問題解決の選択肢はなかったのか。そもそも，人生におけるチャンスを無駄にしたくないという思いから，約束を守らなかったとして，それは「誠実に生きる」ことと矛盾するのか——。
>
> 　そうした答えのない問いに対する議論が起きれば良いが，「手品師」というタイトルの横に「みなさんは誠実に明るい心で過ごしていますか」とリード文が付けられている教科書では，ひとつの価値観を押し付けていると言われても仕方のないものである。（下線は筆者）

　寺脇は，柳沼とは異なり，行為ではなく誠実という価値観を問っている点で，

3）松下（2011）は，こうした切り返しをしたとしても，「"模範的"授業では，そのような疑問や異論をやさしく手なづけたり，体よくあしらったりという形で授業が進んでいきます。見方を換えていえば，異質な他者，しかも実際はごくまっとうな考え方をする他者が一方的に排除されていくのです。これでは教える側に根本的なところで思いやりが欠けているといわざるをえません」と論じています。ここではこの批判を検討することはできませんが，さしあたり，「理想主義」の道徳授業は，大劇場を選ぶ「利己主義」そのものを否定しているわけではなく，誠実という価値観について考えることをねらいとしていると答えたいと思います。しかし，ここには重要な道徳観の対立があることだけはたしかです。

柳沼に比べると理想主義に近いといえます。しかし，ここまで述べてきたことからすれば，第1に，「手品師の内心の葛藤は何だったのか」という「答えのない問いに対する議論」をすることは，理想主義の授業であっても否定する必要はまったくありません。むしろ，加藤がいうように「一旦フラットにして考えさせる」ためにも，ぜひとも議論すべきでしょう。

第2に，教師が誠実についての一定の価値観への到達をねらいとしてもっていたとしても，それがただちに「ひとつの価値観を押し付けている」とは言い切れません。教師は，発問によって一定の価値観を引き出すことをねらっていたとしても，それを押し付けているわけではありません。単純な話ですが，教師が問うても，ねらっていた答えを児童生徒が言わないことはあり得ます。

第3に，もし寺脇が，教師が一定の価値観をねらっていること自体を否定しているのだとすれば，寺脇は「現実主義」だということになります。このように寺脇も，葛藤を議論するかどうかという**授業方法に対する批判**と，**理想主義の道徳観に対する批判**，すなわち教師のねらいとする価値観があること自体に対する批判を区別していないようにみえます。

しかし，第4に，「みなさんは誠実に明るい心で過ごしていますか」とリード文が付けられている教科書が「ひとつの価値観を押し付けている」いう批判については，筆者も基本的に同意します。というのは，理想主義は，行為ではなく価値観について考えることを重視するため，大事なことは「誠実に過ごしているかどうか」ではなく，「誠実とはどういうことか」を理解することだからです。

では，理想主義からみて，この授業でねらいとすべき「誠実」さとは，どういうことでしょうか。まずは，「約束を守るという目に見える行為の誠実さ」です。ただし，これは行為の次元ですので，もっと内面の価値観に迫ると，「少年を裏切りたくないという誠実な心」や，「約束を破る自分ではありたくないという自分自身に対する誠実さ」があります。さらには，「どちらの行為を選ぶにしても，まじめに向き合うという誠実さ」もあるでしょう。こうした誠実という道徳的価値についての**多面的な理解**を引き出すことが，理想主義の道徳授業の目的です。

その際，理想主義からすれば，こうした価値観を引き出すことを，あらかじめ教師がねらいとして定めていたとしても，それが悪いことにはなりません。問題なのは，ねらっていた価値観が出てこないからといって，(1)「○○が本当の誠実さだよ」と**伝達・注入**すること，(2) それが「**唯一の正解**」だと**威圧的・抑圧的**に語ることです。また，(3)「大劇場に行く」や，第3の選択肢が出たときに，児童の**意見を否定**することです。こうしたことがなぜよくないのかについては次章で論じます。

しかし，「自分自身に対する誠実さ」という価値観をねらいに定めていたとし

ても，児童生徒がそれを言わなかったらどうすればよいのでしょうか。たしかに，「どうして手品師は少年との約束を選んだのだろう？」と問うても，「約束を破りたくないから」とか，「少年を悲しませたくないから」などの答えしか出ないかもしれません。そこで，島（2017）が示しているように，「手品師はだれに対して誠実だったの？」と問います。そうすると，「少年に対して」という当然の答えだけでなく，「自分に対しても誠実」という答えが出る可能性が高まるでしょう。そこから，「自分に対する誠実とはどういうことか」を問い，価値理解を深めるのです。

　このように，理想主義の道徳授業では，教師は児童生徒が一定の価値理解に達することをあらかじめねらっておきます。そのためには，教材に含まれている道徳的価値観をしっかり分析しておく必要があります。本書の「価値分析シート」はそのためのツールです。価値分析をする際には，『解説』の**内容項目の概要**と**指導の要点**を熟読しておきましょう。そのうえで，そうした価値観を引き出す発問を考えます。しかし，これは特定の答えを無理やり言わせたり書かせたりすることとは異なります。もし発問によってねらった答えが児童生徒から出てこなければ，潔く諦めればよいのです。

　ただし，この児童生徒に理解させたい価値観が，教材に書いてあることであれば，児童生徒は「忖度」するだけで，切実感のない授業になってしまうでしょう。そこで，第2章で島（島・吉永，2017）の「氷山の三層モデル」を取り上げたように，あくまで教材には直接**書かれていない価値・価値観**を引き出す必要があります。実際，「手品師」では，「少年との約束を選んだ」ことが書かれているだけであり，「自分に対しても誠実」といった価値観が教材に書かれているわけではありません。そのとき，その価値観を教師が引き出そうとするからといって，児童生徒が「忖度」していると決めつけることはできないでしょう。

🔗 関連箇所⑲
発　問
p.63の表2.20を参照のこと。

2）「発達」の視点

ワーク：考えてみましょう

なぜ「発達」の視点をもつことが大事なのでしょうか。考えてみましょう。

　しかし，教材に書かれていない価値観を考えさせるとしても，それが「分かりきったこと」であれば，児童生徒は飽きてしまうでしょう。理想主義からすれば，作者や教師が一定の意図やねらいをもつこと自体は否定されません。しかし，教師が到達させたい価値理解が，児童生徒にとってあたりまえの「分かりきった」ことであれば，わざわざ授業をする必要性はないでしょう。

　そこで，「**発達**」の視点が重要となります。児童生徒が現在もっている価値理

解を揺さぶり，次の価値理解に到達させることをねらうためには，学級の児童生徒の現在の価値理解を見極め，その次の，まだ気づいていない価値理解に到達させるような発問を工夫すべきでしょう。その際，『解説』における内容項目の「指導の要点」を熟読する必要があります。もちろん，そこで想定されている発達段階は一般的なものであり，地域や学校の学級の実態をふまえる必要があります。

3）「方向目標」と「到達目標」の区別

ワーク：考えてみましょう

「方向目標」と「到達目標」を区別しなければならない理由は何でしょうか。考えてみましょう。

しかし，一定の価値観に到達させるというねらいを定めること自体を批判する人もいるでしょう。こうした「**価値観の押し付け**」の是非の問題については次章で詳しく論じます。ここでは，一定の価値観に到達させるというねらいを定めることを批判する人は現実主義者であり，そうしたねらいを定めてもよいと考える人は理想主義者であるとだけ指摘しておきます。

ただし，理想主義者のなかでも，「特定の価値理解に全員を到達させるべきだ」という人と，「一定の価値理解をねらいに定めるけれど，全員に到達させようとすべきではないし，そもそもそれは現実的に不可能だ」という人に分かれるでしょう。この問題についても次章で詳しく論じます。ただし，ここで指摘しておきたいことは，従来の心情追求型の授業であれば，終末の「説話」は別として，教師が仮に特定の価値観に気づかせようとしたとしても，それを伝達・注入はしないとうことです。それゆえ，「特定の価値理解に全員を到達させる」ことは不可能でしょう。

🔗 **関連箇所⑳**

方向目標

p.181も参照のこと。

「一定の価値理解をねらいとして定めるが，それに全員を到達させようとはしない」。この微妙な命題を理解するためには，**到達目標**と**方向目標**を区別する必要があります。「到達目標」とは，「ここまで到達しなければならない」という明確な到達点を設定することです。これは，道徳科においては，「答えが1つではない」限り，また個人間のさまざまな多様性がある限り，不可能でしょう。もし到達目標を設定すれば，全体主義になってしまうでしょう。

一方，「方向目標」とは，到達させたい方向性は示しますが，「ここまで到達しなければならない」という明確な到達点は設定しません。たとえば，学年によっても変わりますが，「60％の児童生徒が理解すればよい」と考えるのです。

ただし，これも次章で論じますが，「方向目標」のなかでも，「一定の**価値**

理解」と，「児童生徒本人の**主体的な価値判断**」を分けるべきでしょう。これは，学級全体の「**共通解**」と児童生徒個人の「**納得解**」の違いといってもよいでしょう。前者の「価値理解」については，教材の**読み取り**によって多くの児童生徒が到達できるでしょう。しかし，そうした一定の価値理解に到達したうえで，児童生徒本人が主体的にどんな判断をくだすのかは別の問題です。後者の「主体的な価値判断」については，教師が意図した価値判断をする児童生徒は「学級全体の40％くらい」と想定しておくのが無難かもしれません。そうでないと，教師が児童生徒を無理やり誘導して特定の価値観を言わせたり書かせたりする授業になってしまいかねないからです。

🔗 関連箇所㉑

納得解

「共通解」と「納得解」の違いについては，p.163の表4.25を参照のこと。

5-3　価値と行為の切り離し

　しかし，上述した「価値観」と「行為」の区別をすることで，柳沼が指摘するような「価値と行為の切り離し」が起きてしまうのではないでしょうか。だからこそ，価値を知的に理解する授業に限らず，役割演技などの「道徳的行為に関する体験的な活動」を取り入れるべきだという主張も生まれてきます。

　この問題は，道徳的判断における認知的判断と感情的判断はどのような関係にあるのか，また，道徳的行為における習慣の役割は何か，といった問題にも関わってきます。こうした問題は，本書のような教育哲学や倫理学の観点からの研究では踏み込めず，心理学の知見を借りてこなければなりません。

　ただし，1つだけ指摘しておくと，第1章で論じたように，わが国の道徳教育は「**理性主義**」に立っているようにみえます。つまり，理性によって理解すれば，つまり心理学的には認知的に理解すれば，行為も変わるという立場です。そうでなければ，教材をとおして道徳的価値を知的に理解することに意味はないからです。

🔗 関連箇所㉒

理性主義

p.7を参照のこと。

ワーク：考えてみましょう

価値理解を深める授業で道徳的行為をうながすためには，どうしたらよいでしょうか。考えてみましょう。

　さて，たしかに，登場人物の心情や，行為の前提となる価値観を問うたとしても，それだけでは行為につながらないという柳沼の指摘は正しいでしょう。しかし，それは，登場人物の心情や行為の前提となる価値観を問うているだけだからであって，それを問うから行為につながらないわけではありません。

　本書では，すでに第2章で「理想と現実の距離を意識させる」ことを意図した発問の工夫について述べてきました。理想を考えるだけでなく，理想的な価

🔗 関連箇所㉓

理想と現実の距離を意識させる

p.73の　表2.26や，p.77を参照のこと。

値観と児童生徒の現実的な価値理解との距離をとらえ，そこから弱さを自覚し，「どうしてできないのか」「どうしたらできるのか」を考えることで，理想に近づく具体的な方法を考えることができます。そうした理想と現実をつなぐ発問の工夫をもう1度まとめておきましょう。

【理想的な価値観を行為につなげるための発問】　　　　　　　　表3.9

①「あなただったらAさんみたいにできる？」
②「どうしてできないのだろう？」（阻害条件）
③「どうしたらできるのだろう？」（促進条件）

まず，登場人物の行為の根拠・理由となる理想的な価値観を理解します。そのうえで，「あなただったらAさんみたいにできる？」と問います。すると，「できる」「できない」という答えが出るでしょう。「できない」という答えに対しては，「では，どうしてできないのだろう？」（**阻害条件**），「どうしたらできるのだろう？」（**促進条件**）と問います。それによって，理想的な価値観に共感するだけでなく，それを実現する方法についても理解を深めることができるでしょう。ただし，「どうしてできないのだろう？」（阻害条件）については，責めるように問うのではなく，やさしく問いかけてください。説教にならないように，「先生もなかなかできないな」などと言って，児童生徒と同じ目線に立つのもよいでしょう。

関連箇所㉔
阻害条件・促進条件
p.46のキーワード⑭を参照のこと。

> ### ワーク：考えてみましょう
>
> 道徳科の授業に，特別活動における実践活動や体験活動，他教科における体験的な学習をどのように活かせるでしょうか。考えてみましょう。

ところで，これまで，「価値と行為の切り離し」という批判に対して，価値と行為を結びつけるための工夫についてみてきました。しかし，価値と行為を結びつけることは推奨すべきですが，道徳科の授業は行為そのものを指導する時間ではないということをおさえておきましょう。

たとえば，授業1コマ使って，おじぎのような具体的な礼儀作法の練習や，袱紗の使い方のような伝統的（文化的）慣習の体験だけで終わってはいけないでしょう。というのは，理想主義からすれば，あくまで価値観を問うことに道徳授業の目的があるからです。

一方の現実主義にとっても，デューイが行為の「**反省**」を重視していることに注意すべきでしょう。デューイに基づくならば，道徳授業においては，行為そのものの実践や練習をするのではなく，それを反省することに焦点化すべき

なのです。

（「第3章　特別の教科　道徳」の「第3　指導計画の作成と内容の取扱い」の2）

（5）児童（生徒）の発達の段階や特性等を考慮し，指導のねらいに即して，**問題解決的な学習，道徳的行為に関する体験的な学習等を適切に取り入れる**など，指導方法を工夫すること。その際，**それらの活動を通じて学んだ内容の意義などについて考える**ことができるようにすること。また，**特別活動等における多様な実践活動や体験活動も道徳科の授業に生かす**ようにすること。（『小学校解説』p.95，『中学校解説』p.96）（太字は筆者）

それゆえ，仮におじぎを体験するとしても，その体験の意義について「反省」することが重要です。繰り返し述べているように，道徳科の授業では，行為や体験活動そのものを目的としているのではないのです。

そのことは，学校の教育活動全体で行う**道徳教育**と**道徳科**の関係にも当てはまります。特別活動などで行う実践活動や体験活動，各教科で行う体験的な学習について，道徳科の授業ではその**意義**を考えたり，**反省**したりすることをめざしているのです。

このように，道徳科の授業にも「道徳的行為に関する体験的な学習等を**適切に取り入れる**」ことは推奨されています。しかし，同時に，「**それらの活動を通じて学んだ内容の意義などについて考えること**」が重視されているのであり，たんなる行為の実践や練習だけで終わってはなりません。

6　包括的な道徳授業理論の構築に向けて

テーマ　さまざまな授業方法をどうやって位置づけたらよいの？

6-1　「心情追求型か，問題解決型か」という二項対立を越えて

これまで，一見授業方法の対立と思われたものが，実は，道徳観の対立を前提にしていることを明らかにしてきました。しかし，その対立は道徳観の対立に解消されるわけではなく，同じ理想主義の道徳観に基づく授業のなかにも，授業方法の対立があります。この点では，「理想主義」と「現実主義」という類型を道徳授業に導入した吉田・木原（2018）自身は，授業方法の対立の前提には**道徳観（善悪観）の争い**があることを明らかにしましたが，柳沼（2012b）が**授業方法の争いを強調している**のとは反対に，道徳観の争いを強調しています[4]。しかし，道徳観の対立に解消されるわけではなく，依然として授業方法の対立

は残るのです。というのは，理想主義の道徳観に基づく授業であっても，授業方法としては児童生徒本人の現実的な判断を問うことは可能だからです。以下ではこのことを，わが国の道徳授業を牽引されている先生方の授業理論を例にみていきましょう。

5節でみてきたように，理想主義の道徳授業であっても，実効性のある授業は可能です。

【効果的な理想主義の道徳授業をつくるための工夫】　　　　　　　表3.10

①批判的発問などによって，主体的な判断を問う。

②登場人物の判断の根拠・理由となる価値観を問う。

③「発達」の視点をもち，次の価値理解をねらうことによって，「忖度」させないようにする。

④「価値と行為の切り離し」に陥らないために，価値を実現できない「弱さ」など，理想と現実の距離をとらえさせる。

⑤④の次の展開として，理想的な価値観を実現するための方法（阻害条件，促進条件）を問う。

たしかに，一部の心情追求型の授業では，登場人物の心情だけをひたすら追うことで，国語の読解とほとんど変わらないような実践がなされています。そうした授業では，児童生徒の現実的な思考や感情を無視して授業が進んでしまいがちであり，そのことを柳沼（2012b）が指摘した意義は大きいでしょう。だからこそ，道徳が教科化する際には，「読み物の登場人物の**心情理解のみに偏った形式的な指導が行われる例があること**」が指摘され，現在もその克服がめざされているのです。

しかし，5節で論じてきたように，その批判は，登場人物の「気持ち」「心情」だけをひたすら問う授業に当てはまるにすぎないということです。ただし，そうした授業方法に対する批判と，理想主義の道徳観に対する批判は区別されなければならないということです。それゆえ，「心情追求型か，問題解決型か」という二項対立にすべてを還元することはできません。

そして，理想主義の道徳授業のすべてに実効性がないとは言い切れません。実効性のある理想主義の道徳授業にするための発問の工夫については，第2章でも述べましたし，本章5節でも述べてきました。

🔗 関連箇所㉕

発問の工夫

p.63の表2.20などを参照のこと。

4）たとえば，「理想主義では道徳的課題の答えは究極的に一つの「正解」に集約されますが，その「正解」は抽象的で実現困難なものでした。しかも，「正解」を共有できない人は議論から排除されます」（吉田・木原，2018）とあります。しかし，第2章3節3-5でみたように，理想主義の道徳授業であっても，理想と現実の距離を捉えさせることができます。また，「正解」を共有できない人を排除しない授業づくりは理想主義でも可能です。加藤（2018a）や荊木（柴原・荊木，2018）の実践はそうした授業だといえます。

6-2　理想主義の道徳授業と現実主義の道徳授業の違い

【理想主義の道徳授業と現実主義の道徳授業の比較】　　　　　　表3.11

	理想主義の道徳授業	現実主義の道徳授業
特　徴	①理想的な価値観 ②教材に含まれている，または登場人物の価値観	①現実的な行為・解決策 ②児童生徒自身の価値観
提唱者	横山利弘ら (2017)，島恒生 (2017)，加藤宣行 (2018a)，荊木聡 (柴原・荊木, 2018)	柳沼良太

　ここまで，理想主義の道徳授業そのものに実効性がないとは言い切れないことを論じてきました。実際，わが国では，優れた理想主義の道徳授業の実践とその理論が積み上げられてきました。

　ここからは，現在わが国で提唱されている道徳授業の理論の一部を対象に，理想主義と現実主義という枠組みをもとに授業理論の類型化を試みたいと思います。

　理想主義の道徳授業と現実主義の道徳授業の違いは，第1に，理想的な価値観を追求するのか，それとも，現実的な行為・解決策を考えるのか，という違いです。第2に，教材に含まれている価値観に気づかせるのか，児童生徒本人の価値観にこだわるのか，という違いです。つまり「**理想的な価値観**か，**現実的な行為**か」「**登場人物**か，**児童生徒本人**か」という二重の対比をもとに，理想主義と現実主義を区別することができます。実際，牧﨑 (2017) は次のように述べています。

> 　道徳科の授業では，教材に登場する道徳的な問題に直面した人物等の言葉や行動などをもとに，その<u>内面</u>を考えさせることによって児童生徒の<u>内面的資質</u>を育てていくことになります。道徳科の授業は，「登場人物等はこんな時どうすればよかったのだろう。」とか，児童生徒に対して，「あなたならこんなときどうしますか。などのように<u>行動</u>を聞く授業ではないのです。道徳科は<u>処世術</u>を学ばせる時間ではありません。」（下線は筆者）

　これはいかにも理想主義の道徳観です。表3.1の「カントとデューイの倫理学」の比較を思い出してください。カントは「内面」と「行為」を，そして，「道徳」と「分別」を峻別していました。牧﨑がいう「道徳」と「処世術」の違いというのは，「道徳」と「分別」の違いと同じことです。一方，柳沼は，デューイに依拠しながら，まさにこうしたカント的な道徳観を批判し，「道徳」と「分別」の連続性を主張しているのです。

🔗 関連箇所㉖

カントとデューイの倫理学

p.86の表3.1を参照のこと。

また，横山（2017）に掲載されている指導案も，あくまで登場人物の内面について考える指導案です。反対に，柳沼は子どもたち自身の判断を聞いています。

　島（2017），加藤（2018a），荊木（柴原・荊木，2018）らは，教材に含まれている価値観，つまり「真の□□（道徳的価値）」に迫る授業を提案しています。そのため，理想的な価値観に気づかせる理想主義の道徳授業だといえます。たとえば，5節でも例示した加藤（2018a）の実践は，「真の誠実性」について気づかせるというように，一定の価値観に気づかせることをねらうものです。

　理想主義と現実主義の違いは指導案にも表れます。理想主義の道徳授業の指導案では，特定の価値観だけではなく，複数の価値観を多面的に理解する授業もあるため一概にはいえませんが，「○○という□□（道徳的価値）に気づかせる」「□□（道徳的価値）とは○○であることを理解させたい」などと書いてあるはずです。一方，現実主義の道徳授業では，大雑把にいえば，「真の□□（道徳的価値）とは何かを考える」とか，「□□（道徳的価値）のある行為は何かを考える」となっているでしょう。現実主義の場合，教師はその「何か」をあえて定めないということです。

6-3　道徳授業の4類型

　しかし，理想主義の道徳授業のなかでも，どのように**自我関与**をうながすのかをめぐって，児童生徒の現実的な考え（**主観的思考**）をわざと授業展開に組み込むのか（図3.2の②），それとも，教材の登場人物の内面にある価値観を考えること（**客観的思考**）に徹するのか（図3.2の①），という違いがあります。

　横山（2017）らの授業は①に当たります。たとえば，「Aさんが○○できたのはどうしてだろう？」とか，「Aさんはどんなことを考えているのだろう？」と登場人物の判断や心情について問い，そこから価値理解を深めていきます。つまり，永田繁雄の「発問の立ち位置・4区分」でいえば，おおむね「**共感的発問**」と「**分析的発問**」を用います。この場合，もちろん問いの質によって自我関与をうながすことは十分にできます。しかし，基本的に児童生徒本人の判断を問うことはありません。それゆえ，登場人物の判断や心情に「ついていけない」児童生徒は，「置いていかれた」と感じてしまうかもしれません。

図3.2　道徳授業の4類型

柳沼 (2012b) が,「子どもは自分の生活経験に基づく本来のリアルな思考や感情をいったん停止させて」しまうというのは, このことでしょう。

それに対して, 理想的な価値観を追求する授業であっても, あえて**児童生徒本人の主観的な心情や主体的な判断**を問うことで, **自我関与**をうながすことができます。たとえば, 永田繁雄の「発問の立ち位置・4区分」でいえば,「**投影的発問**」で「あなただったら……?」と問うのです。また,「**批判的発問**」で賛否を問います。これは, 児童生徒本人の価値観を見つめさせることで, 理想的な価値観を**自分との関わり**で考えさせることを目的としています。その点で, 現実主義のように, 現実的な行為や解決策そのものを考えることが目的ではなく, あくまで友情の価値理解を深めるプロセスで, 児童生徒の主観的な思考をうながすのです。その理由は, 加藤 (2018a) がいうように,「一旦フラットにして考えさせることで, 子どもたちも本気で考えるようになる」からです。

「吾一と京造」(日文・中1) は, 始業の鐘が気になる吾一が皆を残して1人駆け出すのですが, 京造は他の仲間に先に行くようにうながしつつ, 1人秋太郎を待って一緒に遅刻し, しかも先生に言い訳一つしないという話です。荊木 (柴原・荊木, 2018) はこの授業の途中で,「①吾一が駆け出す場面で, 吾一と京造のどちらを支持するか。その理由・根拠は何か」と問い,「②あなたは, 二人のどちらと友達になりたいか」と問うています。これは, 本書で提案している「**投影的＋批判的発問**」です。そのうえで,「③あなたが①と②で選んだ人物は同じか, 違うか。なぜ, そう思ったのか」と問うています。ただし, ここでの「投影的＋批判的発問」は, 柳沼の問題解決的な学習のように, 現実的な解決策を考えるためではなく,「真の友情」についての理解を深めるためのプロセスにすぎません。児童生徒本人の主体的な判断をあえて授業展開に組み込むことで, 理想的な価値観についてより**切実**に考えることができるでしょう。本書では, 第2章3節で, 自我関与をうながすために, 児童生徒本人の判断を組み込む発問の工夫について述べました。それゆえ, 本書も図3.2の②の「主観的思考を含む理想主義の道徳授業」を提案しています。

このように, 理想主義の道徳授業でも, 教材が含んでいる価値観についての**客観的思考**にこだわるのか (図3.2の①), それとも, 客観的思考とともに児童生徒本人の**主観的思考**を組み込むのか (図3.2の②) に応じて2種類に分かれます。

現実主義の道徳授業のほうも, **短期的な自己利益の追求** (図3.2の④) と, **長期的・社会的利益の追求** (図3.2の③) の2種類に大きく分類できるでしょう。本書では, すでにデューイの長期的・社会的利益 (共通善) を追求するために,「性格」や「反省」にこだわる必要性を論じました。

また, ハーバーマスは, 道徳を, カントのように個人の内面にある意志の格率ではなく, 個々人が織りなす社会の原則であるとみなします。それゆえ, ハー

🔗 関連箇所㉗

発問の立ち位置・4区分

p.37の図2.1, および表2.4を参照のこと。

👤 重要人物⑨

ユルゲン・ハーバーマス (1929-)

ドイツの哲学者・社会学者。フランクフルト学派第2世代の代表的存在。公共性論やコミュニケーション論, 討議倫理学で知られる。ハーバーマスによる討議のルールについては, p.127の表4.8と表4.9を参照のこと。

バーマスは道徳を**社会規範**であると考えます。そして，社会規範は，討議による合意によって正当化されます。そのため，道徳授業そのものにおいても，討論討議の方法を用いて「**合意（了解）**」をめざすことになります（渡邉・大嶋，2000）。また，ハーバーマスの討議倫理や，熟議民主主義を道徳授業に応用する試みがいくつかなされています（上地，2015；阿部・市川・土田他，2015；市川，2016）。このような討議型の授業も，長期的・社会的な利益を追求する現実主義の道徳授業であるといえるでしょう。

　一方，柳沼の問題解決的な学習は，たしかにデューイに基づき「長期的利益」を追求することを目指しています。しかし，実際の学習活動においては，たとえば「Win-Winアプローチ」（柳沼，2012b）で登場人物の両方または多数が幸せになる解決策を考えさせると，しばしばたんなる損得の計算にしかならず，「短期的かつ自己利益」の追求で終わってしまう可能性が高いでしょう。それゆえ，もしデューイに忠実であるならば，より「**長期・社会的な利益**」の追求につながる問題解決的な学習の発展が望まれます。

　なお，本書では②の主観的思考を含む理想主義の道徳授業を提案しています。しかし，それ以外の類型が誤っているなどと主張したいわけではもちろんありません。これまで，理想主義の道徳授業は①を主流としていたため，今後は，もっと**児童生徒本人の主体的な判断**を組み込んでいってもよいと思うからです。というのも，現実主義の道徳授業が理想主義の道徳授業を批判してきた理由は，おもに，理想主義の道徳授業が児童生徒本人の主体的な判断を無視しがちだということだったからです。しかし，これまで示してきたように，理想主義の道徳授業においても，②のように児童生徒本人の主体的な判断を重視した授業を行うことは十分に可能なのです。

第4章

「押し付け道徳」に
陥らないために

1　「価値観の押し付け」とは何か

1-1　「価値観の押し付け」と「教え込み」の違い

テーマ ≫≫ 「価値観の押し付け」と「教え込み」はどう違うの？

【「道徳的価値」と「道徳的価値観」の区別】　　　　　　　　　　表4.1

道徳的価値	「生命の尊重」「真理の探究」といった価値。
道徳的価値観	「生命の尊重」「真理の探究」についての特定の価値観・考え方。

　これまで，何度か「価値観の押し付け」という問題があることに言及してきました。この章では，この問題について論じます。

　「価値の押し付け」はよくないといわれます。しかし，第1章で述べたように，**「道徳的価値」**と**「道徳的価値観」**を区別すべきです。その区別を前提にすると，多くの場合に批判されているのは，正確には**「価値の押し付け」**ではなく，**「価値観の押し付け」**なのです。

　たしかに「生命の尊重」「真理の探究」といった**道徳的価値**については国が学校に指導することを押し付けています。しかし，「生命の尊重」「真理の探究」についてどう考えるべきかという**特定の道徳的価値観**を児童生徒に押し付けているわけではありません。実際，文科省も，後者の「特定の価値観の押し付け」をしてはならないと『解説』に書いています。それゆえ，「価値の押し付け」が批判されるとき，多くの場合，「生命の尊重」「真理の探究」といった道徳的価値を道徳教育で扱うという「価値の押し付け」が批判されているのではありません。「生命の尊重」「真理の探究」についての特定の価値観を道徳教育で押し付ける「価値観の押し付け」が批判されているのです。このように，「価値の押

🔗 関連箇所㉘
価値と価値観の区別
第1章3節3-4を参照のこと（pp.26-29）。

し付け」と「価値観の押し付け」の問題は明確に区別するべきです。

　「価値の押し付け」については，そもそも「思いやり」や「礼儀」といった価値を国が定めてよいのか，内容項目のリストは現状のものでよいのか，といった問題があります。この「価値の押し付け」については，本章で必要な範囲で論じますが，実際の授業のレベルで問題になるのは「価値観の押し付け」のほうでしょう。そこで，ここからは，「価値観の押し付け」の問題を論じていきます。

【「価値の押し付け」と「価値観の押し付け」の区別】　　　　　表4.2

価値の押し付け	「生命の尊重」「真理の探究」などの道徳的価値を指導することを，国が学校に強制すること。
価値観の押し付け	「生命の尊重」「真理の探究」などについての特定の価値観・考え方を児童生徒に押し付けること。

ワーク：考えてみましょう

「価値観の押し付け」とはどんなことでしょうか。また，「価値観の押し付け」にはどんな問題があるのでしょうか。考えてみましょう。

　では，なぜ「価値観の押し付け」はよくないとされるのでしょうか。実は，それにはまったく異なった2つの理由があります。1つは，**「個人の価値観は自由だから，干渉すべきではない」**というものです。もう1つは，**「価値観を押し付けても効果がないから」**というものです。この2つの理由はまったく異なります。しかし，戦前の修身科や「徳目主義」が批判される際にも，これらは曖昧なままに混同されてきました。一方では，忠君愛国のような特定の徳目を押し付けるべきではない，といわれてきました。今でも「思いやり」や「礼儀」を絶対的なものとして指導すべきではないといわれます。他方では，先生のお説教を聞いても道徳教育としては効果がない，「思いやり」や「礼儀」の正しさを注入しても効果がない，といわれてきました。

　同じ曖昧さは，「価値観の押し付け」に対する批判にも当てはまります。「価値観の押し付け」が批判される場合，それは道徳的価値観を押し付けることがよくないからなのでしょうか。それとも，そうした押し付けは効果的な道徳教育にならないからなのでしょうか。このように，しばしば特定の価値観を押し付けることの正当性の問題と，その効果の問題が曖昧なまま使用されています。しかし，「価値観の押し付け」というとき，①教育内容上の押し付け，②教育方法上の押し付け，の2つがあり，両者は区別されるべきです。①は，特定の価値観を教育内容として押し付けることであり，その押し付けが**正当**かどうかと

🔗 関連箇所㉙

価値の押し付け

　「価値の押し付け」とは，道徳で教える内容を国が強制することを指す。それゆえ，「価値の押し付け」と「価値観の押し付け」は区別できる。前者の「価値の押し付け」については，わが国では学習指導要領によって法的に正当化（正統化）されている。この問題については，p.136を参照のこと。

🔑 キーワード⑮

徳目主義

　1958（昭和33）年の「道徳の時間」の特設時には，戦前の「徳目主義」に戻るのかと批判された。現在でも，道徳科は戦前の修身科の徳目主義との連想で批判されることが多い。しかし，「徳目主義」という用語は言わば道徳科を揶揄するためのレッテルと化しており，その意味はしばしば不明瞭である。実際，道徳の時間に特設に関わった稲富（1979）は，「徳目主義」に対する批判を3つの要素に分けている。

①「肇国の精神」という戦前の道徳教育の根本目標に対する批判
②孝行のような特定の徳目を絶対化することに対する批判
③児童の自発活動性とか生活経験を無視して，特定の徳目を教えこむ教授方法に対する批判

　①と②は徳目という「教育内容」に対する批判であり，③は「教育方法」に対する批判である。このよう

いう問いです。一方，②は，特定の価値観を注入（しようと）することであり，それは教育方法として**効果的**かどうかという問いです。教育内容上の押し付けを「**価値観の押し付け**」と呼び，②の教育方法上の押し付けを「**教え込み**」と呼んで区別することにします。

もちろん，こうした価値観の押し付けと教え込みの区別は，筆者が勝手につくり出したものではありません。寺脇（2018）は次のように述べています。

> 　一人ひとりの子どもたちが，深く考え議論することによって，<u>自分なりの規範や価値観というものを打ち立てていくことが重要</u>なのであり，現実の社会で必ず直面する心のなかの「葛藤」に悩みつつそれらを確立していく。そうした「生きる力」を養うために道徳教育に触れることは大きな意義を持つと思う。
> 　そうした性格を持つ道徳教育において，使用義務のある教科書を使って「<u>**教え込む**</u>」という**指導法**はそもそもそぐわない。（下線，太字は筆者）

寺脇は，前半で「自分なりの規範や価値観というものを打ち立てていくことが重要」だから，特定の**価値観**を押し付けるべきではないこと，そして，後半では，特定の価値観の押し付けがよくない以上，教え込みは指導法として適切ではないと指摘しています。このような価値観の押し付けと教え込みの区別を本書も踏襲したいと思います。しかし，価値観の**正当性**の問題と，指導法の**適切性・効果**の問題は切り分けて考えるべきでしょう。

【「価値観の押し付け」と「教え込み」の区別】　　　　　　　　表4.3

価値観の押し付け	特定の価値観を押し付けること。	教育内容の**正当性**の問題
教え込み	特定の価値観を注入（しようと）すること。	教育方法の**効果**の問題

1-2　価値観の押し付け

テーマ　「国家は道徳教育に介入すべきではない」という古典的自由主義の主張はもう古いの？

ワーク：考えてみましょう

「何が正しいのか」は個人が決めることで自由だから，国家は道徳教育に介入すべきではないといえるのでしょうか。考えてみましょう。

に，「教育内容」の正当性と，「教育方法」の有効性または適切性の問題は区別する必要がある。

稲富自身は，戦前の道徳教育の根本目標は妥当でなかったとして，①の批判には同意する。しかし，孝行のような一定の徳目を立てること自体は否定されるべきではないとして，②の批判は否定し，徳目主義そのものは擁護する。一方，③の批判には同意する。というのは，特定の徳目を立てるとしても，それを教え込むべきではないからである。本書もおおむね稲富の立場を支持するが，その理由については本文で論じていく。

関連箇所㉚

事実からはただちに価値
（当為）を導き出せない

p.19のキーワード
⑨を参照のこと。

キーワード⑯

儒　教

孔子（前552／前
551‒前479）に始ま
る中国の代表的思想。
儒教の主な教えには，
仁義礼智信の「五常」
と，父子の親，君臣の
義，長幼の序，夫婦
の別，朋友の信の「五
倫」がある。内容項目
との関係では，「仁」は
「思いやり」と，「礼」
は「礼儀」と，「信」
は「信頼」と重なる。

日本では，江戸時代
に儒教のなかの朱子学
が唯一の「正学」と認
められたことにも表れ
ているように，儒教は武
士道の倫理を形づくっ
た。わが国で「忠臣蔵」
における赤穂浪士の仇
討ちが美談として語ら
れるのは，「忠義」を命
ずる儒教倫理が根強く
残っているからである。

キーワード⑰

キリスト教

キリスト教は，現在
のイスラエルにあるナ
ザレで生まれたイエス
（前7頃‒後30？）を救
い主（キリスト）とし
て信じる宗教。宗教で
はあるが，倫理や道徳
の教えを含んでいるた
め，道徳教育において
も重要である。たとえ
ば，「わたし（神）が
あなたがたを愛したよ
うに，互いに愛し合い
なさい」という**隣人愛**
の教えや，「何事でも，
自分にしてもらいた
いことは，他の人にもそ
のようにしなさい」と
いう**黄金律**は，道徳科
で扱う「思いやり」と
深く関わる。

たしかに，第1章で述べたように，道徳教育には，事実からはただちに価値（当為）を導き出せないという問題が付きまといます。これが他の教科と道徳科の決定的な違いです。しかし，だからといって，人間は「道徳的主権者」（マッキンタイア，1993）だから，何が正しいかは自分で判断すべきであり，それゆえ，子どもにも道徳的価値・価値観を「**教育**」すべきではないといえるでしょうか。

なお，「**教育**」は，「**伝達**」と，「伝達」しないでも本人が自力で気づくようにうながす「**消極教育**」を含みます。そのうえで，「**伝達**」のなかでは「**押し付け**」と「**働きかけ**」を区別できるというのが本書の主張です。この「**押し付け**」と「**働きかけ**」の区別についてはあとで論じます。

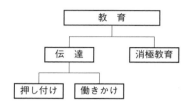

**図4.1　教育，消極教育，伝達，
押し付け，働きかけ**

　道徳**教育**は行うべきだが，道徳的価値を意図的に**伝達**すべきではないと考える立場があります。それは，**自然主義**の立場です。ここでの自然主義とは，ジャン＝ジャック・ルソーの『エミール』に典型的にみられるように，教育の役割は，子どもが生まれつき潜在的にもっている善の性向を「**消極教育**」によって開花させることにあるので，できる限り人為的な教育を排除すべきだという立場です[1]。したがって，この自然主義の立場は，道徳教育は必要だとしても，道徳的価値の意図的な伝達は必要ないと考えます。すぐあとでみていくように，こうした自然主義は**国家からの自由**を説く一種の自由主義と結びつき，一定の影響力をもってきました。

　しかし，道徳的価値がそれ自体文化や伝統であるとすれば，**伝達**していかなければ継承されず，途絶えてしまうことになります。たとえば，儒教における「仁」やキリスト教の「愛」といった道徳的価値を後世に伝えていかなければ，何が起きるでしょうか。もちろん，目下，進化生物学や進化心理学が人間の道徳性の起源を解明しつつあるところであり，その帰結を安易に予想することはできません。しかし，それらの道徳的価値なしには，たんなる生物としての人間は弱肉強食の世界に再び戻ってしまうのではないでしょうか。それゆえ，神代（2019）は，教師の役割について次のように述べています。「教師は，子どもと文化遺産としての道徳（倫理）をつなぐ媒介者となることができます」。また，神代（2019）は別の箇所でこう述べています。「教育は，子どもたちの人間の歴史への参加を促進すること——このように考えれば，やり方によっては憲法に抵触する可能性すらある極めてこの危険な道徳教育，これもまたしかし，すべての子どもたちに保障されるべき教育なのだということは，ある程度納得してもらえるかと思うのですが，どうでしょうか」。つまり，道徳教育で扱う道徳

1）ただし，ここではルソーの教育思想の厳密な解釈を問題にしているのではなく，ルソーの教育思想をデフォルメしたものとしての自然主義を問題にしています。

的価値は，それ自体が歴史的に継承されてきた**文化遺産**なのです。そうした文化遺産としての道徳的価値を子どもたちが吸収したうえで，それをさらに発展させていくために，道徳教育があるといえないでしょうか。そして，文化の伝達が継承と発展・創造をともに可能にするということは，算数科・数学科，社会科や音楽科などの他教科で教える文化遺産とまったく同様なのです。ただし，第1章で論じた通り，道徳教育の場合は，たんなる知識の伝達ではなく，価値の自覚をうながすところに固有の難問があるのです。

1）国家からの自由は妥当か？

それゆえ，完全な自然主義に立たないとすると，家庭・学校・地域社会のどこかで道徳的価値を伝達・継承していく必要があるということになります。しかし，学校で道徳的価値を伝達することには反対意見があります。第1に，知育は学校教育の範疇であるが，道徳教育は家庭で教えるべきものだから，道徳教育に国家が介入すべきではないという主張がしばしばなされてきました（堀尾，1971）。第2に，学校における道徳教育は，個人の尊厳，立憲主義，基本的人権の尊重，平和主義，国民主権といった憲法的価値のみを扱うべきで，それ以外の道徳的価値（家族愛，愛国心や愛郷心，人間の力を超えたものに対する畏敬の念など）は，個人の内心の自由だから，教えるべきではないという主張もあります（前川，2018）。

【学校で道徳教育をすべきでないという主張の論拠】	表4.4
①知育は学校教育の範疇であるが，道徳教育は家庭で教えるべきものだから，道徳教育に国家が介入すべきではない。 ②学校における道徳教育は，個人の尊厳，立憲主義，基本的人権の尊重，平和主義，国民主権といった憲法的価値のみを扱うべきで，それ以外の道徳的価値は，個人の内心の自由だから，学校で教えるべきではない。	

家族愛，愛国心や愛郷心，人間の力を超えたものに対する畏敬の念などを教えることが内心の自由の侵害に当たるかどうかについては，本章2節2-1と2-3で検討します。しかし，ここでは次のことを確認しておきましょう。国家は家庭の道徳教育に介入すべきではないという前者の主張は**家族の自足性**を，国家は個人の信条に介入すべきではないという後者の主張は**個人の自足性**を前提にしています。家族にせよ，個人にせよ，国家から介入されるべきではないという思想を「**古典的自由主義（国家からの消極的自由）**」と呼ぶとしましょう。しかし，この古典的自由主義は，はたして現代の日本の文脈においてどこまで有効でしょうか。この問題について考えていきましょう。

アメリカのプラグマティズムの哲学者で教育学者としても有名なジョン・デューイ（1859–1952）は，自由主義（リベラリズム）の再生について論じた

🔗 関連箇所㉛

デューイ

p.85の重要人物⑦
を参照のこと。

「自由主義と社会行動」（1935）のなかで，おおよそ次のように述べています（デューイ，2002）。ジョン・ロック，アダム・スミス，ベンサム，J. S. ミルに至る初期の自由主義者は，特定の法的制限といった外的強制からの解放を主張するあまり，個々人の能力が養われ，方向づけられるべきであることを見失っていた。初期の自由主義者，つまり「古典的自由主義者」は，個人と社会の対立という誤った観念に依拠しており，個人は，社会状態に入る以前に**開花した道徳的性質**をもっていると信じていた，と。デューイ自身は，個人の能力の全面発達のためにこそ，社会を組織化することを主張し，**個人と社会の対立という誤った観念**を捨てるべきだといいます。ここでデューイは道徳教育を主題としているわけではありません。また，デューイ（2019）は，道徳教育を教科として行うことを批判し，教育活動全体で道徳教育を行うことを主張したことでも有名です。しかし，デューイの論をふまえれば，国家は道徳教育に介入すべきではない，あるいは国家は憲法的価値を教える以外の道徳教育に介入すべきではないと主張する人は，国家からの家族の解放，あるいは国家からの個人の解放という誤った観念に依拠しているといえないでしょうか。

　実際，こうした自由主義（リベラリズム）の変遷は道徳教育と無関係ではありません。先に引用した神代（2019）は，自由主義の変遷を次のように簡潔にまとめています。

> 　思いきって一言でまとめると，人間は王様の権力から自由になるだけではまっとうに生きていけない。一人ひとりは弱い存在ですから，たとえ王様から「解放」されても，たとえば，飢えや貧困などの危険につねにさらされています。だからわたしたちは，お互いに自由でまっとうな生活を営むために，**お互いの権利を保障**し合うために，たとえば，「福祉」というアイデアを洗練してきたわけです。また，**お互いの生活を守り合う**ために，ある意味で王様からの自由の象徴であった**市場に規制をかける**というやり方も考えだしました。（太字は筆者）

　つまり，現代の自由主義は，人々の自由な生活を守るためにこそ，一定の自由（たとえば自由市場）を規制する必要があると考えるのです。道徳教育についても，古典的自由主義は，道徳教育は国家から自由であるべきで，家庭や地域社会で行われるべきものだと主張していました。それに対して，現代の自由主義は，むしろ子どもたちが一定の意味で自由な生活を送るためにこそ，道徳教育に国家が介入すべきだと主張するのです。しかし，そうした介入を正当化する理由が必要なことはいうまでもないでしょう。そこで，国家が道徳教育に介入すべきだという理由を提示し得る3つの論点をあげておきましょう。

国家が道徳教育に介入すべきというための論拠は何でしょうか。考えてみましょう。

①「学びのセーフティーネット」としての道徳教育？

　学校教育の機能の肥大化に伴い，現代の学校は，**知育**に限らず，パストラル・ケア（牧人的世話）やカウンセリングの機能ももっています。また，日本の学校教育は，欧米の学校に比べて，伝統的に**集団的活動**を重視してきました（藤田, 1997）。その点で，日本の学校教育観は欧米のような学力中心の個人主義的な学校教育観とは異なります。それゆえ，日本の学校は，道徳教育においても，特別活動などにおける集団活動による道徳性の育成を重視してきました。したがって，道徳の授業という形で道徳教育を行うべきかどうかという問題は別の問題として残るとしても，少なくとも，日本の学校ではこれまで教育活動全体で道徳教育を行なってきたという事実があります。そこで，問われるべき論点は，知育と徳育を切り離し，憲法的価値とそれ以外の価値を切り離すのではなく，学校教育は**知・徳・体の調和的発達**を保障すべきではないのかということです。たとえば，先述の神代（2019）は次のように述べています。「憲法の原理に抵触しない最良の意味での道徳教育ということでいえば，それはむしろ子どもたちの教育を受ける権利の範疇にあるものだ，とも言えます。道徳的発達とは，人間の成長・発達において欠くべからざる一部であり，それを適切に保障することは，憲法26条が保障する教育の中心的課題とすら言える」。

　一方，憲法的価値は教えるべきであるが，それ以外の価値を教えるべきではないという主張も，価値観の多様性を尊重する一種の自由主義の立場として理解可能です。しかしながら，アメリカの哲学者マーサ・ヌスバウムは，人間であれば誰もが達成すべきケイパビリティ（一定の状態になりうること，および一定の行為をなしうること）の10のリストを掲げるなかで，5つ目の項目として「感情」，つまり「自分自身の回りの者や人に対して愛情を持てること」などを，6つ目の項目として「実践理性」，つまり「善き生活の構想を形作り，人生計画について批判的に熟考することができること（これは，良心の自由に対する擁護を伴う）」を掲げています（ヌスバウム, 2005）。ヌスバウム自身が実践理性の項目のなかで言及しているように，感情や実践理性という機能あるいはケイパビリティを社会が保障することは，同時に良心の自由の擁護も伴います。しかし，ヌスバウムの枠組みでは，感情や実践理性という機能あるいはケイパビリティを社会が保障すべきだとすれば，それを家族や地域社会が保障できないときには，学校が保障すべきだということになるでしょう。それゆえ，感情や実践理性の教育を含む道徳教育を学校が担うことが，知育や体育と同様に，「**学びのセーフティーネット**」の役割を果たすべきだという主張も可能です。

◻️ キーワード⑱

パストラル・ケア

「パストラル・ケア」はパスター（羊飼い）が羊を親身になって世話するように人々をケアするという意味から出た言葉であり，精神的なケアを指す。

◻️ キーワード⑲

知・徳・体の調和的発達

　教育基本法では，第1条において，教育の目的を，「人格の完成を目指し，平和で民主的な国家及び社会の形成者として必要な資質を備えた心身ともに健康な国民の育成」と定めている。そして，第2条第1項においては，「幅広い知識と教養を身に付け，真理を求める態度を養い，豊かな情操と道徳心を培うとともに，健やかな身体を養うこと」と定めている。このように，わが国の教育の目標は，知・徳・体の調和のとれた発達にある。

👤 重要人物⑩

マーサ・ヌスバウム
（1947-）

　アメリカの哲学者。アリストテレスの倫理学の研究のほか，研究経済学者アマルティア・センとの共同研究で，ケイパビリティ・アプローチを提起したことで知られる。著書は『女性と人間開発』（2000），『感情と法』（2004），『正義のフロンティア』（2006）など。

以上のように，自由主義の内部においても，「国家からの自由」を主張する**古典的自由主義**と，国家による道徳教育の機会の保障を主張する**現代自由主義**の2つがあり得るのです。ただし，こうした主張の是非については，次の②と③の論点とともに検討されなければなりません。

②家族やメディア環境の変容による道徳教育の必要性？

核家族化で地域社会における道徳教育がなされなくなり，家庭のなかでも共働き家庭の増加によって家庭内のコミュニケーションの時間が減り，道徳的価値を伝達する機会が減少しています。だとすれば，学校の道徳授業で補う必要があるのではないでしょうか。

また，メディア環境の変化も大きいといえます。昭和30年代の子どもたちが好きだったものとして，「巨人・大鵬・卵焼き」という有名な流行語があります。卵焼きはともかく，巨人と大鵬は，当時の子どもたちが家庭の食卓を囲んで，家族と一緒にテレビを見ていたからこそできた流行語でしょう。現在ではどうでしょうか。筆者は詳しくありませんが，今の子どもたちの多くが夢中になっているのはYouTuberの動画でしょう。しかし，親の世代はYouTuberの名前を知らないことも多いのではないでしょうか。また，YouTubeではなくても，空いた時間はスマートフォンで孤独にゲームばかりしている子どもも多いでしょう。つまり，いいたいことは，以前に比べて，家庭のなかでの親子の会話が減っているのではないかということです。「道徳教育は家庭で行うべき」という主張は，家庭のなかで道徳的価値が十分に子どもに伝達されているという条件でのみ正当化されるのではないでしょうか。とはいえ，こうした家庭環境の変化については，社会学の研究をふまえるべきものであることはいうまでもありません。それゆえ，ここでは問題提起にとどめます。

③宗教的コミュニティの欠如による道徳教育の必要性？

諸外国で道徳教育が教科として設定されていない場合，宗教的・文化的コミュニティのなかで道徳的価値の伝達がなされているために，学校での道徳の授業が不要であるとみなされていることが多いのです。それに対して，日本では，たとえば「葬式仏教」といわれるように，多くの人にとって，宗教的コミュニティにおける道徳教育はほとんどなされていません。それゆえ，諸外国で宗教的コミュニティが担っている道徳教育の役割を学校が担う必然性があるのでないでしょうか。

本書ではこれら3つの問題に答えを出すことはできません。しかし，今後，家庭・学校・地域社会における道徳教育に関する比較社会学的研究の知見に基づき，道徳教育のあり方を検討すべきでしょう。

2) 進化心理学・進化倫理学からの示唆

また，進化心理学による道徳性の起源についての研究がなされてきています。それに伴って，道徳性の進化を倫理学の観点からどう理解すべきなのかに関する進化倫理学の研究も提唱されています（ジェイムズ, 2018）。今後，生物としての人間の道徳性の起源が明らかにされれば，道徳性における生得的なものと後天的なものの関係についても明らかにされるかもしれません。

本書では，こうした進化倫理学の議論に立ち入ることはできません。しかし，本書が拠って立つ前提を1点だけ明示しておきます。道徳性が生得的なものに還元されないに違いないことは，価値観の文化間の多様性から間接的に明らかだと思われます。だとすれば，道徳教育を文化伝達としてとらえることは必然的なのではないかということです。

そこで，本書は，文化伝達としての道徳教育という立場から，アリストテレス，カント，ミル，デューイらの倫理学を応用しています，それは，これらの倫理学の学説が絶対的で実在論的な真理だと想定しているからではありません。むしろ，これらの倫理学の諸説が一定の説得力のある知的遺産として歴史的に継承されてきたということの重さを重視しているためです。そのなかでも，アリストテレスの，道徳的な真理は，数学的な真理とは異なり，大雑把な真理にすぎないという主張は最も説得力があるものとしてとらえています。

3) 超国家主義・軍国主義につながるという批判

道徳教育が戦前の超国家主義や軍国主義につながる危険性があるという批判もあります。これは，学校で教える道徳的価値の内容の正当性の問題です。道徳教育は，人類が共通して尊重する普遍的な価値と，共同体が尊重する価値の両面を扱います。その価値の妥当性については，アリストテレス，カント，ミル，デューイ，和辻哲郎らの倫理学の諸理論によって検討されなければならないとともに，国民的な議論を通じて正統化（正当化）されなければなりません。前者の学校で教える道徳的価値の内容の正当性については，授業づくりをテーマとする本書の性質上，2節で簡単に論じることしかできません。しかし，きわめて重要な問題ですので，別稿で詳細に論じたいと思います。

> ● 重要人物⑪
> **和辻哲郎**
> **(1889-1960)**
>
> 倫理学者，文化史家。倫理学においては，人と人との間柄が倫理であると主張し，カントに代表される西洋の個人主義的で主観的な倫理学を批判した。著書に，『古寺巡礼』(1919)，『日本精神史研究』(1926)，『人間の学としての倫理学』(1934)，『倫理学』(1937-1949)，『風土』(1935) などがある。

▌1-3　教え込み

> テーマ ▶▶▶ なぜ「教え込み」には効果がないの？

以上の教育内容上の押し付けとは別に，教育方法上の押し付けがあります。本書では，「押し付け」を前者の教育内容上の問題に限定して使用することにします。一方，後者の教育方法上の押し付けを「**教え込み**」と呼びます。本書で

は，道徳科の授業における「教え込み」を，たんに「説教」や「訓戒」に限らず，教師が道徳的価値を一方的に伝達する「注入」など，「伝達型」の授業全般の意味で用いたいと思います。では，この意味での教え込みはなぜよくないとされるのでしょうか。以下で3つの理由をみていきます。

ワーク：考えてみましょう

なぜ教え込みは効果がないといえるのでしょうか。考えてみましょう。

【「教え込み」が効果的でない理由】 表4.5

①自律，主体的判断の必要性。
②道徳的価値の自覚の必要性。
③実感を伴った価値理解の必要性。

1）自律，主体的な判断

教え込みの是非を考えるとき，先ほど教育内容上の押し付けの問題と教育方法上の教え込みの問題を区別すべきだといいましたが，実はそれほど容易には区別できないのもたしかです。カントは，どんな義務（わが国の道徳教育では道徳的価値）であれ，他人から強制されるべきではないといいます。他人から強制されて義務に従うことを「**他律**」といいます。義務にはみずから服従しなければなりません。それが「**自律**」です。したがって，道徳的価値観の正しさについては，主体的な判断が必要だということになります。わが国の道徳教育が自律を重視していることはすでに述べました。主体性の重視についても，次のように書かれています。

🔗 関連箇所㉜
自　律
pp.23-24を参照のこと。

　道徳教育の本来の使命に鑑みれば，**特定の価値観を押し付けたり，主体性をもたず言われるままに行動するように指導したりすること**は，道徳教育が目指す方向の対極にあるものと言わなければならない。むしろ，多様な価値観の，時に対立がある場合を含めて，人間としてよりよく生きるために道徳的価値に向き合い，いかに生きるべきかを自ら考え続ける姿勢こそ道徳教育が求めるものと言える。（『小学校解説』p.91，『中学校解説』p.90）（太字は筆者）

このように，カントは他人から強制されない意志の自律を重視しています。しかし，道徳教育の方法としても自律を重視しているかというと，かなり微妙なところがあります。以下では，カント自身が道徳教育の方法として述べた「問答教示法」の例をみてみましょう（鈴木, 2017）。

教師…（この世でできるかぎりの）幸福を手に入れたとしたら，それをすべて自分のために手離さずにおきますか，それとも隣人にも分け与えますか。

生徒…幸福を分け与えて他の人を幸福にし，満足させるでしょう。

教師…それであなたがとても善い心の持ち主であることは解かりました。それでは，善い分別を示しているか見せてください。――あなたは，怠け者や乱暴者に対しても，彼らが求める幸福を与えますか。

生徒…そんなことはしません。

教師…それでは，幸福を求める人には誰にでもゆだねてしまうのではなく，まずそれぞれの人がどの程度まで幸福に値するかどうかを考えるということが分かるでしょう。

生徒…はい。

教師…しかし，そこであなた自身が幸福に値するかどうかという疑問を浮かべることはないですか。

生徒…もちろん思い浮かべます。

　カントは，自分自身の幸福だけでなく，他人の幸福という目的のために行為することは道徳的でないと考えています。カントにとって，人間は幸福を得ようとしてはならず，むしろ個々人が幸福に値するような道徳的義務を果たすことこそが道徳だと考えています。カントの倫理学の内容自体はここでの趣旨と関係ないので，これ以上説明しません。カントの倫理学の内容はともかく，ここでの発問をみると，生徒がカントの倫理学に基づく特定の価値観に気づくように教師が発問によって意図的に「誘導」し，さらには特定の答えを教師が伝達していることが見て取れるでしょう。それゆえ，「自分で自分に義務を課す」という自律こそが道徳だといっているカントですら，特定の考え方を「押し付け」ているといえます。つまり，カントは，道徳教育の**目的**として自律を掲げながらも，**教育方法**としてはそれほど自律を重視していないのです。

　しかし，カントの自律，つまり他人から強制されるのではなく，主体的に判断すべきだという思想を，カント自身の意図を超えて，道徳教育の方法にも応用した人物がいます。道徳性発達理論で有名な心理学者ローレンス・コールバーグ（1927-1987）です。コールバーグは，モラルジレンマ教材を使い，どのような道徳的判断をするかを児童生徒に自由に討論させることで，道徳的価値を教え込むことなく，児童生徒に**主体的な判断**をうながし，それによって道徳上の認知的発達の段階を向上させようとします。この道徳教育の方法を「**認知発達的アプローチ**」と呼びます。

　しかし，ここでは5点を指摘しておきます。第1に，認知発達的アプローチの授業に対しては，基本的な道徳的価値・価値観の伝達なしには子どもの社会化

🔗 関連箇所㉝
カント倫理学
カントとデューイの倫理学の比較については，p.86の表3.1を参照のこと。

🔗 関連箇所㉞
認知発達的アプローチ
p.66も参照のこと。

は不可能ではないかという批判があります（内藤，2012）。

　以上はコールバーグの認知発達的アプローチに対する批判ですが，認知発達的アプローチを正しいと認める場合であっても，以下の4つの問題点があります。第2に，モラルジレンマ教材では，規則の尊重と思いやりなどの対立する2つの道徳的価値，あるいはどちらが真の友情かというように，同じ道徳的価値のなかでも対立する価値観が提示されます。この場合，その対立する道徳的価値同士は両方とも価値あるものとして提示されています。したがって，児童生徒はまったくの「価値の真空地帯」で判断するのではありません。つまり，自由に討論させるとしても，対立する価値観同士がともに大切な価値観であることは前提とされています。

　第3に，モラルジレンマ教材において，教材や教師は一定の理想を積極的に提示することはしません。しかし，討論を通じて，子ども同士が互いに相手の立場に立って役割取得をしながら，価値観を学んでいきます。

関連箇所㉟
道徳的相対主義
キーワード⑩を参照のこと（p.19）。

　第4に，コールバーグは，討論を通じて普遍的な認知発達段階が向上することをめざしています。それゆえ，主体的な判断であれば何でもよいとする相対主義ではありません。

　第5に，コールバーグは，「嘘をつくことが悪い」という判断の**内容**ではなく，それを悪いと考えるうえでの道徳的な思考の枠組み（**形式**）に道徳性の発達段階があるとします。しかし，はたしてそのように形式と内容を明確に区別することができるのでしょうか。たとえば，コールバーグが第6段階の例としてあげているカントの「普遍化可能性」に基づく道徳的判断は，判断の内容ではなく形式です。しかし，普遍化可能性に基づく道徳的判断は，それ自身，「人類すべてにあてはまるような法則・規則が道徳である」という内容を含んでいるのではないでしょうか。だとすれば，コールバーグが児童生徒の主体的な判断に委ねようして，道徳性の発達段階はあくまで形式にすぎず，内容についての判断を含んでいないというとしても，実際には，この発達段階自体が道徳的な内容を含んでしまっているともいえます。それゆえ，道徳的判断の形式と内容を明確に区別できるというコールバーグの主張は再考の余地があります。

　それゆえ，以上の2点目から5点目を考慮すると，認知発達的アプローチが自由に討論させ，児童生徒の主体的判断を尊重するとしても，一定の道徳的価値観の正しさを前提にしているのです。それにもかかわらず，教師がその道徳的価値観を教え込むのではなく，自由な討論という方法を用いるのは，教え込みが効果的ではないからでしょう。

【コールバーグのモラルジレンマが道徳的価値観の教育を否定しているわけではないといえる理由】　　　　　　　　　　　　　　　　　　表4.6

①討論する前に，道徳的価値観を伝達しておく必要があるのではないか。

②討論は「価値の真空地帯」でなされるわけではなく，特定の価値観同士の対立を前提にしている。

③教師が価値観を伝達しないとしても，児童生徒は討論から価値観を学んでいる。

④コールバーグは，討論を通じて普遍的な道徳性の発達段階の向上をめざしているから，相対主義ではない。

⑤道徳的判断の「形式」と「内容」を区別できるのかどうか疑わしい。

2）道徳的価値の自覚

　ただし，こうした主体的判断の重視は，コールバーグの認知発達的アプローチに限りません。わが国の現在の道徳教育においても，コールバーグと同様に主体的な判断が重視されており，教師による教え込みは効果的でないと考えられてきました。それは，わが国の道徳教育が道徳的価値の「**自覚**」を重視してきたからです。「自覚」という文言は，現在の『学習指導要領』では道徳科の目標からはその文言が消えましたが，『解説』のなかでは依然として使用されています。

🔗 関連箇所㊱

道徳的価値の自覚
p.163の表4.25を参照のこと。

　1958（昭和33）年の「道徳の時間」の特設に深く関わった倫理学者の勝部（2004）は，「道徳的価値の自覚」を以下のように説明しています。人が善を知っていて行わないのは本当には知っていないからだ。善いとわかっていながら実行できないのはまだよくわかっていないからだ。では，本当に知るというのはどういうことなのか。それは自覚であり，魂の目覚めである。この自覚を可能にするのがソクラテスの産婆術である。教師は本人をその気にさせるしかない。つまり，道徳教育とは本人が目覚めるように刺激を与え，助言を与え手伝ってやることであり，本人の自覚をうながすことだ，と。それゆえ，たんなる知識伝達型の教え込みは効果的でないということになるのです。

　ただし，ここでの本題とはあまり関係ないのですが，1点注意しておきたいことがあります。ソクラテスの問答法（産婆術）が，はたして道徳授業の方法として適切なのかどうかという問題です。ソクラテスを主人公にしたプラトンの『ゴルギアス』などの対話篇を読むと，ソクラテスは論争相手の「無知の知」を自覚させ，さらに，真理に至らせるように，質問を用いて論駁しています。それは，先ほどみたカントのやり方にも通じるところがあります。そして，論争相手は，こんなふうに語ります。「本当はそう思っていないのですが，そのように認めざるを得ません」と。質問を用いて論証・論駁されたため，そう言わざるを得ないのです。

　しかし，ソクラテスの問答法と道徳授業の目的は決定的に異なります。ソクラテスの問答法はたしかに真理に気づくことを目的としています。その意味で

教育ではあるのですが，ソクラテスは理詰めで**論証・論駁**することをめざしています。それに対して，道徳授業の場合，「心底思っている」あるいは「心底確信している」状態をめざしています。それこそが「道徳的価値の自覚」でしょう。それゆえ，道徳授業の発問は，質問を用いる点ではソクラテスの問答法と同じですが，その目的はたんなる論証・論駁ではないといえます。

また，ソクラテスの問答法と道徳授業における発問の違いはもう1点あります。ソクラテスの問答法は，対話であると見せかけながら，しばしば，ただ1つの論理必然的な「真理」に到達させるための議論になっています。一方，道徳授業の発問は，複数の答えを許容し得る「**開かれた問い**」であるべきでしょう。もちろん，ただ1つの「真理」に到達させるための誘導的な質問を全面的に否定するわけではありません。授業展開の過程で，次の発問につなげるために，どうしても誘導的な質問が必要なことは認めます。しかし，少なくとも，中心発問がただ1つの答えしか許さないような問いであってはならないでしょう。それは，アリストテレスがいうように，道徳的な真理は，数学のような必然的真理とは異なり，一定の幅の答えを許容するからです。

🔗 関連箇所㊲
開かれた問い
閉じた問いと開かれた問いの対比については，p.173の表4.32を参照のこと。

3）実感を伴った価値理解

さて，道徳的価値の自覚とはどのような状態なのでしょうか。これについては，本書でも明確に答えることはできません。また，勝部がいう「本当に知る」とはどういうことでしょうか。これらについては，今後の心理学的研究が望まれます。実際，「本当に知って」いれば，善を行うはずだという『プロタゴラス』のソクラテスに対して，アリストテレスは，欲望のせいで知っていてもできなくなる状態があることを指摘しました（アリストテレス, 2016）。

このように，「本当に知る」「本当にわかる」といったことがどんなことなのかは，哲学的にも心理学的にも難題です。しかし，少なくとも，ソクラテスの問答法のように，たんに理詰めで論駁するだけでは，相手に自覚させることはできないでしょう。そこで，『解説』をみると，次のように書いてあります。

> 指導の際には（…略…）本来**実感を伴って**理解すべき道徳的価値のよさや大切さを観念的に理解させたりする学習に終始することのないように配慮することが大切である。（『小学校解説』p.18, 『中学校解説』p.15）（太字は筆者）

このように，道徳的価値の善さや大切さを観念的に理解させるだけでなく，**実感を伴った価値理解**が必要だとされています。これが，教師による注入，伝達，教え込みの授業が批判されるもう1つの理由です。このことはまた，わが国で教材の登場人物の心情理解を重視した道徳授業が行われてきたことの理由でもあるでしょう。

以上，①自律と主体的な判断，②道徳的価値の自覚，③実感を伴った価値理解，の3つが，教育方法としての教え込みを批判する理由となるでしょう。これら3つの理由は，カントを別とすれば，教育内容上の押し付けを問題にしているのではなく，教育方法上の教え込みが効果的でないことを示しています。つまり，伝達型の授業は効果がないから教え込みが批判されているのであって，道徳的価値観を教えることそのものが否定されているわけではないのです。そこで，2節では，教え込みではなく，価値観の押し付けの問題を考えていきましょう。

2 「価値観の押し付け」の諸領域

2-1 「価値観の押し付け」とは何か

テーマ　「価値観の押し付け」なんてあり得るの？　そもそも可能なの？

　これまで，教育方法上の「教え込み」の問題を考えてきました。しかし，ここからは，教育内容上の「押し付け」がどのような場合に問題になるのかをみていきましょう。

　前節で文化伝達としての道徳教育の必要性について論じました。そこでは「価値観の押し付け」ではないとしても，少なくとも価値的価値の伝達は必要なのではないかということでした。その議論をふまえて，この節では，「価値観の押し付け」が具体的な道徳授業の場面でいかに問題になり得るのかを考えてみます。

　しかし，道徳授業においては，そもそも「価値観の押し付け」などということは存在しないという主張もあります。その主張は，次の2つの命題に分けられるでしょう。

【「価値観の押し付け」は存在しないのか？（問い）】　　　　　　　表4.7

命題A	教師がいかに価値観を押し付けようとしても，児童生徒は主体的に判断するのだから，価値観の押し付けは不可能である。
命題B	命題Aとは反対に，教師が伝達する価値観に児童生徒が最終的に納得したならば，価値観の押し付けではない。それゆえ，価値観の押し付けという問題は存在しない。

1）「「価値観の押し付け」など不可能」なのか？

> 命題Ａ：教師がいかに価値観を押し付けようとしても，児童生徒は主体的に
> 判断するのだから，価値観の押し付けは不可能である。

ワーク：考えてみましょう

上の「命題Ａ」は正しいでしょうか。「価値観の押し付け」は不可能だといえる
のでしょうか。考えてみましょう。

　この命題が正しいかどうかは，①歴史学的，②心理学的，および③倫理学的
に検証すべきです。

①歴史学的考察

　まず，歴史学的にみて，価値観の押し付けが成功した歴史的事実は存在しな
かったのでしょうか。たとえば，ナチスドイツの教育や戦前の日本の軍国主義教
育は，価値観の押し付けに成功していたのではないでしょうか。もちろん，そ
うしたイデオロギーの教育は学校教育の力だけによるものだけではなく，マス
メディアなどの力もあるでしょう。また，そうしたイデオロギーが国民全員に
内面化されていたわけではなく，抑圧や刑罰に対する恐怖から表向きは従って
いた人も多いでしょう。それゆえ，戦争の原因を教育だけに求めるのは短絡的
な発想でしょう。また，学校で教えられた軍国主義的な価値観を，どれほどの
人が心底信奉していたかどうかは定かではありません。しかし，それにしても，
いわゆる「洗脳」の可能性も含めて，価値観の押し付けは一定程度可能なので
はないでしょうか。

②心理学的考察

　次に，筆者は論ずる能力がありませんが，発達心理学的にみて，判断力が十
分に育っておらず，他人の考えを鵜呑みにしてしまいがちな年齢は存在しない
のでしょうか。そうした年齢があるとしたら，それは何歳頃までなのでしょう
か。また，心理学的にみて，他人の考えを無批判に受け入れてしまいがちにな
る条件とは何でしょうか。

　もちろん，他人の考えを無批判に受け入れたとしても，児童生徒が結果的によ
り善い価値観を獲得できれば問題ないと考える人もいるでしょう。しかし，『解
説』には，「道徳教育の本来の使命に鑑みれば，特定の価値観を押し付けたり，
主体性をもたず言われるままに行動するように指導したりすることは，道徳教
育が目指す方向の対極にあるものと言わなければならない」と書かれています。

児童生徒を操作して特定の価値観を植え付けるということは本来の道徳教育ではないでしょう。それゆえ，価値観の押し付けについて語るうえでは，扇動や心理操作といった問題に関する心理学の知見をふまえる必要があるでしょう。

③倫理学的考察

　最後に，倫理学的にみたとき，価値観の押し付けの問題を語るには，価値観の押し付けがない状況を考えてみる必要があります。道徳授業における議論を討議とみなした場合，意見を押し付けていない状況とはどのような状態なのでしょうか。たしかに，道徳授業を討議と完全に同一視することはできないでしょう。実際，道徳授業と討議を完全には同一視できない部分があることをのちに論じていきます。しかし，ドイツの哲学者ユルゲン・ハーバーマスが提示した「討議」のルールを道徳授業に当てはめてみると，**価値観の押し付けとして禁止されるべきこと**が何かを理解することができます。そこで，討議のルールをみていきましょう。

　ハーバーマスの討議のルールには3つのレベルがあります（ハーバーマス，2000；フィンリースン，2007）。

🔗 関連箇所㊳

ハーバーマス
p.109の重要人物⑨を参照のこと。

【ハーバーマスによる討議のルール①】 　　　　　　　　　　　　　　表4.8

①無矛盾性とか首尾一貫性といった論理的・意味論的なルール。
②参加者が**本当に信じていること**だけを主張すると保証しなければならないという誠実性の原理，自らの主張することをなんらかの要請に基づいて正当化するか，さもなければ正当な根拠を差し出さない理由を提示すると保証しなければならないという説明責任の原理。
③討議の過程を**強制**や**抑圧**や**不平等**から守り，「よりしっかりとした論証がもつ非強制的な力」だけが勝利することを保証するような規範。

すべてを引用しませんが，この③にはさらに次のルールが含まれます。

【ハーバーマスによる討議のルール②】 　　　　　　　　　　　　　　表4.9

1　語り行為する能力をもつすべての人が，討議に参加することを許されること。
2　(a)　誰もが**どんな主張をも問題視する**ことを許されること。
　　(b)　誰もが**どんな主張をも討議にもち出す**ことを許されること。
　　(c)　誰もが自らの**意見や欲求や要求を表現**することを許されること。
3　いかなる話し手も，**内的・外的な強制**によって，上の1と2において定められた権利を行使することを妨げられないこと。

　以上の討議のルールが満たされた状態が「価値観の押し付け」がない状態だといえます。ということは，反対にいえば，討議のルールに反している状態が「価値観の押し付け」だということになります。そうなると，価値観の押し付け

とは下記の状態にあるということができるでしょう。

【道徳授業における「価値観の押し付け」の定義表】　　　表4.10

③'	授業の過程に**強制**と**抑圧**と**不平等**があること。
2.(a)'	特定の主張を**問題視**することが許されないこと。
2.(b)'	特定の主張を**もち出す**ことが許されないこと。
2.(C)'	**意見**や**欲求**や**要求**を**表現**することが許されないこと。
3'	**内的・外的な強制**があること。

　このように，「価値観の押し付け」とは，道徳授業時のコミュニケーションにおいて**強制**，**抑圧**，**不平等**が存在することを意味します。しかし，これはあくまで討議のルールを道徳授業における「価値観の押し付け」に応用したものにすぎません。それゆえ，授業の過程で強制と抑圧と不平等があっても，児童生徒が内心どう思っているかは別です。つまり，表4.10に記された「価値観の押し付け」をした結果，児童生徒の内面・価値観が実際に変容するかどうかは別の問題です。教育の場合，物理的な権力の行使ではないので，いくら価値観を「押し付け」ようとしても，「押し付け」が成功しないことはあり得るのです。

　そのことはあとで論ずるのでいったん置いておくとして，道徳授業がこうした「価値観の押し付け」にならないためには，どうすればよいでしょうか。

【道徳授業が「価値観の押し付け」にならないための条件】　　　表4.11

②"	**本当に信じている意見**を言ってよいことを教師が伝え，かつ，児童生徒が本当に信じている意見を言いやすい風通しのよい学級をつくること。
③"	**抑圧しないこと**。つまり教師と児童生徒はともに威圧的に語らず，互いの意見を傾聴・受容すること。また，互いの意見を尊重すること。
2"	どんな主張も**問題視**でき，どんな主張も**もち出す**ことができ，みずからの意見や欲求や要求を表現することができること。
3"	恐怖心・不安などの**内的強制を除去**すること。

ワーク：考えてみましょう

ハーバーマスの討議のルールを道徳授業に当てはめることには限界がないでしょうか。考えてみましょう。

　しかし，難しいのは**内的強制の除去**です。児童生徒が教師や級友に対して恐怖心をもっていて，自分の意見を言えないことがあるかもしれません。また，討議の過程における教師と児童生徒の間の不平等は，教育においては完全には除去できないでしょう。というのは，教師の権威や，教師に対する児童生徒の

尊敬，さらには教師と児童生徒の間の知識や能力の不平等があるからです。その意味で，むしろこの討議のルールを道徳授業に完全には適用できないことを率直に認めたうえで，理想的な討議に近づける努力が必要でしょう。たとえば，教師と児童生徒の間の知識や能力の不平等ゆえに，つまり児童生徒にはまだ知識がないために，特定の主張と反対の主張をもち出すことができないという状況はあり得るでしょう。その場合，教師のほうが，わざと対立する主張をもち出すことが必要な場合もあるかもしれません。これはわが国の道徳の内容項目でいえば，愛国心などの場合がそうでしょう。

　たとえば，ミル（2011）は，大学教育での倫理学の教育について次のように述べています。倫理学については，功利性，自然的正義，自然権，道徳感覚，実践理性の原理などの多様な体系があります。それゆえ，「これらのことを教える際，特に教師のなすべきことは，1つの倫理体系の側に立ったり，他の体系すべてを排撃してその体系のみを強く擁護することではな」いのです。「みずからの判断を学生に押し付けることなく，むしろ学生の判断を助長し陶冶することが教師の重要な任務となります」。つまり，対立する見解については両方の立場を教えるべきでしょう。

　『学習指導要領』の「特別の教科 道徳」「第3 指導計画の作成と内容の取扱い」の2(6)でも，「多様な見方や考え方のできる事柄について，特定の見方や考え方に偏った指導を行うことのないようにすること」と記載されています。この「特定の見方や考え方に偏」らないという条件についてはのちに詳しく論じます。

2) 価値観の押し付けの2つの側面

　「価値観の押し付け」の問題をハーバーマスの討議のルールを参考にして考えてきました。その結果，「本当に信じていることを言ってよいこと」「互いの意見を尊重すること」「どんな主張ももち出してもよいこと」などの条件が明らかになりました。しかし，これは，あくまで道徳授業という**コミュニケーションのあり方**についてのルールにすぎません。それゆえ，道徳授業で扱う**道徳的価値観の正当性**の問題とは別です。道徳授業で扱う価値観の正当性の問題は，コミュニケーションのあり方の問題とは別に問われなければなりません。

　そうすると，価値観の押し付けという場合，2つの側面があることになります。第1に，**特定の道徳的価値・価値観を伝達する**ことです。第2に，**道徳授業というコミュニケーションにおいて，強制や抑圧が存在する**ことです。

　以上の2つの条件の有無をそれぞれ掛け合わせると，4つのタイプがあることになります。Aは「特定の価値観の伝達」があり，かつ「強制・抑圧的コミュニケーション」もあるタイプです。これはまさに二重の意味で「価値観の押し付け」であり，端的に許されないでしょう。

🔗 関連箇所㊴
道徳的価値観の正当性
　道徳授業で扱う道徳的価値観の正当性の問題は，本節の6)以降で詳しく論じていく（p.135）。

Bは,「特定の価値観の伝達」はない
が,「強制・抑圧的コミュニケーショ
ン」はあるタイプです。これは,さ
まざまな価値観同士の対立について
議論する際に,互いの意見を尊重せず,
暴言を吐くなどといった場合でしょう。
学習規律ができていない状態でもあり
ます。いわばカオスであり,これも許
されない授業でしょう。

Cは,「特定の価値観の伝達」が
なく,かつ「強制・抑圧的コミュニ
ケーション」もないタイプです。こ
れは,討議としては理想的な状態で

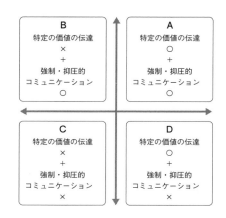

**図4.2　特定の価値観の押し付け×
強制・抑圧的コミュニケーション**

す。道徳授業でいえば,すでに述べたモラルジレンマ教材を使用した授業や討
議型の授業がこれに当たります。「幸せとは何だろう?」というテーマについて
自由に議論するような「**哲学対話**」もそうした授業の例です（河野, 2018）。

Dは,「特定の価値観の伝達」があり,「強制・抑圧的コミュニケーション」
はないタイプです。これは,「押し付けるが,押し付けない」という一見すると
矛盾しているようにみえる授業のあり方です。しかし,わが国の道徳授業の多
くは,実はこのタイプでしょう。つまり,教師は,教材に含まれている特定の
価値観に気づかせることをねらっていますが,同時に,その価値観について自
由に議論させる授業です。とはいえ,この自由の幅については,「共感的発問」
を主に用いるのか,それとも,「投影的発問」「批判的発問」「投影的+批判的発
問」を取り入れるかどうかによって,さまざまなグラデーションがあり得ます。

Dのタイプの主流派の授業をしてきた先生方は,その授業を「価値観の押し付
け」だと言われたら,反発するでしょう。しかし,教材に含まれている特定の
価値観を少なくとも暗黙に伝達している点では,やはり「価値観の押し付け」
の側面があるのです。ましてや,「○○に気づかせたい」と指導案に書いている
ならば,いっそう「価値観の押し付け」の程度が大きいといえるでしょう。と
はいえ,こうした授業を「価値観の押し付け」と言われることに先生方が反発
することには正当な理由があります。それは,以下でみていくように,「**押し付
け**」と「**働きかけ**」を区別することができるからです。そして,道徳授業にお
ける「教育」とは,後者の「働きかけ」であるべきだというのが本書の立場で
す。

3)「働きかけ」としての教育の擁護

これまで述べてきたように,討議のルールは,どういった場合に道徳授業が価

値観の押し付けになり得るのかを考えるうえで重要です。しかし，同時に，教育は討議と同一視できないでしょう。というのは，「教育」とは成長をうながすための「**働きかけ**」だといえるからです。したがって，道徳教育にとって討議は「指導方法」の1つにすぎず，討議という指導方法を絶対化することはできないでしょう。それは，「主体的・対話的で深い学び」のうち，「主体的・対話的」な学びを排他的に尊重するあまり，「深い学び」を軽視することにもつながりかねません。道徳科の授業は，価値理解を前提とするという道徳科の特質に応じてなされなければならないはずです。

先述したミル（2011）は，『大学教育について』のなかで，歴史上の偉大な人物や詩や文学作品に現われる理想像によって，学生の利他的な感情や英雄的な感情などの気高い感情を**鼓舞**（inspiration）することは否定されるべきではなく，むしろ推奨されるべきだといいます。

したがって，道徳授業を教師と児童生徒の，児童生徒同士の対等な討議に近づけることは望ましいといえますが，教師による働きかけ自体は否定され得ないでしょう。しかし，その場合でも，表4.11に示した「価値観の押し付け」にならないための条件は満たす必要があります。ただし，「内的強制の除去」だけは，児童生徒の側の問題であり，教師のほうではどうしようもない部分も残ります。それゆえ，それ以外の以下の条件を「**授業中の議論のルール**」として明示する必要があるでしょう。

【授業中の議論のルール】　　　　　　　　　　　　　　　　　　　表4.12

・本当に信じている意見（本音）を言ってよいことを教師が伝え，児童生徒が本当に信じている意見（本音）を言いやすい風通しのよい学級をつくること。

・抑圧しないこと。つまり教師と児童生徒はともに威圧的に語らず，互いの意見を傾聴・受容すること。また，互いの意見を尊重すること。

・どんな主張も問題視でき，どんな主張ももち出すことができ，みずからの意見や欲求や要求を表現することができること。

一方，「教育」を「押し付け」ではなく，「働きかけ」であると定義することの含意は次の点にあります。すなわち，児童生徒の価値観の拡大をねらって授業をしたとしても，児童生徒がその**価値観を拒否する自由**は保障されているということです。つまり，教師の働きかけの結果，児童生徒が最終的にどう判断するかは自由なのです。もちろん，「**価値の真空地帯**」は存在し得ないので，この自由は無制限ではなく，判断の範囲には一定の制限があります。

では，どうしてこのような一定の範囲が生じるのでしょうか。それは，道徳的価値観については，事実から価値をただちに導き出せないからです。教材に含まれている道徳的価値観を知的に理解することから，価値についての判断がただちに導かれるわけではなく，飛躍が伴わざるを得ないのです。アリストテレ

🔗 関連箇所⑩

事実から価値をただちに導き出せない

p.19のキーワード⑨を参照のこと。

🔗 関連箇所㊶

**道徳的な真理について
は大雑把にしか語れない**

p.26を参照のこと。

スが，道徳的な真理については数学的な真理のように厳密な論証はできず，大雑把にしか語れないといったことを想起してください。そのため，教師の働きかけと，結果としての児童生徒の判断の間には「**ズレ**」が生じる可能性があります[2]。

　それゆえ，この「ズレ」る自由を保障しなければなりません。こうした意味で，児童生徒の最終的な道徳的判断を「押し付け」てはならないのです。特定の価値観を押し付けてはならないとは，授業コミュニケーションのあり方の問題でない場合には，このような意味でとらえるべきでしょう。それゆえ，筆者は，児童生徒の判断の最終的な自由を保障する限りで，図4.2で示したDのタイプの授業は正当化されると主張したいと思います。

　ここで，先述した勝部真長がいったことをもう一度想起してください。勝部によれば，教師は本人をその気にさせるしかなく，道徳教育とは，本人が目覚めるように刺激や助言を与え手伝ってやることであり，本人の自覚をうながすことなのです。しかし，その自覚をうながすことが成功するかどうかは確実ではないのです。

🔗 関連箇所㊷

勝部真長

p.141も参照のこと。

　ただし，それでも，教師や級友といった他者の声にまじめに耳を傾けるという学習の方法は，「授業中の議論のルール」（表4.12）として「押し付け」てもよいでしょう。だからこそ，現在の道徳科の評価では，基本的には，多面的・多角的に考えること，道徳的価値を自分自身との関わりで考えること，といった学習の「**方法知**」を主に評価しているのであり，道徳的価値についての特定の理解を評価しているわけではないのです。

　それゆえ，「働きかけ」と「押し付け」は区別できるし，区別すべきなのです。「価値観の押し付け」にならない「**授業中の議論のルール**」を満たしたうえで，教師の働きかけによって**価値観が拡大**するならば，それは「価値観の押し付け」ではありません。もし働きかけそれ自体を「押し付け」と呼ぶとすれば，自然主義に立っているのです。つまり，他人から働きかけられる以前の自然な状態を善とみなしているということです。それは，デューイが初期の自由主義を批判したように，個人が社会に入る以前に開花した道徳的性質をもっていると誤って想定しているということでもあります。

🔗 関連箇所㊸

自然主義

p.114を参照のこと。

4）道徳授業のねらいは価値観の拡大である

　完全な自然主義に立たない限り，つまり，生まれつきの生得的資質を開花させることだけが教育の目的であると考えない限り，児童生徒の価値観の拡大をうながすことは許されますし，また，望ましいことでしょう。この点こそ，道徳授業をすることが，日本国憲法第19条が規定する「思想及び良心の自由」

2）市川秀之氏から「ズレ」という用語を拝借しました。感謝いたします。

の侵害には当たらない理由となります。このいわゆる内心の自由とは、国民の思想が国家によって制限されないことを意味します。この自由は、頭のなかで自由に精神活動をする自由であるだけでなく、思想を外に表現する自由でもあります。しかし、道徳授業は、特定の価値観の伝達や働きかけをするとしても、「授業中の議論のルール」に反しない限り、児童生徒の特定の思想を制限するものではありません。これは、**法と教育の論理の違い**でもあるでしょう。法は、国家が**個人の思想に介入することの禁止**を命じますが、教育とは、**個人の思想の拡大を促進**することだからです。それゆえ、児童生徒がそれまで知らなかった新しい考え方や価値観に気づかせるために、教師が授業のねらいとして、特定の価値観の理解をねらいに定めておくことは正当化されるでしょう。

　道徳授業のねらいが価値観の拡大にあると考えるならば、ロールズの「政治的リベラリズム」による「正義」と「善の構想」の区別に対してはどのようにこたえることができるでしょうか。「正義」とは人々が互いに対して強制してよい規則であり、「善の構想」とは、個々人が信奉する宗教や世界観のように、個々人によって多様な価値観のことです。ロールズは、国が強制できるのは「正義」のみであること、個々人によって多様な「善」を強制すべきではないことを主張します。では、後者の「善の構想（価値観）」について道徳教育を行うことは許されないのでしょうか[3]。

　特定の「善」の理解をうながすとしても、その「善」に対する最終的な判断を児童生徒に強制しているわけではありません。ただし、その「善」は「何でもあり」ではなく、アリストテレスやカントやミルなどの倫理学によって**正当性**が担保されている必要があります。また、授業時のコミュニケーションが「授業中の議論のルール」に従ってさえいれば、どんな意見であれ、教師や児童生徒は互いの意見を傾聴・受容することが求められます。それゆえ、特定の意見を抑圧的に語ることは禁止されます。

　重要なことは、児童生徒が新しい価値観に気づいたり、納得したりしたからといって、それで過去の自分の価値観が消えてなくなってしまうわけではなく、依然として自我のなかに残っているということです[4]。だからこそ、新しい価値観に気づかせることは、児童生徒のそれまでの価値観を否定するわけではないのです。これが、特定の価値観の獲得に向けて働きかけることが、児童生徒の内心の自由の侵害には当たらない理由です。それゆえ、教師による価値観の伝達や働きかけは許容されるし、望ましいといえます。

　また、「キモい」「うざい」といったような否定的な言葉が飛びかいがちな現代の児童生徒の生活環境においては、道徳の授業や読み物教材をとおして理想

関連箇所㊹

内心の自由

p.viのキーワード④も参照のこと。

関連箇所㊺

内容項目の正当性

p.135以降で論じていく。

3）河野（2011）も「正義」と「善」を区別するリベラリズムに依拠しています。
4）「第4回　堺市道徳教育研究大会」（2019年12月6日）における島恒生（畿央大学）のご講演から示唆を得たことを記しておきます。この場を借りて御礼を申し上げます。

的で美しい世界を間接的に経験することは，教育の目的である「人格の完成」のために必要なことではないでしょうか。最終的に授業や教材によって示された価値観を拒否する自由が保障されている限り，内心の自由の侵害には当たらないでしょう。

その意味では，何でもかんでも「議論する道徳」や「オープンエンド」にすることだけが唯一絶対に正しい指導方法であるとはいえません。児童生徒の価値理解が以前よりも深まるかどうかが大事だからです。

それに関して，「オープンエンド」の探求を主張する「哲学対話」と，「価値観の拡大」を掲げる本書の立場はどのような関係にあるのでしょうか。哲学対話は，子どもの自発的な問いを尊重する点で，「主体的な学び」を可能にします。たしかに，河野（2018）が指摘しているように，本書のように教師が問いを決めてしまうことには一定の弊害があることを認める必要があるでしょう。しかし，「価値観の拡大」という目的からすれば，児童生徒の価値理解が以前より深まったかどうかが重要になります。

なお，河野（2018）は，哲学対話における問いのパターンを3つに分けています。①特定の目標を掲げない自由な探求，②何かの定義や概念間の関係性などについての概念的・論理的な探求，③問題解決型，です。これら3つの問いと「価値観の拡大」がどう関係するのかをみておきましょう。①特定の目標を掲げない自由な探求は，それが「価値観の拡大」につながるかどうかを見極めるべきです。②概念的・論理的な探求は，「価値観の拡大」のためには必要不可欠です。③問題解決型は，それをとおして価値観の拡大をうながすことは可能です。

5）「発達」の視点

「児童生徒の価値理解が以前よりも深まる」というのがポイントです。道徳授業のねらいが「価値観の拡大」にあるという以上，児童生徒がすでにもっている価値観を拡大させなければなりません。それは，児童生徒の側からすれば，「ああ，そんなこと考えたこともなかった！」とか，「ああ，そういう考え方もあるのか！」という体験をすることです。仮にそのような驚きの体験までいかないとしても，児童生徒がこれまでとは違った考え方を理解することが授業のねらいになります。

このような「価値観の拡大」とは，教育学や心理学でいう「**発達**」の一側面として理解することができます[5]。つまり，「価値観の拡大」とは，道徳性の発達の1つの側面だといえます。この「価値観の拡大」に向けた教師の働きかけの重要性を理解するうえで，ロシアの心理学者ヴィゴツキー（1896–1934）の

🔗 関連箇所㊻
「発達」の視点
pp.101–102も参照のこと。

5）神代（2019）は，「広く深い道徳理解」を可能にするための観点として，（1）道徳性発達の観点からみること，（2）道徳的価値についての倫理学的素養をつけること，（3）子どもと教材の出会いを社会科学的に読み解くこと，の3つの観点をあげています。

「**最近接発達領域**」の考え方が重要です。「最近接発達領域」とは，児童生徒が自力で可能な問題解決の水準と，他の児童生徒や教師の助けを借りて可能になる問題解決の水準の違いのことです。平易な言い方をすれば，「今日と明日の知的水準の違い」です（ヴィゴツキー，2003）。ヴィゴツキーはこれを知的発達の問題として論じていますが，価値観の発達にも応用することができます。つまり，児童生徒の今日の価値理解の水準と明日の価値理解の水準の違いが，価値観の発達における「最近接発達領域」です。

　「最近接発達領域」の考え方に基づけば，教師は，その学級の児童生徒の現在の価値理解と，「一歩先」の価値理解の違いをとらえて，「一歩先」の価値理解の獲得をもたらすような授業設計をしなければならないでしょう。そして，そのような「一歩先」の価値理解の獲得をうながす方法としては，児童生徒同士の**模倣**や，教師による誘導的な質問を含む**発問**，教材に含まれている価値観を**範例**として示すこと，などがあり得るでしょう。

　本書は道徳授業のねらいが「価値観の拡大」にあることを強調してきました。しかし，「拡大」という以上，それは「発達」でもなければなりません。

　憲法学者や政治学者が価値観の押し付けを批判する理由の1つは，先述した法と教育の論理の違い以外に，この発達の視点の欠如にあると思います。大人が小中学校の道徳授業をみると，たとえ教師が伝達や注入をしていないとしても，「分かりきったこと」を言わせているようにみえるかもしれません。しかし，それは大人からみれば「分かりきったこと」にみえるとしても，児童生徒が，主体的に考えて自分で気づいたことかもしれません。児童生徒は，教師の意図を「忖度」しているのではなく，本音を言っているかもしれないのです。「忖度」しているかどうかは，実際に児童生徒に聞いてみなければわからないことです。

　しかし，本書でも，「分かりきったこと」を言わせたり書かせたりするような授業であってはならないと繰り返し述べてきました。だからこそ，そのような授業にならないために，教師は児童生徒の「最近接発達領域」を見極め，児童生徒の現在の価値理解の「一歩先」の価値理解にねらいを定める必要があるのです。

6）内容項目の「正当性」の問いへ

　これまでみてきたように，道徳授業がめざすのは「価値観の拡大」であること，価値観を「押し付け」るのではなく「働きかけ」ることだということを認めたとしましょう。その場合，「教師は「働きかけ」るだけで，最終的には本人がどう判断するかわからないのだから，価値観の「押し付け」などは存在しない」といってしまってよいのでしょうか。

| 命題B：命題Aとは反対に，教師が伝達する価値観に児童生徒が最終的に納

得したならば，価値観の押し付けではない。それゆえ，価値観の押し付けという問題は存在しない。

ワーク：考えてみましょう

上の「命題B」は正しいでしょうか。「児童生徒が最終的にその価値観に納得したならば，価値観の押し付けではない」といえるのでしょうか。考えてみましょう。

ここまで述べてきたことからすれば，この命題Bは否定できないでしょう。教師が「授業中の議論のルール」（表4.12）を守ったうえで，価値観を伝達しようとした場合に，児童生徒が最終的にその価値観に納得したならば，価値観の押し付けではありません。もしこれを否定するなら，デューイが批判したように，外界からの影響をすべて非本質的として否定する自然主義の誤りに陥ります。というのは，完全な自然主義に立たない限り，文化として継承されてきた道徳的価値を後天的に学習することは正当だと認められるからです。

🔗 関連箇所㊼
自然主義
p.114を参照のこと。

ただし，「児童生徒が最終的に納得したら，価値観の押し付けにはならない」という主張が正しい主張であるためには，ある条件が必要です。その条件とは，教える価値観が教育内容上**正当**である，あるいは**許容**される場合に限るということです。本人が納得したから価値観の押し付けではないというとき，それは正しい内容を教える場合に限るのです。つまり，少なくとも現代では，軍国主義的・超国家主義や差別思想は，それを本人が最終的に納得したからという理由で正当化することはできないでしょう。

それゆえ，「教師は「働きかけ」るだけで，最終的には本人がどう判断するかわからないのだから，価値観の「押し付け」などは存在しない」というのは危険でしょう。なぜなら，「反ユダヤ主義，軍国主義，差別思想など，内容が何であれ，どうせ本人が判断することだから，教師はそうした内容を教え，働きかけてもよいのだ」という主張が成り立ってしまうからです。それゆえ，教えてよい善悪・正邪の内容を限定する必要があります。つまり，教師による働きかけは認められるといっても，教える内容には正当性がなければなりません。

道徳で教える内容は，わが国では学習指導要領によって法的に正当化（正統化）されています。もちろん，学習指導要領の内容を議論する余地はありますし，その必要もあります。それゆえ，国民は，パブリックコメントによって意見を述べることが保障されているわけです。

しかし，正当化されている道徳的価値であっても，その道徳的価値について多様な考え方があることは事実です。道徳の教科化の際に議論になったのはいわゆる「愛国心」です。愛国心の内容に多様性があるだけでなく，そもそも愛国心を学校で教えるべきか，教えてよいかどうかについても議論があります。こ

の場合，対立し合う複数の「価値観」（本書では「価値」と「価値観」を区別しています）を扱わなければなりませんし，児童生徒が愛国心を批判することも受け入れなければなりません。ハーバーマスの討議のルールについてみたように，「誰もがどんな主張をも討議にもち出すことを許される」のです。

　もちろん，これは愛国心に限った話ではありません。たとえば「伝統」でも同じです。ただし，愛国心の場合は特定の愛国心の考え方のみを教えることは許されないでしょうが，伝統の場合，伝統を大切にすべきという価値観を伝達したうえで，その根拠・理由を考えるように働きかけることは許されるでしょう。それでも，児童生徒が「伝統なんて不要だ」と答えたならば，どうすればよいでしょうか。その場合，児童生徒の意見を否定してはならず，その代わり，「どうしてそう思うの？」とやさしく問い返せばよいのです。そうした批判が新たな議論を生み，まさに「深い学び」を生み出すのですから，授業に活かさない手はありません。こうした具体的な道徳授業での内容の押し付けの問題については，2-2で論じていきます。

　ここまでの主張をまとめたいと思います。教育とは働きかけであり，内容が正当化されていれば，道徳的価値・価値観の自覚に向けて働きかけることは，児童生徒の最終的な判断の自由が保障されている限り，「価値観の押し付け」ではありません。それゆえ，憲法的価値以外の家族愛，愛国心や愛郷心，人間の力を超えたものに対する畏敬の念などの道徳的価値について教えることは「内心の自由」の侵害には当たりません。ただし，対立する価値観があるものについては，特定の価値観を偏って扱ってはならず，授業では両方の価値観を扱わなければなりません。

【「価値観の押し付け」は存在しないのか？（まとめ）】　　　　　　表4.13

▶**命題A**：教師がいかに価値観を押し付けようとしても，児童生徒は主体的に判断するのだから，価値観の押し付けは不可能である。

▶**答え**：部分的に「偽」。部分的に「真」。
・歴史学的，心理学的に検証が必要。ただし，価値観の押し付けは実際に生じ得るといえる。
・「価値観の押し付け」には2つの側面がある。①特定の価値観を伝達すること。②道徳授業時のコミュニケーションに強制，抑圧が存在すること。
・①の側面として，正当でない道徳の内容を「押し付け」ることは禁止されなければならない。しかし，正当な道徳の内容の自覚に向けて「働きかける」ことは否定されるべきではない。
・②の側面として，道徳授業時のコミュニケーションにおいて強制，抑圧が存在する場合，そうした強制，抑圧の結果，児童生徒の価値観が実際に拡大するかどうかは別の問題である。「押し付け」ようとしても，「押し付け」が成功するとは限らない。もちろん，だからといって，授業時のコミュニケーションにおける強制，抑圧が許されるわけではない。

（次頁に続く）

▶ **命題 B**：命題 A とは反対に，教師が伝達する価値観に児童生徒が最終的に納得
　　　　　したならば，価値観の押し付けではない。それゆえ，価値観の押し付
　　　　　けという問題は存在しない。

▶ **答え**：条件付きの「真」。

・ただし，正当な内容に限る。
・ただし，対立する価値観があるものについては，特定の価値観を偏って扱っ
　てはならない。

7）「価値観の押し付け」の諸領域

　以上をふまえて，次の2-2では，内容項目の正当性についてどう考えたらよい
のかを倫理学の観点から論じていきます。しかし，「価値観の押し付け」が生じ
るのは，正当でない道徳の内容を教える場合だけに限りません。教育は「働きか
け」だからといって，正当でない内容を教えること以外のすべてのことが許される
わけではありません。たとえば，道徳的価値として教えることは正当であっても，
道徳的価値観としては互いに対立する価値観を含んでいる内容もあります。また，
たとえ教える内容に正当性があっても，教える際には特定の児童生徒への配慮が
必要な内容もあるでしょう。そこで，以下では，「価値観の押し付け」になり得る
問題を，具体的な授業場面を想定しつつ，問題領域ごとに論じていきます。

　「価値観の押し付け」が問題になり得る領域としては，①学習指導要領による
内容項目の強制，②教材による方向づけ，③発問による方向づけ，④児童生徒
の少数意見の否定，⑤教師の説話による方向づけ，⑥評価による押し付け，の
6つがあげられます。

　②と③は多くの場合切り離せません。というのは，教材に特定の道徳的価値
観が含まれている場合，発問によってその道徳的価値観の理解へと方向づける
ことは不可避だからです。ここでは，①〜⑤のみを扱い，⑥評価については第
5章で扱います。

　ところで，④で子どもの意見を否定せず，⑤の説話をしなければ，「価値観の
押し付け」にならないというような声もあります。しかし，そうではありません。
むしろ，②の教材と③の発問で特定の道徳的価値観に方向づけているのです。そ
れゆえ，④で子どもの意見を否定せず，⑤の説話をしなければ「価値観の押し付
け」にはならないなどというのは，誤った認識でしょう。というのも，②の教材
には，多くの場合，一定の道徳的価値観が含まれているからです。教材はあくま
で考えるための素材・道具であり，それをどう受け取るのかは児童生徒の自由だ
といってみても，多くの教材が特定の価値観を含んでいることはたしかです。ま
た，③の発問については，仮にまったく「誘導」せず，「開かれた問い」を発し
ていたとしても，答えの範囲は無限ではあり得ず，一定の範囲のなかで「方向づ
け」を行なっているのです。教師はこのことに自覚的であるべきです。

もちろん，道徳「教育」である以上，道徳的価値の内容が正当でさえあれば，その自覚に向けて「働きかけ」てもよいということは，これまで論じてきた通りです。しかし，児童生徒に教えるべき道徳的価値観なのか，また教えてよい道徳的価値観なのかを教師は常に吟味しておくべきです。

　以上のことから，以下では，①授業で指導する内容項目の正当性をどのように考えたらよいのか，②教材が含んでいる道徳的価値をどう考えたらよいのか，③発問による方向づけをいかに考えるべきか，④授業の過程で出てきた児童生徒の少数意見をどう扱うべきなのか，⑤教師の説話についてどのように考えるべきかを論じていきます。⑥評価については第5章で論じます。

【「価値観の押し付け」の問題の6つのレベル】　　　　　　　　　　表4.14

①内容項目の強制	→	2-2
②教材による方向づけ	→	2-5
③発問による方向づけ	→	2-6
④少数意見の否定	→	2-7
⑤教師の説話による方向づけ	→	2-8
⑥評価による押し付け	→	第5章

2-2　内容項目の正当性

テーマ 》》 どうやって道徳で教える内容を決めたらよいの？

　本章1節の1-1で，学校で教える道徳的価値の正当性を問う必要があるといいました。この問題は非常に大きな問題なので，別稿に委ねなければなりませんが，本節2-3以降の議論に関係する範囲で論じておきます。

　教育学者の苫野（2019）は，ある時代や文化を越えた，絶対に普遍的な道徳などというものはなく，あくまである時代や共同体の「習俗の価値」しかないのだから，それを学校教育で教えることに妥当性はないのではないかと疑問を呈しています。そして，苫野は，「学校で子どもたちに育むべきは，"習俗の価値"としてのモラルではなく，市民社会の"普遍的なルール"（＝倫理＝市民道徳）としての，「自由の相互承認」の感度なのです」と述べています。そこから，苫野は，道徳授業としてはルールを「つくり合う」授業を提案しています。端的にいうと，公教育で行うべきなのは道徳教育ではなく市民教育だというのです。ここで苫野は，「習俗の価値」である多様な道徳と，「普遍的なルール」を区別しています。わが国の道徳教育の内容でいえば，「節度，節制」「家族愛，家庭生活の充実」「よりよい学校生活，集団生活の充実」などが前者の「習俗の価値」に含まれ，「公正，公平，社会正義」などが後者の「普遍的なルール」に含まれると苫野はいいます。

🔗 関連箇所48

価値と価値観の区別

第1章3節3-4を参照のこと（pp.26–29）。

しかし，第1に，本書第1章で行なったように「道徳的価値」と「道徳的価値観」を区別します。そうすれば，授業で「道徳的価値」を扱ったとしても，多様な「道徳的価値観」を許容することができます。その区別をしない限り，苫野のようにたんなる「習俗の価値」を学校で教えるべきではないという結論に至ることは不可避だといえるでしょう。しかし，繰り返すならば，「**道徳的価値観**」が多様であることと，「**道徳的価値**」が普遍的であることは両立します。実際，デューイ（2002）も，「貞節，親切，正直，愛国心，謙遜，寛容，勇敢などに固定した意味を付与できない」としつつも，それらの徳が「形式においては永続的であり得る」と述べています。

では，苫野が「習俗の価値」の例としてあげている「節度，節制」「家族愛，家庭生活の充実」「よりよい学校生活，集団生活の充実」は，普遍的な道徳的価値であるということができるでしょうか。あとに表4.18でみるように，「節度，節制」は，普遍的であり得るとしても，ミルの「生の技術」の3部門に基づくならば，道徳的価値というよりは「分別」すなわち手段的・道具的な価値だといえるでしょう。というのは，「節度，節制」は，それ自体として大切な価値であるというよりも，よりよい人生や幸福を達成するための手段だからです。「家族愛」の問題については，本節3)の①でみていきます。「よりよい学校生活」は，たしかに普遍的な道徳的価値であるとは言い難いでしょう。この道徳的価値は，当然，学校という制度が存在する限りで扱うべき価値であることはいうまでもありません。ただし，それでも，「よりよい学校生活」という価値について，児童生徒が多様な価値観を出し合えばよいと思います。「学校では命じられたことは絶対です」などと，特定の価値観を押し付けてはならないでしょう。

🔗 関連箇所49

行為レベルの普遍性と価値レベルの普遍性の区別

p.26の表1.8を参照のこと。

第2に，苫野は，行為のレベルの普遍性と価値のレベルの普遍性を区別していません。苫野は，婚外交渉をした妻を殺害する文化があるという例に依拠して，「習俗の価値」の多様性を主張しています。しかし，婚外交渉をした女性を殺す場合ですら，規則違反は不正であるという意味では，「規則の尊重」という道徳的価値の普遍性を前提としています。それゆえ，「婚外交渉をした女性を殺す」という規則を尊重する習俗は普遍的ではありませんが，そのことと「規則の尊重」という道徳的価値そのものの普遍性は両立します。つまり，習俗や行為のレベルの多様性と，道徳的価値レベルの普遍性は両立するのです。

🔗 関連箇所50

多元主義的普遍主義

p.20を参照のこと。

このように，道徳的価値の普遍性と道徳的価値観の多様性，および価値レベルの普遍性と行為レベルの多様性は両立するということが重要です。そのうえで，それでも学校で教える道徳的価値が普遍的ではないというとき，少なくとも，1) 道徳的価値の普遍性／特殊性，2) 道徳的価値の選択・配列の普遍性／特殊性，3) たとえ道徳的価値が普遍的であっても，抑圧的なものになり得るという問題，4) 道徳的価値を強制できるか／できないかという問題，の4つのレベルに分けて考える必要があります。

【道徳的価値の内容の普遍性を考える際の４つのレベル】　表4.15

1）道徳的価値の内容の普遍性／特殊性。
2）道徳的価値の選択・配列の普遍性／特殊性。
3）たとえ道徳的価値が普遍的であっても，抑圧的なものになり得るという問題。
4）道徳的価値をいつでも誰にでも強制できるか／できないかという問題。

1）道徳的価値の普遍性／特殊性

1958（昭和33）年の「道徳の時間」の設置に関わった勝部（2004）は，学校で教える道徳的価値について歴史的配列と体系的配列の2つの視点から論じています。たとえば，歴史的視点からみると，「個性の伸長」「寛容」といった道徳的価値は近代西洋で生まれたものですが，「礼儀」は儒教の五常（仁義礼智信）に由来します。このように，わが国の道徳教育で扱っている道徳的価値のリストは，古今東西の道徳的価値という文化遺産をバランスよく配置しているようにみえます。

そして，ある道徳的価値が特定の時代や文化において生まれたものであっても，それだけで普遍的に妥当でないとは言い切れません。歴史的な出自と現在の妥当性は別の問題です。歴史的由来によって道徳的な妥当性を評価するのは「発生論の誤謬」です。

> **キーワード⑳**
> **発生論の誤謬**
> 現在の意味や状況を無視してその出典や出自だけを根拠として結論を導くこと。論点のすり替えの一種。

たしかに，道徳的価値についての考え方（価値観）は文化によって多様でしょう。「礼儀」は英語でも“courtesy”という語があるように儒教のみが信奉する価値ではないとしても，礼儀を道徳的価値として尊重することは中国や日本の文化だといえます。そうであれば，礼儀という観念自体は普遍的に存在するとしても，礼儀についての考え方は文化に応じて多様でしょう。それゆえ，苫野がいうように，外国籍の子どもたちに日本的な価値観を押し付けることは許されないでしょう。そこで，もし学級に外国籍の子どもがいるならば，日本的な礼儀の考え方を押し付けるのではなく，むしろ，「あなたの国で礼儀とはどんなことですか？」と聞いて，多様な考え方を相互に交流し，互いの視野を広げることもできるでしょう。

しかしながら，第1章でも論じましたが，普遍的な道徳など存在しないといわれるとき，普遍的に大切にされている道徳的諸価値が存在しないということと，実際の具体的な道徳的行為・判断が多様であることは区別されなければなりません。つまり，ある道徳的価値が普遍的であるかどうかと，道徳的行為に正解があるかどうかは区別されなければなりません。たとえば，われわれが「規則の尊重」と「寛容」を両方大切にしている場合でも，具体的な状況でどちらを優先するかという判断は人によって異なることがあり得ます。

コールバーグの「ハインツのジレンマ」を例に考えてみましょう。「ハインツのジレンマ」を再度要約すれば，病気の妻を助けるために薬屋に押し入ること

は正しいかどうかというモラルジレンマです。「妻を助ける」という行為の理由としては「家族愛」「思いやり」「生命の尊さ」などの道徳的価値が考えられます。一方，「盗まない」の理由としては「規則の尊重」や「遵法精神」が考えられます。これらの道徳的価値はいずれも普遍的なものでしょう。それにもかかわらず，この問題がジレンマであるのは，どの道徳的価値を重視するかという重みづけの多様性があるからです。だからこそ，『解説』には次のように書かれているのです。

> 指導の際には，**特定の道徳的価値を絶対的**なものとして指導したり，本来実感を伴って理解すべき道徳的価値のよさや大切さを観念的に理解させたりする学習に終始することのないように配慮することが大切である。（『小学校解説』p.18，『中学校解説』p.15）（下線，太字は筆者）

ここでは，「特定の**価値観**を押し付けない」ではなく，「特定の**道徳的価値を絶対的なもの**として指導し」ないと書かれています。たとえば，わかりにくいのですが，次のような意味です。たとえば，「生命の尊さ」と「真理の探究」が対立した場合には「真理の探究」を優先しなさいとか，「生命の尊さ」と「国を愛する態度」が対立した場合には，「国を愛する態度」を優先しなさいなどと教えてはならないということなのです。

また，「愛国心」を道徳教育で扱うことがしばしば批判されます。しかし，同時に「国際理解，国際親善」も扱うのです。その点では，排外主義や外国人差別を含む内容を教えることは否定されるべきです。それゆえ，たとえば「愛国心」と「国際理解」の関連を考えさせるような授業は可能なのです。むしろ，「特定の道徳的価値を絶対的なものとして指導し」しないのですから，複数の道徳的価値同士の対立を扱う授業を行うべきでしょう。本書の第6章では，このような道徳的価値同士の対立をとらえさせる授業を提案しています。実際，中学校の『解説』には次のように書かれています。

> 時には**複数の道徳的価値が対立する場面**にも直面する。その際，生徒は，時と場合，場所などに応じて，**複数の道徳的価値**の中から，どの価値を**優先**するのかの判断を迫られることになる。その際の心の葛藤や揺れ，また選択した結果などから，道徳的諸価値への理解が始まることもある。このようなことを通して，道徳的諸価値が人間としてのよさを表すものであることに気付き，人間尊重の精神と生命に対する畏敬の念に根ざした自己理解や他者理解，人間理解，自然理解へとつながっていくようにすることが求められる。（『中学校解説』p.15）（太字は筆者）

このように，「特定の道徳的価値を絶対的なものとして指導」しないというのは，「愛国心」や「国際理解」などの道徳的価値のいずれかを絶対的なものとして指導してはならないという意味です。それゆえ，「**特定の価値観を押し付けない**」ことと，「**特定の道徳的価値を絶対的なものとして指導**」しないことは，似ているようでまったく違うのです。ここには，すでに述べた「道徳的価値」と「道徳的価値観」の違いが前提にあります。それゆえ，道徳科では，「友情」「思いやり」などのさまざまな道徳的価値を扱いますが，そのうちのいずれかを絶対視するように指導してはならないということです。複数の道徳的価値のうちのどれを一番大切なものとみなすという道徳的価値に対する優先順位のつけ方，つまり**重みづ**けの仕方は，児童生徒の判断に委ねられていますし，委ねられるべきなのです。

　したがって，個々の状況での具体的な道徳的判断が多様であることから，ただちに普遍的な道徳的価値など存在しないというのは早計です。「生命の尊さ」「真理の探究」「個性の伸長」というように，普遍的な道徳的価値は複数あります。普遍的な道徳的価値が複数あるからこそ，それらのどれに重みづけをするのかという具体的な道徳的判断は多様なのです。これが，本書の第1章で論じた「多元主義的普遍主義」の立場です。

ワーク：考えてみましょう

諸々の内容項目（本書巻末参照）のなかで，あなたが一番大事だと思うものはどれでしょうか。考えてみましょう。そのうえで，まわりの人と話し合ってみましょう。

　それでもなお，学校における道徳教育は「習俗の価値」を教えるべきではなく，普遍的な「ルール」のみを教えるべきだという苫野（2019）の主張が重要な論点を提起していることはたしかです。それは，公教育と共同体の関係はいかにあるべきなのかという問いです。たしかに，わが国の学校教育が比較的同質的な言語・文化・歴史をもつ共同体を想定してきたことはたしかでしょう。しかし，共同体の文化を学校で教えることを一概に否定することはできないでしょう。それは，国語で日本語を教えることを，社会科で日本の地理や歴史を教えることを否定できないのと似ています。とはいえ，この問題はナショナリズムとも関わる論争的なテーマですので，別稿に委ねます。

2）道徳的価値の選択・配列の普遍性／特殊性

ワーク：考えてみましょう

公立学校で，宗教を教えてよいでしょうか。また，公立学校で「生命の尊さ」を教えてもよいでしょうか。考えてみましょう。また，2つの問いの答えは同じで

　先ほど筆者は，わが国の道徳教育で扱っている道徳的価値のリストは，古今東西の道徳的価値という文化遺産をバランスよく配置しているようにみえると述べました。そうだとすれば，問題は，日本の学校で教えている道徳的価値自体が日本という共同体に特殊ということではなく，むしろ，諸々の道徳的価値のなかからどれを選択し，それらをいかに配列するのかというあり方が日本に特殊だということです。つまり，日本の学校で教えている道徳的価値自体はほとんどが普遍的なもので，人間であれば誰もその価値を否定しないようなものばかりです。たとえば，どこの国の人であろうと，「生命の尊さ」を否定する人はほとんどいないでしょう。しかし，「生命の尊さ」を学校で教えるかどうかは国によって異なります。つまり，「生命の尊さ」が普遍的な価値であるということと，それを学校の道徳教育で教えるということは別の問題です。あとでも触れますが，フランスでは，「生命の尊さ」といったことは宗教などを含む私的領域とみなされますから，学校では教えません。しかし，日本では「生命の尊さ」を教えているのです。このように，道徳的価値の選択・配列の仕方，つまり，どのような道徳的価値をリストに組み込み，それらの道徳的価値をどのように配置するのか，についてのやり方はかなり日本に特殊だといえます。

　しかし，こうした道徳的価値の選択・配列の仕方は，実際，諸外国でも国々によってそれぞれ特殊なのです。たとえば，先述したフランスは，「道徳・市民教育」のなかで，平等とライシテ（脱宗教性）といった共和国の価値を教えています（大津, 2019）。しかし，フランスでは，諸民族の文化に基づく価値は学校では教えません。それは，フランスでは公（共和国）と私（宗教を含む文化）の峻別があるからです。こうした公私の分離は，道徳教育をやめて市民教育に変えるべきだという主張を正当化するものでしょう。しかし，フランス的な公教育観が普遍的だとはいえません。たとえば，イギリスの公立学校では，多様な宗教に配慮しつつも，宗教教育を行うとともに，「人格・社会・健康教育」のなかで人格形成や社会性の発達をめざした教育を行なっています。ドイツの公立学校でも「宗教教授」が行われ，そのなかで，「人生の意味」「真理の追究」「価値の形成」「責任ある行動のための規範」などを教えています（柳沼, 2012a）。つまり，フランスのように公私を厳密に分けて公立学校から宗教教育を排除するのとは異なり，イギリスやドイツでは，公立学校のなかで宗教教育をしているのです。

　したがって，少なくとも，日本の道徳教育の内容だけが特殊だとはいえません。日本では，特定の宗教のための宗教教育を排除する点でフランスと似ていますが，フランスのように共和国の公的な道徳と，文化的で私的な道徳を峻別せずに学校で教えている点では，フランスとはまったく異なります。

3）たとえ道徳的価値が普遍的であっても，抑圧的なものになり得るという問題

　実は，学校で教える道徳的価値が普遍的かどうかという問題よりも，その道徳的価値が普遍的であったとしても，その教育が抑圧的なものになり得るという問題のほうが，道徳授業のなかで頻出するのではないでしょうか。ここでは，いくつかの内容項目を例に考えてみましょう。

①「友情」「家族愛」

ワーク：考えてみましょう

道徳授業で「友情」と「家族愛」を扱うとき，どんなことに気をつけるべきでしょうか。考えてみましょう。

　まず，「友情」です。友達がいない子にとって，友情の尊さを教える授業はつらいものになるでしょう。
　「家族愛」もそうです。家族のいない子にとって，家族愛の授業は耐えがたいかもしれません。家族のような社会制度に関わる問題を考える際には，たしかにそうした個別の事情に配慮する必要があります。
　しかし，はたして個別の事例によって道徳的価値の普遍性を否定できるでしょうか。つまり，「友達のいない子がいる」から，「友情を教えるべきでない」という結論を引き出せるでしょうか。同様に，「親がいない子がいる」から，「授業で家族愛を扱うべきではない」という結論を引き出せるでしょうか。できないでしょう。
　第1章で述べたように，「である」から「べき」をただちに導くことはできないのです。「友達のいない子がいる」からといって，友情の尊さが失われるわけではありません。「家族がいない子がいる」としても，家族を愛すべきだということは変わりません。それゆえ，個別の事例によって，道徳的価値の普遍性をただちに否定することはできないのです。
　しかし，そのようにいったところで，「友情」や「家族愛」を授業で扱う場合の難しさは変わらないでしょう。
　「友情」であれば，「友達」関係は意図的または自然に解消することができます。たとえば，友達ならば，仲が悪くなれば関係を解消できます。しかし，「家族愛」においては，「家族」という関係が法的・制度的に維持されているため，たんなる価値観や心の問題としては扱えないところに難しさがあります。たとえば，家族は「血縁関係」と「子育て」の関係のいずれかで定義されることがあります。しかし，「血縁関係」についていえば，「子が親を選ぶことはできない」のはたしかです。
　このように家族の関係性は制度的に固定されているので，「父母や祖父母を敬

関連箇所㊿

友　情
友情の価値理解については p.12 を参照のこと。

関連箇所㊾

事実から価値をただちに導き出せない
p.19 のキーワード⑨を参照のこと。

2　「価値観の押し付け」の諸領域 | 145

愛する気持ちを養う」といわれても,「父母や祖父母に虐待を受けていたらどうするのか？」といった批判が生じ得るのです。

「よりよい学校生活」でも同じでしょう。当然,学校生活が充実しないことはあり得ます。そして,それが本人のせいではなく,制度的・環境的な要因のせいだったとしても,学校制度・環境をそう簡単に変えることはできません。

「家族愛」に話を戻しましょう。一般に,「家族」は,「①夫婦関係」と「②親子関係」という社会的・制度的関係と,そこでの「③人格的・感情的融合」,そして,構成員相互の幸福のために協力し合うという「④福祉追求のための協力関係」によって定義されます（渡邊, 2012）。だとすると,「一人親である」とか,「両親はいても,感情的融合はない」とか,「両親はいるが,協力的でない」というように,児童生徒が暮らす各家庭の実態は多様であり得ます。

それゆえ,「道徳は制度や現象を扱うのではなく,心を扱うのだ」といったとしても,「両親のいない児童生徒」や「親から愛されていないと感じる児童生徒」にとってはつらい授業になるでしょう。それゆえ,『解説』にもあるように,多様な家族状況に配慮する必要があります。

> なお,多様な家族構成や家庭状況があることを踏まえ,十分な配慮を欠かさないようにすることが重要である。（『小学校解説』pp.56-57）

> なお,指導に当たっては,多様な家族構成や家庭状況があることを踏まえ,一人一人の生徒の実態を把握し十分な配慮を欠かさないようにすることが重要である。（『中学校解説』p.53）

配慮すべき個別の事情がある児童生徒に対しては,教師はその児童生徒の感じ方や考え方を具体的に想定しつつ,児童生徒の意見を否定しないようにすることが求められます。

しかし,多様な家族状況に配慮すべきだということから,家族愛を教えるべきではないということには直結しません。むしろ,多様な家族状況が現実にあるからこそ,「僕・私の家庭は○○だから」という実態の多様性にはこだわらずに,児童生徒一人ひとりが理想的な価値観を展望していくことが大切でしょう。つまり,「ああ,そんな家族だったらいいな」という理想像の構築をめざすべきです。

もちろん,家族という社会制度は歴史的・社会的に変容してきましたし,今後も変容していくでしょう。しかし,そうした家族の多様性の現実についての学習は社会科に委ねるべきでしょう。また,「家族愛」で「無私の愛情」「無償の愛」を強調することが,「シャドウワーク（専業主婦などの家事労働など報酬を受けない仕事）」という社会的事実を覆い隠すことになるのではないかという

🔍 もっと学びたい方へ⑥

シャドウワーク

　イヴァン・イリイチの造語で,専業主婦などの家事労働など報酬を受けない仕事だが,誰かが賃労働をすることのできる生活の基盤を維持するために不可欠なもの。詳しくはイリイチ（2006）を参照のこと。

批判がなされることがあります。もちろん，「シャドウワーク」という社会学的な知見は知っておく必要があります。「シャドウワーク」を扱うことは，「家族愛」という道徳的価値の**裏面**を理解することになります。しかし，その学習は，内容項目としては，「家族愛」ではなく「公正，公平，社会正義」に当たるといえます。また，「シャドウワーク」の知識そのものの学習は社会科で行うべきでしょう。「カリキュラム・マネジメント」によって，道徳科の学習と社会科の学習を関連させることは推奨されています。

　少なくとも，児童生徒全員が誰かから生まれ，誰かに育ててもらっていることは普遍的な事実です。それゆえ，道徳科では，「育ててくれた人・育ててくれている人に対する敬愛の念」を深めることが大事です。

　また，「家族という集団の一員としての自覚」をもつことは，家族に限らず，学校，社会，国に貢献しようという「公共の精神」を育てることにもつながります。

　さらに，家族という制度自体が今後なくならない限り，将来結婚して家庭を築く可能性があることも普遍的な事実です。そこで，「将来家庭を築いたら，こんな家庭を築きたいな」というような価値観の形成をうながすことが重要です。

② 「異性理解」

ワーク：考えてみましょう

道徳の内容に「異性理解」が入っていることをどう思いますか。考えてみましょう。

　小学校高学年と中学校の「友情，信頼」には，「異性理解」の内容が入っています。「性」は，身体的生物学的な性別に関わるセックス，社会的文化的な性差に関わるジェンダー，性的欲望に関わるセクシュアリティの3つの要素から構成されるといわれます（古川，2012）。こうした「性」に関わる社会学的知見を理解しておくことは重要です。また，性愛には「異性愛」だけでなく「同性愛」「両性愛」があります。

　そうなると，なぜわざわざ「異性理解」が内容項目のなかに記されているのかという疑問が生じるのは当然でしょう。そこで，生物としての人類の種の保存のためには「異性愛」をなくすことはできないという事実を認めたうえで，異性をたんに性的快楽のための手段とみなすのではなく，1人の人格として尊敬すること，また，互いの内面的なよさに気づき，友情と信頼関係を育むことに焦点化することが重要です。異性を1人の人格として尊重するということは，カント（2005）の「あなたの人格の中にも他のすべての人の人格の中にもある人間性を，あなたはつねに**目的**として用い，決して**手段としてのみ**用いてはなら

🔗 関連箇所⑬

カリキュラム・マネジメント

各学校において，生徒や学校，地域の実態を適切に把握し，教育の目的や目標の実現に必要な教育の内容などを教科横断的な視点で組み立てていくこと，教育課程の実施状況を評価してその改善を図っていくこと，教育課程の実施に必要な人的または物的な体制を確保するとともにその改善を図っていくことなどをとおして，教育課程に基づき組織的かつ計画的に各学校の教育活動の質の向上を図っていくこと。具体的には，以下の3つの指針が示されている。

①教科横断的な視点で教育課程を編成する。
②教育実践の質の向上のためにPDCAサイクルを確立する。
③実践を可能とする資源（人・金・物・時間・情報）を確保する。

道徳科と他教科の関連は①の指針に関わる。

🔍 もっと学びたい方へ⑦

ジェンダー

社会的，文化的に形成される男女の差異。男らしさ，女らしさといった言葉で表現されるもので，生物上の雌雄を示すセックスと区別される。

関連箇所㊹

道徳と分別の区別
p.87を参照のこと。

ない」という定言命法に表現されている命題です。あとでみますが，カントは「道徳（善く生きること）」と「分別（うまく生きること）」を分けています。だからこそ，異性理解では，相手を人格として，あるいは友人として尊重・尊敬することを教えるのであり，モテ方を教えるわけではないのです。

それと同時に，異性理解を扱うことが，性的少数者に対する差別につながらないように配慮すべきでしょう。

③「勤労」

ワーク：考えてみましょう

道徳授業で「勤労」を教えることが「社畜」を生み出すことになるでしょうか。考えてみましょう。

中学校の『解説』には，「人は働くことの喜びを通じて生きがいを感じ，社会とのつながりを実感することができる」と書かれています。古代ギリシアのアテナイの自由人は，奴隷に働かせて，自分たちは学問や芸術に勤しんでいました。それゆえ，この記述は歴史的にみれば普遍的とはいえないでしょう。しかし，民主的で平等な社会であれば，社会の構成員全員が成人になったら働くことは義務でしょう。また，働くことに喜びを見出すことによって人生に生きがいを感じるというのも普遍的な事実でしょう。

では，「働くことに喜びを感じましょう」と道徳授業で教えてよいのでしょうか。このように問うのは，近年，いわゆる「ブラック企業」や，そうした会社で残業代も支払われずに長時間労働をさせられ，会社に飼いならされてしまう「社畜」という言葉が生まれたからです。そうしたなかで，「働くことに喜びを感じましょう」「仕事にやりがいを感じられるように創意工夫しましょう」などと道徳授業で説くことは，「〈やりがい〉の搾取」（本田，2011）を正当化することになるのではないでしょうか。

実践へ㉛

「あるレジ打ちの女性」の指導案については，第6章4節4-5を参照のこと（p.224）。

実際，筆者は，「レジ打ちの女性」の公開授業をした際に，知人である教育社会学者から「あなたの授業は「社畜」を正当化しているのではないですか？」という趣旨の質問をされました。この教材では，すぐに仕事を辞めてしまう女性が，派遣会社から紹介されたスーパーのレジ打ちの仕事をまたすぐ辞めそうになります。しかし，辞めて実家に帰ろうと片付けをしている最中に，ピアニストをめざしていた過去の自分を思い出し，「ピアノを弾くようにレジを打ってみよう」と思い立ちます。レジ打ちは上達し，結果として仕事に余裕ができ，客とのコミュニケーションを楽しめるようになり，客からも感謝され，仕事にやりがいを見出していく話です。

第6章での指導案で授業をすると，たとえ教師が特定の答えに誘導しないとしても，「自分で仕事にやりがいを見出す工夫が大事」といった答えが生徒から出てくるでしょう。しかし，そのようなことを言わせる授業は，「社畜」を正当化してしまうのではないか，とその教育社会学者は問うたわけです。

そのときに答えたことと厳密に同じ内容ではありませんが，改めてそうした質問に筆者ならどう答えるのかをまとめてみます。

【「やりがい」について教えることが正当化される理由】　　　　表4.16

①道徳授業の目的は価値観の押し付けではなく「価値観の拡大」である。

→道徳授業の目的は価値観の押し付けではなく「**価値観の拡大**」です。したがって，「やりがいを見出す工夫が大事」という答えに全員が「納得」する必要はありませんし，全員の「納得」を求めるべきでもないでしょう。「道徳授業の目的は価値観の拡大である」という主張についてはすでに論じました。

②ミルは「美学」と「道徳（正義を含む）」を分けている。「やりがいを見出す工夫が大事」というのは，美学に属するので，強制はするべきではない。

→ミルは「美学」と「道徳（正義を含む）」を分けています。「やりがいを見出す工夫が大事」というのは，美学に属します。美学は「強制」すべきものではありませんが，「鼓舞」してもよいとミルはいっています。この「美学」と「道徳（正義を含む）」の区別についても，あとで詳しく論じます。

③与えられた仕事を受動的にこなしているだけでは，どんな仕事であれ，つまらなく感じてしまうのではないか？

→与えられた仕事を受動的にこなしているだけでは，どんな仕事であっても，つまらなく感じてしまうのではないでしょうか。つまり，自分から能動的・主体的に考えて仕事をしなければ，どんな仕事でもつまらないと感じてしまうのではないでしょうか。また，仮に給料が高く，福利厚生が充実しているとしても，それだけで仕事が続けられるでしょうか。その意味で，「やりがいを見出す工夫が大事」というのは，「社畜」を正当化しているのではなく，どんな労働環境においても必要なことではないでしょうか。

④労働法の問題は，道徳科ではなく，社会科で扱えばよい[6]。

→この授業は，「働くことに喜びを見出す理由」を考えることをねらいにしています。それゆえ，「社畜」について考えることをねらいにしているのではありません。しかし，労働法の知識が重要であることはいうまでもないことです。とはいえ，労働法の知識については，道徳科ではなく，社会科で扱えばよいでしょう。たとえば，道徳科で「やりがい」について考えます。同じ週に，社会科で「労働法」について学ぶとします。すると，「やりがいは大事かもしれないけど，労働法を守っていない会社でまで，無理矢理やりがいを見出す工夫をする必要はないな」と生徒が思うかもしれません。このように，道徳科と社会科の関連を図るべく，「カリキュラム・マネジメント」を行うことは推奨されるべきでしょう。

（次頁に続く）

関連箇所55
価値観の拡大
pp.132–134を参照のこと。

関連箇所56
鼓　舞
p.131を参照のこと。

---

6) 道徳科と，各教科における道徳教育の関係をどう考えるべきかについては，さらなる研究が望まれます。

⑤「ブラック企業」の問題と道徳の「勤労」の関連を扱う道徳授業はあってもよい。

→また，道徳授業のなかで「ブラック企業」の問題を扱うことを完全に否定するつもりはありません。「勤労」と「社畜」「やりがいの搾取」の関連を扱う授業はあってもよいでしょう。それは，「物事を広い視野から多面的・多角的に考える」学習に含まれるといえるでしょう。たとえば，「やりがいの搾取」について考えることをとおして，「仕事のやりがいについて多面的・多角的に理解する」ことをねらいとする授業です。道徳的価値の積極的な面を優先的に扱うべきでしょう。それゆえ，そうした授業は，まさにすでに述べた**弁証法**的な思考をうながすでしょう。ただし，「ブラック企業」についての学習は，内容項目としては，「公正，公平，社会正義」に当たるといえます。また，「やりがいの搾取」の知識そのものの学習は社会科で行うべきでしょう。「カリキュラム・マネジメント」によって，道徳科の学習と社会科の学習を関連させることは推奨されています。

しかし，「ブラック企業」の問題へと展開させることは，この教材の解釈としては本質的ではないと思ったのです。

🔗 関連箇所㊗
弁証法
p.71 の表 2.23 を参照のこと。

以上から，筆者としても，「社畜」を正当化するつもりは毛頭ありません。したがって，実際の授業中は，教師である筆者からの伝達はほとんど行わず，発問で生徒の答えを引き出したのですが，「別に「仕事を辞めないで」などと言いたいわけではないよ」と1点だけ補足しました。

4）道徳的価値をいつでも誰にでも強制できるか／できないかという問題

ワーク：考えてみましょう

諸々の内容項目のなかで，「絶対に守らなければならないこと」と，「絶対守らなければならないとはいえないが，望ましいこと」を分けてみましょう。

道徳的価値の普遍性について考える際，内容項目を，「全員がつねに守らなければならないこと」と，「望ましいことではあるが，誰もがつねに守らなければならないわけではないこと」の2つに区分すると，授業での価値に対する向き合い方が変わってきます。

ミルは『論理学体系』の第6巻「道徳科学の論理」で，「**分別**」「**道徳（正義を含む）**」「**美学**」という「生の技術」の3部門を区別しています。分別は「便宜」を，道徳は「正しさ」を，美学は「美と気高さ」を示しています。道徳と分別の区別はカントのそれと実質的に同じです。「道徳」のなかには，「正義」と「寛大・慈善」が含まれます。「正義」と「寛大・慈善」の違いは次のようになります。「正義」は，他人が私にその行為をするように要求する権利をもつのに対して，「寛大・慈善」は他人の幸福のためにする行為ですが，他人は私にその行為を要求する権利はもたないということです。美学とは人生の理想的目的です。しかし，美学は他人から強制されるようなことではありません。ここに，

🔗 関連箇所㊽
道徳と分別の区別
p.87 を参照のこと。

カントとミルの倫理学を比較するうえで重要な違いがあります。

ミルは『自由論』で、「いわゆる自分自身に対する義務」は、それが同時に他人に対する義務でない限り、義務と呼ばれるべきではないといいます（ミル、2020）。それゆえ、カントがあげる自殺の禁止や、自己の才能を発展させる義務は、ミルにとっては義務ではないのです。というのは、自己の尊重、自己の向上については他人に責任を負っておらず、個人の自由であるべきだからです。それゆえ、カントの「自己に対する義務」は、ミルにおいては「美学」に属することになります。言い換えれば、ミルにとって狭義の「道徳」とは、すべて他人の利益や権利の保護のためにあるので、他人に対する義務なのです。カントとミルの倫理学の枠組みを比較すると、以下のようになります。

カントの「他人に対する完全義務」とは「嘘の約束をすることの禁止」です。これはミルの「生の技術」では「正義」となります。カントの「他人に対する不完全義務」とは、「他人を助ける義務」です。これはミルでは「寛大・慈善」となります。しかし、カントの「自己に対する完全義務・不完全義務」はそれぞれ、「自殺の禁止」と「自己の才能を発展させる義務」ですが、ミルでは「美学」に入ります。

🔗 関連箇所⑲
完全義務・不完全義務
p.43の表2.7を参照のこと。

【「倫理」の分類に関するカントとミルの比較】　　　　　表4.17

	技術（分別）	他人に対する完全義務	他人に対する不完全義務	自己に対する完全義務・不完全義務	義務を超えた行為（？）
カント					
ミルの生の技術	分別（便宜）	正義	正義以外の道徳（寛大・慈善）	美学（美・気高さ）	

ミルの「生の技術」の3部門は、内容項目をどう考えるべきかについて示唆を与えてくれます。カントの「自己に対する義務」を否定するミルにとって、「個性の伸長」「希望と勇気、努力（克己）と強い意志」などの「A 主として自分自身に関すること」の視点の内容はおおよそ「美学」に属します。一方、「C 主として集団や社会との関わりに関すること」の「規則の尊重」「遵法精神」「公正、公平、社会正義」といった内容は、「道徳」のなかでも主に「正義」に属します。

とはいえ、1つの内容項目自体が、「正義」「道徳」「美学」の側面をすべて備えている場合もあります。「勤労」などはそうでしょう。心身を労して働くことは、そうしないと他人に危害を及ぼすので「正義」ですが、社会のために積極的に貢献することは「道徳」です。しかし、職業に意味を求め、職業をとおして自分の生きる目的を実現しようとするなら、「美学」となります。また、「礼儀」は、社会規範としては「道徳」ですが、立ち振る舞いの美しさや、他者を愛する心にまで至ると、「美学」となります。

このように，1つの内容項目をすっきりと「正義」「道徳」「美学」のどれかに分けることはできません。しかし，「美学」であれば，そう簡単には実現できない理想的な価値とみなされる一方で，「正義」であれば，誰もが守らなければならない義務となります。たとえば，「公正，公平，社会正義」は，その意味自体は多面的であり，その多面的な意味を授業で考えさせる必要はあります。しかし，それでもやはり「公正，公平」に振る舞うことは義務です。たとえば，差別をすることは絶対に許されないわけです。

こうしてみると，たとえば，「感動，畏敬の念」を学校で教えるべきではないとか，「感謝」を強制すべきではない，などといわれるとき，これらの道徳的価値が「美学」に属するものだから，そのようにいわれると考えられます。しかし，「感動，畏敬の念」は，それを教えたとしても，押し付けるようなものではありません。同様に，「努力と強い意志」は強制すべきものではありません。それでも「努力」する人はしない人よりも優れているとはいえます。「努力」は「美学」であり，「正義」ではないのです。

🔗 関連箇所⑩

内容項目一覧

pp.236–237を参照のこと。

【内容項目一覧と「生の技術」の部門】　　　　　　　　　表4.18

小学校		中学校	
〈A　主として自分自身に関すること〉			
善悪の判断，自律，自由と責任	道徳	自主，自律，自由と責任	道徳，美学
正直，誠実	道徳		
節度，節制	分別	節度，節制	分別
個性の伸長	美学	向上心，個性の伸長	美学
希望と勇気，努力と強い意志	美学	希望と勇気，克己と強い意志	美学
真理の探究	美学	真理の探究，創造	美学
〈B　主として人との関わりに関すること〉			
親切，思いやり	道徳，美学	思いやり，感謝	道徳，美学
感謝	道徳，美学		
礼儀	道徳，美学	礼儀	道徳，美学
友情，信頼	道徳，美学	友情，信頼	道徳，美学
相互理解，寛容	道徳	相互理解，寛容	道徳
〈C　主として集団や社会との関わりに関すること〉			
規則の尊重	正義，道徳	遵法精神，公徳心	正義，道徳
公正，公平，社会正義	正義，道徳	公正，公平，社会正義	正義，道徳
勤労，公共の精神	正義，道徳，美学	社会参画，公共の精神	道徳，美学
		勤労	正義，道徳，美学
家族愛，家庭生活の充実	道徳，美学	家族愛，家庭生活の充実	道徳，美学

よりより学校生活，集団生活の充実	道徳，美学	よりよい学校生活，集団生活の充実	道徳，美学	
伝統や文化の尊重，国や郷土を愛する態度	道徳，美学	郷土の伝統と文化の尊重，郷土を愛する態度	道徳，美学	
		我が国の伝統と文化の尊重，国を愛する態度	道徳，美学	
国際理解，国際親善	道徳	国際理解，国際貢献	道徳	
〈D　主として生命や自然，崇高なものとの関わりに関すること〉				
生命の尊さ	道徳，美学	生命の尊さ	道徳，美学	
自然愛護	道徳，美学	自然愛護	道徳，美学	
感動，畏敬の念	美学	感動，畏敬の念	美学	
よりよく生きる喜び	美学	よりよく生きる喜び	美学	

2-3　内容項目の理解

テーマ 道徳的価値の中身をどう理解したらよいの？

1）特定の価値観に偏らない

ワーク：考えてみましょう

「特定の見方に偏らない」指導とはどういうことでしょうか。考えてみましょう。

関連箇所⑥
自然主義
p.114を参照のこと。

　完全な自然主義に立たない限り，つまり，生まれつきもつ生得的資質を開花させることだけが教育の目的であると考えない限り，児童生徒の価値観の拡大をうながすことは許されますし，また，望ましいことでしょう。このことはすでに述べた通りです。それゆえ，児童生徒がそれまで知らなかった新しい考え方や価値観に気づかせるために，教師が授業のねらいとして，特定の価値観の理解をねらいに定めておくことは正当化されるでしょう。

　ただし，もちろん，道徳授業で指導する内容が偏ってはならないことはいうまでもありません。そのことは『学習指導要領』にも書かれています。

【内容や教材が，特定の見方に偏らないようにすること】　　　表4.19

『学習指導要領』「特別の教科 道徳」「第3 指導計画の作成と内容の取扱い」の2（6）
・内容の指導について配慮すること
なお，多様な見方や考え方のできる事柄について，**特定の見方や考え方に偏った指導を行うことのないようにする**こと。

（次頁に続く）

『学習指導要領』「特別の教科 道徳」「第3 指導計画の作成と内容の取扱い」の3（2）ウ

・教材について留意すること

多様な見方や考え方のできる事柄を取り扱う場合には，**特定の見方や考え方に偏った取扱いがなされていないもの**であること。

しかし，偏らないようにすることは**何も教えないことではありません**。むしろ，すでに述べたように，対立する価値観が併存する内容については両方を授業で扱うべきでしょう。

とはいえ，「特定の見方に偏らない」といっても，限られた授業時間のなかで，多様な価値観のすべてを扱うことはもちろん不可能でしょう。そこで，カリキュラム・マネジメントが必要になります。ある週に，特定の「道徳的価値」のなかでも，特定の「道徳的価値観」にしぼり，その価値観の獲得をねらいとします。その場合でも，もちろん多面的に考えさせます。それゆえ，教師があえて反対意見を言って揺さぶってもよいでしょう。次の週には，同じ「道徳的価値」のうち，別の「道徳的価値観」を選び，それについて多面的・多角的に考えさせればよいのです。というのは，道徳は「**価値**」であり，「**事実**」ではないので，厳密に中立であろうとすれば，何も扱えなくなってしまいます。それゆえ，むしろ2つの価値観を比較することによって，偏らないことが重要でしょう。あえて極端な例を出しましょう。多面的・多角的な思考をうながしさえすれば，国粋主義的な「愛国心」と，「愛国心」よりも世界市民主義を優先させるような2つの「愛国心」を対立させたり，その共通点と相違点について議論させたりすることは，両方を扱う限りで許容されるでしょう。たとえば，教材として内村鑑三の「2つのJ」を取り上げるのもよいでしょう。内村は，“Jesus”（神）と“Japan”（日本の同胞）という2つの“J”への献身を掲げたのです。しかし，この2つは容易に一致することはなく，緊張関係にあります。その緊張関係について，多面的・多角的に考える授業があればおもしろいのではないでしょうか。

いずれにせよ，完全に中立な愛国心というものがあり得ない以上，愛国心を取り上げないことが中立なのではなく，異なる愛国心を取り上げることで，偏らないようにできます。「臭い物に蓋をする」のではなく，ときには「蓋」を開ける覚悟も必要でしょう。愛国心を多面的に考える道徳授業は，市民教育にもなり得るでしょう。

さらにいえば，このようにして児童生徒が多様な価値観を知ったほうが，「相互理解，寛容」の理解や実践意欲と態度の獲得につながるでしょう。その意味では，道徳科で多様な価値観を教えるほうが，教えないよりも自由主義的であるとすらいえます。もちろん指導する内容の範囲の正当性は倫理学が明らかにす

関連箇所(62)

カリキュラム・マネジメント

p.147の関連箇所(53)を参照のこと。

もっと学びたい方へ⑧

内村鑑三（1861-1930）

明治・大正期のキリスト教の代表的指導者。「青年よ，大望を抱け」で有名なクラーク博士が創設した札幌農学校の第2期生。無教会主義キリスト教の主張者としても知られる。弟子には矢内原忠雄などがおり，その門から日本の思想界に多数の人材を輩出した。著書は，『後世への最大遺物』（1897）など。

関連箇所(63)

自由主義

pp.115–116を参照のこと。

べきことです。どんな価値観でもよいわけではありません。しかし，いずれにせよ，道徳授業で一定の正当な範囲で価値観の獲得へと働きかけることは，「内心の自由」の侵害には当たらないといえます。

　以上のことをふまえ，ここでは，道徳授業で憲法的価値以外の家族愛，愛国心や愛郷心，人間の力を超えたものに対する畏敬の念などの道徳的価値について教えることが「内心の自由」の侵害には当たらない理由を改めて整理しておきましょう。

🔗 関連箇所⑭
内心の自由
p.viのキーワード④，およびp.133を参照のこと。

【愛国心などの道徳的価値を指導することは内心の自由の侵害ではない】
表4.20

道徳授業で憲法的価値以外の家族愛，愛国心や愛郷心，人間の力を超えたものに対する畏敬の念などの道徳的価値について教えることが「内心の自由」の侵害には当たらない理由

①完全な自然主義に立たない限り，働きかけは否定されるべきではないから。
②「授業中の議論のルール」を守るという，「価値観の押し付け」にならない条件を満たしたうえで，価値観の拡大をめざしているので，児童生徒がもともともっている価値観を否定するわけではないから。
③働きかけの結果としての児童生徒の最終的な判断の自由は保障されているから。
④指導する内容と教材において，対立する価値観がある場合には，偏った扱いをしないから。
⑤多様な価値観について議論することは，しない場合よりも「相互理解，寛容」の理解や実践意欲と態度の獲得につながるから。

🔗 関連箇所⑮
授業中の議論のルール
p.131の表4.12を参照のこと。

　①と②にあるように，児童生徒の価値観の拡大のための働きかけそのものが否定されるわけではありません。それゆえ，教師が授業のねらいとして特定の価値観を「ねらい」としてもっていたとしても，それを無理やり言わせたり書かせたりしようとして「誘導」することとは違います。この点については，2-6の発問の問題のところで論じます。

　では，誘導してはいけないのでしょうか。筆者は必ずしもそうは思いません。ねらいとする価値観に到達させるためには，授業展開の過程で誘導が必要な場合もあることは否定できません。実際，筆者が提案する指導案でも誘導的な発問を用いています。ただし，それはあくまで価値観の拡大をもたらすためであることを意識しておくべきでしょう。しかし，中心発問が誘導的な発問であれば，答えが1つに収斂してしまい，多様な見方が生じ得ないので，避けるべきです。

　それゆえ，『学習指導要領』の第3章「特別の教科　道徳」「第3　指導計画の作成と内容の取扱い」の2（4）には次のように書かれているのです。

　　生徒が多様な感じ方や考え方に接する中で，考えを深め，判断し，表現する力などを育むことができるよう，自分の考えを基に討論したり書いたりするな

> どの言語活動を充実すること。その際，様々な価値観について多面的・多角的な視点から振り返って考える機会を設けるとともに，生徒が多様な見方や考え方に接しながら，更に新しい見方や考え方を生み出していくことができるよう留意すること。（下線は筆者）

しかし，「多様な見方や考え方に接」するということは，「何でも好きに議論する」ことによって可能になるとは限りません。教師は，教材に含まれている道徳的価値を分析し，『解説』などの内容項目の解釈や各種の哲学・思想辞典なども参考にしながら，道徳的価値の内容を深く理解しておかなければなりません。教師が道徳的価値を深く理解していないのに，児童生徒が価値観を拡大させることはできないでしょう。仮に価値観を拡大できたとしても，それは偶然の産物であり，場当たり的な授業にすぎないでしょう。

それゆえ，道徳的価値の内容を教師なりに解釈しておく必要があります。というのも，児童生徒が答えを言ったとき，「そうだね」としか言えなければ，児童生徒の「深い学び」にはつながりません。適切な問い返しをすることで，初めて深い学びになるのです。したがって，昨今は，「問題解決的な学習」や「道徳的行為に関する体験的な学習」といった「指導方法」ばかりに目が向きがちですが，道徳的価値の内容の分析・理解を軽視していては，効果的な授業はできないでしょう。そういうわけで，ここではいくつかの内容項目の解釈を参考までに示してみましょう。

関連箇所66

道徳的価値の分析

「価値分析シート」の使い方については，p.34の表2.2を参照のこと。

関連箇所67

問い返し

「「問い返し」の発問リスト」については，p.52の表2.16を参照のこと。

2)「規則の尊重」（小学校），「遵法精神，公徳心」（中学校）

「規則を守る」ことは大事ですが，「規則を守ることは大事です」と「分かりきったこと」を言わせたり書かせたりするような授業では，授業をする意味がありません。小学校低学年では，「約束やきまりを守り，みんなが使うものを大切にすること」という内容になっているように，「きまりを守ること」の自覚が求められています。しかし，その場合でも，「みんなが使うものを大切にする**根拠・理由**」や「みんなが使うものを大切にしないとどうなるか？」という**結果・帰結**を考えさせる必要があるでしょう。

また，小学校中学年では「約束やきまりの意義を理解し，それらを守ること」，小学校高学年では，「法やきまりの意義を理解した上でそれらを進んで守り」とあります。ここではきまりの「意義」に言及されており，やはりきまりを守る根拠・理由を考えさせる必要があります。

さらに，中学校では，「法やきまりの意義を理解し，それらを進んで守るとともに，それらの**よりよい在り方**について考え」と書かれています。このように，規則のたんなる遵守はもちろん大事ですが，それを**改善**していくことも必要です。

このことを考えるうえでは，コールバーグが示した道徳性の発達段階をふま

えることが有益でしょう。

【コールバーグの道徳性の発達段階】(内藤，2012)　　　　表4.21

①第1段階　罰と服従の志向の段階

・**物理的な結果**によって善悪を判断し，結果のもつ人間的な意味や価値を無視する。

②第2段階　道具的な相対主義志向の段階

・正しい行為とは，**自分自身の欲求を満たすための手段**である。

※第2段階の代表的な倫理学：利己主義

③第3段階　対人的な同調，あるいは「良い子」志向の段階

・善い行為とは，他人を喜ばせたり，助けたりすることであり，**他人によって是認される行い**である。

④第4段階　「法と秩序」志向の段階

・**権威や固定的な規則**，社会秩序の維持に対する志向。正しい行為とは，義務を果たすこと，権威に尊敬を払い，すでにある社会秩序をそれ自体維持することである。

⑤第5段階　人間としての権利と公益の道徳性の段階

・現存の社会秩序の維持という観点ではなく，社会組織それ自体を**客観視**し**反省**する視点をとる。社会組織は個々人の間の**自由意思に基づく契約**によって成立すべきと考える。

※第5段階の代表的な倫理学：社会契約説，功利主義

⑥第6段階　普遍化可能であり，可逆的であり，指令的な一般的倫理的原理の段階

・ある行為が正しいと言えるためには，すべての人間を**手段としてではなく目的**として扱う必要がある。すなわち，すべての人が**すべての他者の視点**に立って考えることを想定した上で同意に至る必要がある。

※第6段階の代表的な倫理学：カント，ヘア

「規則の尊重」が，規則の遵守だけでなく，規則の改善を含んでいることは，コールバーグの道徳性の発達段階において，第5段階では「契約」という社会契約説の思考と「公益」という功利主義の思考，第6段階では，「普遍化可能性」「可逆性」というカントの義務論の思考が含まれていることとも重なります。社会契約説では，規則や法は社会の構成員全員の契約・約束によって是認されていなければなりません。功利主義では，規則や法は社会の構成員全員の安全や幸福を促進するものでなければなりません。また，カントは，規則は普遍化可能でなければならないと考えます。

【社会契約説，功利主義，カントの義務論による「規則」理解】　表4.22

社会契約説	規則や法は社会の構成員全員の契約・約束によって是認されていなければならない。
功利主義	規則や法は社会の構成員の安全や幸福を促進するものでなければならない。
カントの義務論	規則は普遍化可能でなければならない。

◻— キーワード㉑

社会契約説

人間は生まれながらにして自由・平等の権利をもつとし，それらの権利をよりよく保障するためには相互に契約（同意）を結んで，国家を設立する必要があると説く。ホッブズ，ロック，ルソーらがその代表的理論家である。ルソーについては，p.96の重要人物⑧も参照のこと。

∂ 関連箇所㉘

功利主義

重要人物②の「ベンサム」(p.22)と重要人物③の「ジョン・スチュアート・ミル」(p.22)を参照のこと。

∂ 関連箇所㉙

カントの義務論

カントの義務の類型については，p.43の表2.7を参照のこと。

それゆえ，規則を守ることは当然ですが，正当な手続きを経てよりよい規則に改善していくことは正しいことです。中学生以上であれば，そうした価値理解にまで到達させたいものです。その意味では，苫野（2019）が提案する「ルールをつくり合う道徳教育」は有効でしょう。現行の『学習指導要領』では，「道徳的行為に関する体験的な学習等を適切に取り入れる」ことは認められています。しかし，あくまで「体験的な学習等を適切に取り入れる」であり，体験的な学習だけで終わってはなりません。それでも，体験的な学習をとおして規則についての価値理解を深めることは望ましいことでしょう。つまり，ルールをつくる学習のねらいは新しいルールをつくることそれ自体にあるのではなく，そうした活動・体験をとおして「きまり」「規則」「法」の意義を理解することにあります。

また，「規則の尊重」を扱った教材で批判されることの多い「二通の手紙」や「星野君の二塁打」でも，前者では「規則を破って辞めることになった元さんは，本当に辞めるべきだったのだろうか？」，後者では「監督の命令を守らずに二塁打を打って勝った星野君は結果的に監督から怒られたが，監督の命令は絶対なのだろうか？」と**批判的発問**で問うことで，きまり・規則の存在意義やそれを遵守することの意義について理解を深めることができるでしょう。ただし，その際，社会を維持するうえでは何かしらの規則が必要なことをおさえられるようにしつつ，「では，どういう規則ならよいのだろう？」などと問い，あくまで「規則のよりよいあり方」を考えさせるような授業展開を構想すべきでしょう。

🔗 関連箇所⑰
批判的発問
p.37の表2.4を参照のこと。

3）伝統・文化の尊重

伝統を守ること自体を否定する人はほとんどいないでしょう。しかし，「①守るべき「伝統」とは何を意味するのか」「②伝統とみなし得る文化遺産は何か」については多様な価値観・考え方があります。①「伝統」の意味については，まず，「長く継承されてきた」という「時間性」「歴史性」が前提条件となります。しかし，伝統が長く維持されるためには，「有用性」をまったく無視することはできないでしょう。また，悪しき伝統があるのもたしかです。それゆえ，伝統であればすべて守るべきだという理解を脱する必要があるでしょう。つまり，善き伝統や「美しい」伝統，つまり価値ある伝統だからこそ，維持されてきたのではないでしょうか。

それゆえ，伝統の継承とはたんに有形の文化遺産を長期間維持することではなく，有用性や善や美の観点も考慮に入れながら伝統を「変容・発展」させる側面を含むはずです。つまり，伝統の継承と新しい文化の創造は両輪なのです。それゆえ，中学校のD-(17)「我が国の伝統と文化の尊重」では，「優れた伝統の**継承**と新しい文化の**創造**に貢献する」と書かれています。

また，伝統を継承しようとするには，人々の伝統への「愛着」が必要です。さらに，これまで伝統を継承してきた先人に対する「感謝」も関連します。地域社会で伝統を継承しようとするには「社会参画，公共の精神」が必要です。このように，たんなる目に見える文化遺産としての伝統ではなく，「伝統」に価値がある理由や，伝統を支える思いに迫る必要があります。

　そこで，「白川郷に魅せられて」では，伝統の意味のこうした多面性を意識して，たんに「伝統を守りたい」「伝統を守るべき」という「分かりきった」平板な理解だけで終わらないための発問を考えました。

　「②伝統とみなし得る文化遺産は何か」については，歴史学の知見をふまえて，社会科との連携を考慮に入れる必要があります。というのは，伝統を愛する心を教えようとするあまり，事実として存在しなかった伝統を「捏造」したり，伝統に関する歴史的事実を歪めたりしてはならないからです。そうした意味では，「伝統」は「真理の探究」との関連もおさえておく必要があるでしょう。

▶ 実践へ㉜

「白川郷に魅せられて」の指導案については，第6章4節4-6を参照のこと（p.227）。

4）大学における一般教養との関連

ワーク：考えてみましょう

> 一般教養科目（学問分野）を具体的にあげて，それらが道徳教育や道徳の内容項目とどのように関係するのかを考えてみてください。

　これまで述べてきたように，「勤労」では「ブラック企業」の問題，「家族愛」では「シャドウワーク」，「伝統」では歴史的な文化遺産に関する知識のように，道徳的価値を考えるうえでは，さまざまな一般教養の知識を背景にもっておく必要があります。道徳授業が「精神主義」「心理主義」と批判されることが多いのは，そうした一般教養をふまえていないからです。とりわけ，一般教養の知識は，道徳的価値の表面だけでなく**裏面・否定的側面**について考えるうえで重要になるでしょう。つまり，一般教養は価値の多面的な理解をうながすために有用です。そこで，一般教養と道徳教育および道徳の内容の関連性をリストにしました。

【一般教養科目と道徳教育および道徳の内容の関連性（例）】　　表4.23

| 人文社会科学系 | 哲学，論理学 | ・道徳的諸価値の善さ・正しさを論証する論理的思考力を養える。 |
| | 倫理学 | ・道徳的諸価値の善さ・正しさの根拠・理由を説明できる。
・発問・問い返しのための背景知識となる。 |

（次頁に続く）

人文社会科学系（続き）	美学，芸術学	・「創造」「感動，畏敬の念」「よりよく生きる喜び」に活用できる。
	宗教学	・「思いやり」「生命の尊さ」などの道徳的価値の背景にある宗教的価値観を理解できる。
	文学	・価値観の文化的多様性を理解できる。 ・人間の強さと弱さを理解できる。
	言語学	・各国の言語文化と価値観の対応関係を理解できる。
	史学	・各国の道徳教育の歴史や，各国の価値観の変遷を理解できる。
	文化人類学・民俗学	・価値観の文化的多様性を理解できる。
	法学	・法と道徳の重なりと違いを理解できる。
	政治学	・国家における道徳教育の位置づけや，道徳教育政策の政治的背景を理解できる。 ・道徳性と市民性の関係について考えられる。
	経済学	・善く生きるうえでの経済生活の位置づけ，道徳によって経済を規制する必要性の有無について考えられる。
	社会学	・価値観の社会的・歴史的多様性を理解できる。 ・道徳性の発達に関する社会的条件を理解できる。 ・家族，地域社会，国家における道徳教育の成立条件を理解できる。 ・道徳的価値を大切にすることの否定的側面・裏面を理解できる。
	心理学	・道徳的判断力，心情，実践意欲と態度について心理学的に理解できる。 ・道徳性の発達・発達段階について理解できる。
自然科学系	物理学，科学，工学	・「真理の探究」に活用できる。 ・科学的に探究する態度を養える。
	数学	・道徳的諸価値の妥当性について論理的に思考できる。
	生物学	・人間の進化と道徳性の起源を理解できる。 ・生命の有限性・連続性など「生命の尊さ」の理解に活用できる。
	農学	・「自然愛護」に活用できる。
	医学，歯学，看護学	・「節度・節制」「真理の探究」「生命の尊さ」に活用できる。

5）他教科や体験活動との関連を重視した道徳授業

　本書は，道徳授業の理論についての本です。そのため，学校の教育活動全体で行う道徳教育についてはほとんど論じてきませんでした。しかし，本来，道徳科の授業は，学校全体で行う道徳教育と密接な関連をもちます。そうでなければ，道徳的な判断力，心情，実践意欲と態度を十分に育てることはできない

でしょう。このことは，『学習指導要領』に以下のように記載されています。

> （「第1章 総則」の「第1 小学校（中学校）教育の基本と教育課程の役割」
> の1の(2) 2段目)
> 　学校における**道徳教育**は，特別の教科である道徳（以下「道徳科」という。）
> **を要として学校の教育活動全体を通じて行うものであり，道徳科**はもとより，
> **各教科（外国語活動），総合的な学習の時間及び特別活動**のそれぞれの特質に
> 応じて，児童の発達の段階を考慮して，適切な指導を行うこと。（太字は筆者）

　したがって，各学校では道徳教育の全体計画が作成され，各教科などでも道徳教育がなされています。戦後，「道徳の時間」が特設されるまでの13年間，道徳教育は特に社会科のなかで行われたことを思えば，社会科における市民教育が道徳教育になり得ることはいうまでもありません。しかし，道徳教育は，社会科に限らず，各教科，特別活動，総合的な学習の時間などでなされているのです。では，どの教科でどのような道徳教育が可能でしょうか。

ワーク：考えてみましょう

各教科などで行われる道徳教育とはどんなものがありますか？　教科を具体的にあげてみましょう。

　各教科などにおける道徳教育については，『解説 総則編』と『解説』に詳しく書かれています。詳細はそちらをご覧いただければと思いますが，ここでは中学校の場合の具体例をあげてみましょう。

【各教科と道徳科の関連性】　　　　　　　　　　　　　　　　　　表4.24

国語	・言語文化と「伝統，文化」「愛郷心」「愛国心」の関連。
社会	・「遵法精神，公徳心」「公平，公正，社会正義」「社会参画，公共の精神」「勤労」「伝統，文化」「愛郷心」「愛国心」「国際理解，国際貢献」との関連。
数学	・論理的な思考力の養成。たとえば，「集合」「必要十分条件」などを用いた道徳的価値の分析をとおして，論理的な思考力を養う。
理科	・科学的に探究する力を育てる点で，「真理の探究」との関連。 ・科学技術の発展と生命倫理との関係や，環境問題などの社会の持続的な発展といった現代的な課題との関連。 ・「生命の尊さ」「自然愛護」との関連。
音楽	・「感動，畏敬の念」との関連。 ・美しいもの，崇高なものとの関連。 ・わが国の自然や四季の美しさとの関連。

（次頁に続く）

美術	・「創造」との関連。 ・「伝統，文化」との関連。
保健体育	・ルールを守るなど，「遵法精神，公徳心」との関連。 ・心身の健康の増進により，「節度，節制」との関連。 ・健康・安全についての理解。
技術・家庭	・望ましい生活習慣など，「節度，節制」との関連。心身の健康についての理解。 ・「家族愛」との関連。
外国語	・外国の文化に対する理解により，「伝統，文化」との関連。 ・「相互理解」「国際理解，国際貢献」との関連。

6）各教科の専門性を活かした道徳授業

　しかし，5）で述べたこととは別に，ここで強調したいことは，道徳科の授業自体にも**各教科の専門性**を活かすことで，児童生徒が道徳的価値をより深く理解できるということです。たしかに，道徳科の授業は，児童生徒をよく理解している学級担任が計画的に進めることが基本です。しかし，その一方で，学級担任以外の他の教師の協力を仰ぐことは禁止されていませんし，むしろ推奨されるべきでしょう。

> 　道徳科の指導体制を充実するための方策としては，全てを学級担任任せにするのではなく，特に効果的と考えられる場合は，道徳科の実際の指導において**他の教師などの協力**を得ることが考えられる。校長や教頭などの参加による指導，他の教職員とのティーム・ティーチングなどの協力的な指導，校長をはじめとする管理職や他の教員が**自分の得意分野を生かした指導**などにより，学校の教職員が協力して指導に当たることができるような年間指導計画を工夫するなどを，学校としての方針の下に道徳教育推進教師が中心となって進めることが大切である。（また，複数の教職員による学年全体での授業等も考えられる。※中学校のみ）（『小学校解説』p.87，『中学校解説』p.86）（太字は筆者）

　上記のことから，各教科の専門性や教師の得意分野を活かした指導をぜひ行なっていただきたいと思います。実際，教科担任制を採用している中学校においては，「**ローテーション道徳**」が実施されることが多いでしょう。「ローテーション道徳」は，たんに1つの授業の準備に時間をかけられるといった効率性の点で有効であるだけではありません。「ローテーション道徳」で各教科の専門性を活かした道徳授業を行うことで，児童生徒のより深い価値理解が可能になるでしょう。

ワーク：考えてみましょう

各教科の専門性を活かした道徳授業にはどんなものがあり得るでしょうか。各教科の名前を具体的にあげて，考えてみましょう。

　たとえば，授業で「真理の探究」を扱う際に，理科の先生がエジソンの発明に詳しければ，より説得力のある授業を展開できるでしょう。また，「感動，畏敬の念」の授業で，音楽や美術の先生が，自然の美しさや壮大な音楽についての専門的な鑑識眼をもとに授業を組み立てれば，より深い価値理解をうながせるでしょう。「伝統，文化」の授業では，日本の伝統に詳しい社会科の先生が授業をすれば，より説得力が増すでしょう。

2-4　「知的・観念的理解」「共通解」「納得解」「自覚」を区別する

テーマ　　児童生徒は道徳授業をとおして何を達成するの？

1）知的・観念的理解／共通解／納得解／自覚

　ここまで価値理解の内容についてみてきました。しかし，これまでみてきたことは，教師がねらいとして想定している価値理解にすぎません。その価値理解に必ず学級の児童生徒全員が到達し，そのうえで，その価値観をみずからの行為・生き方の指針とする最終的な「自覚」にまで至るということはあり得ないでしょう。

　授業で獲得した価値理解が，どのようにして自覚にまで至るのかということは，道徳性心理学の知見を必要としますが，筆者は残念ながら専門外です。とはいえ，『解説』の記述や倫理学の知識などをふまえて，価値理解から自覚に至るまでの概念の区分を仮説的に示してみましょう。

【「知的・観念的理解」から「自覚」へ】　　　　　　　　　　　　表4.25

知的・観念的理解	「**頭**」だけによる価値理解。
共通解	**学級全体**として到達した価値理解。
納得解	知的・観念的な価値理解に加えて，道徳的価値の善さや大切さ，困難さ，多様さなどを**実感**を伴って理解すること。
自覚	「道徳的価値の自覚を深める過程」といわれるように，自覚はたんなる**状態**ではなく，上記すべてを含む**過程**である。学習した価値観をみずからの**行為・生き方の指針**とし，**道徳的実践**に至るまでの過程。知的・観念的な価値理解や人間理解を前提に，自己を深く見つめ，価値理解を自分との関わりで深めたり，自分自身の体験やそれに伴う感じ方や考え方を想起したりすることなどをとおして，**生き方について探求**すること。

「知的・観念的な理解」とは、とりあえず「頭」ではわかるということです。一定の**読解力**があれば「知的・観念的な理解」は可能です。それゆえ、「読み取り道徳」だけでもこの理解には到達するでしょう。

2016年7月29日の「中央教育審議会教育課程部会」の「考える道徳への転換に向けたワーキンググループ（第3回）」の資料によると、**納得解**は、「自分が納得でき周囲の納得も得られる解」です。「納得解」はもともと道徳科固有の概念ではありません。しかし、道徳科に応用するならば、**実感を伴った価値理解**であるといえるでしょう。

ただし、重要なことは、あくまで「自分が納得でき」ることが先にあり、「周囲の納得も得られる解」だということです。第1章で、カントの「自律」の思想に基づき、意志の自律を強調したのもそのためです。本書の立場がカント自身の倫理学体系に厳密に忠実とはいえませんが（そのことには深入りできませんが）、本書では、道徳教育の目的はあくまで**個人の意志の自律**にあること、そのため、道徳教育と道徳授業において**合意**は二次的なものであること、を強調したいと思います。

それゆえ、「納得解」は、学級全体で到達した**共通解**とは異なります。極端な例でいえば、ある児童生徒が授業中に一言も発言せず、その子の意見がまったく板書には反映されていないとしても、その子の内面ではその子なりに納得した答えがあるかもしれません。そうした「納得解」と、学級全体として板書に反映された「共通解」を区別しておく必要があります。

道徳科における「納得解」とは、「それも善いことだな」と実感を伴って理解するということでしょう。しかし、実感には強弱の程度もあるでしょう。それゆえ、児童生徒が納得したからといって、それをそのまま行為・生き方の「指針」とするとは限りません。もしある価値観を行為・生き方の指針とするようになるならば、それは「納得解」ではなく、「道徳的価値の自覚」でしょう。

「理解」から「自覚」の間にはこのような諸々のレベルの違いがあるため、授業を経たとしても、教師がねらいとして想定している価値理解を必ず学級全員が「納得」するということはあり得ないでしょう。もちろん、ソクラテスの問答法やカントの問答教示法によって**誘導**して、特定の答えを言わせることはできるでしょう。しかし、誘導して言わせたり書かせたりした答えは、児童生徒にとっては**自我関与**が伴わない「知的・観念的」な理解にすぎないでしょうし、ましてや**道徳的価値の自覚**には至っていないでしょう。

2）道徳授業の目的は「合意形成」ではない？

■ 関連箇所⑪
自 律
pp.23–24, p.120を
参照のこと。

■ 関連箇所⑫
問答教示法
pp.120–121を参照
のこと。

ワーク：考えてみましょう

道徳授業の目的は個々人の「納得」か、それとも、学級の「合意」のどちらで

しょうか。考えてみましょう。

筆者は，「納得解」と「共通解」を分けるべきだと述べました。つまり，道徳授業の目的は「合意形成」ではないということです。しかし，なぜ道徳授業の目的が「合意形成」であってはいけないのでしょうか。

3) でみるように，デューイは「道徳性」を「社会性」ととらえています。ハーバーマスもそうです。道徳性を社会性と同一視すると，第3章で述べた通り，道徳授業を民主的な討議・熟議とみなすことにつながります。

しかし，こうした討議・熟議を道徳授業に応用するときには留意すべきことが2点あります。

【道徳授業を民主的討議とみなす際の留意点】 **表4.26**

①「共通解」を個人の「納得解」と同一視しないこと。

②批判的な意見を否定するような「同調圧力」を抑制する努力をし，少数意見を尊重すること。

②は，民主主義論こそが重視していることです。児童生徒の意見を否定すべきでないことについては2-7で論じます。

関連箇所(73)
児童生徒の意見の否定
pp.174–175を参照のこと。

①・②の両方に関わることですが，「対話的な学び」が強調される昨今においては，非常に重要な点です。ペアワークやグループワークをして「共通解」に至ったとしても，児童生徒全員が本心から発言しているとは限りません。言いたいことを言えていない児童生徒もいるでしょう。それにもかかわらず，「みんなで「共通解」に至った」ことだけを強調してしまうと，それこそが「価値観の押し付け」になり得るでしょう。それゆえ，道徳授業においては，働きかけは否定されませんし，否定されるべきではありませんが，最終的には個人の「納得解」を得ることや，「道徳的価値の自覚」を深めることを重視するべきです。つまり，道徳授業の成果を，学級全体の「共通解」だけに矮小化してはなりません。

カントの意志の自律とは，普遍的な義務にみずから従うことです。しかし，この普遍的な義務とは，他人によって**強制**されるのではなく，みずからの意志によって自分自身に課すものです。ただし，実際カント自身は，意志の自律にもう1つの側面があるとしています。すなわち，**欲望・傾向性からの解放**です。しかし，ここでは，他者の強制によってではなく，自分の意志にみずから従うこととして自律をとらえることにします。

関連箇所(74)
定言命法
p.43を参照のこと。

それゆえ，カントは有名な「定言命法」を次のように定式化しています。自分自身の格率（行為の指針）が普遍的法則となることを意志し得るのでなけれ

重要人物⑫

ガンディー
(1869-1948)

インドの政治指導者で思想家。イギリスによる植民地支配の時代にあって、インドの大衆的政治運動を指導した。今日なおインド人大衆の尊敬と親愛の的となっている。

キーワード㉒

公民権運動

アメリカの黒人が、人種差別の撤廃と、憲法で保障された諸権利の適用を求めて展開した運動。キング牧師が活躍。

ばならない、と（カント, 2005）。つまり、自分が従う義務が普遍的であれと望むことができるような行為の指針を選択しなさいといいます。

　しかし、一人ひとりの行為・生き方の指針と、社会で現実に共有されている義務が常に一致しているとは限りません。これは、マハトマ・ガンディーの「非暴力・不服従」やキング牧師の公民権運動をみればわかるでしょう。もちろん、ガンディーやキング牧師は普遍的な道徳法則だと思ってその行為・生き方の指針を選択したでしょう。しかし、その指針は必ずしも合意をめざしていたわけではなかったでしょう。たしかに、キング牧師の場合、黒人差別が不正であることは現在では合意されていますし、今後もされるでしょう。しかし、ガンディーの場合、「非暴力・不服従」がいつでもどこでも正しいと合意すべきなのかどうかは評価が分かれるでしょう。

　もちろん、個人の行為の指針と合意が一致することは究極の理想です。しかし、道徳授業においては、あくまで個人が「自分はどうすべきなのか」「自分はどう生きるべきなのか」という**個々人の行為・生き方の指針**を考えることのほうが優先されるべきです。それゆえ、合意形成が可能だしても、合意自体を目的とするのではなく、普遍的な規則をめざして探究した結果として合意が生じるものだととらえるべきでしょう。また、むしろ自分の指針に従う結果、あえて合意を選ばないこともあるでしょう。ここでは、個人の指針と合意の不一致の可能性を肯定的にとらえたいと思います。また、合意を強調することが集団依存や集団主義に流れる危険性も指摘しておかなければなりません。

　しかし、自律と合意形成の同一視を招いた原因はカント自身にもあります。カント自身が、「嘘をついてはならない」といった特定の義務を普遍的な義務として掲げていることから、誤解が生じるのです。しかし、「嘘をついてはならない」という義務は、最終的に個々人が自分で普遍的な法則であるべきだと判断したうえで、それを自分に課すことで初めて「自律」となるのです。だからこそ、カントの自律を道徳性の発達段階に応用したコールバーグは、たんに「義務だから義務に従う」という判断を第4段階の「法と秩序」志向としており、一方、「普遍化可能性」を第6段階としているのです。つまり、カント自身のなかに、第4段階の「法と秩序」志向の段階と、第6段階の普遍化可能性の段階が同居しているといえそうです。

　歴史上、こうした第6段階の自律のわかりやすい例としては、すでにあげたガンディーの「非暴力・不服従」があげられるでしょう。また、ソクラテスがみずから刑を引き受け、毒杯を飲んで死を選んだ例をあげることもできます。ソクラテスは、古代ギリシアのポリスの1つであるアテナイの哲学者です。自由民であるソクラテスは労働しなくてよかったので、昼間から人々と議論をして過ごしていました。しかし、人々を次々に論駁したせいで恨みを買ってしまい、「異教の神を信じ、若者を堕落させた罪」で裁判にかけられ、死刑を宣告されて

関連箇所⑮

コールバーグの道徳性の発達段階

p.157の表4.21を参照のこと。

関連箇所⑯

ソクラテス
(前470/469-前399)

古代ギリシアの哲学者。プラトンの師匠でもある。p.123も参照のこと。

しまいます。そして，ソクラテスは，他国に亡命しようと思えばできたにもかかわらず，あえて「法に従う」ことを選び，獄中でみずから毒杯を飲んで死にました。自分で毒杯を飲んで自殺している点では，（もちろんカントのほうがあとの時代の人ですが）カントの「自殺をしてはならない」という義務には反しているわけです。しかし，ソクラテスは自分なりの考え方で普遍的な義務に従おうとしたのです。

　もちろん，こうしたキング牧師，ガンディー，ソクラテスらの行為は，一定の正義感覚によって可能になったといえます。その意味では，正義感覚の教育においては，道徳教育と市民教育が収斂し得る点だといえるでしょう（小林，2005）。

3）「道徳性」＝「社会性」か？

ワーク：考えてみましょう

「道徳性」は「社会性」と同じなのでしょうか。考えてみましょう。

　2）で述べたことと関連して，「道徳性」は「社会性」と同じなのかどうかという問題について論じておきましょう。すでに何度か言及したデューイ（2019）は，「道徳性」とは「社会性」であると明確に述べています。このデューイの主張の背景には2つの理由があります。

🔗 関連箇所⑦
デューイ
p.85 の重要人物⑦を参照のこと。

【カント的道徳授業に対するデューイの批判のポイント】　　表4.27

①倫理学的にいえば，カントにとって，道徳性とは純粋な動機に従う善い意志のことであり，カントが行為の結果を無視したこと。

②道徳授業の問題としてみれば，デューイが生きた当時の道徳授業とは，聖書の物語や一定の教訓を伝達する「教え込み」の授業であり，これが必ずしも行為につながっていなかったこと。

🔗 関連箇所⑱
カントに対するデューイの批判
pp.86–88 を参照のこと。

　まず，デューイ（2019）は，「教育における道徳的原理」で，子どもは統合された社会的存在であり，有権者や法の下の主体，家族の一員，労働者，ある特定の地域や共同体の一員にもならなければならないといいます。そうした社会的な存在になるための資質こそが道徳性であるため，『民主主義と教育』では，「行為の道徳的性質と社会的性質とは，互いに同じことなのである」（デューイ，1975）と主張しています。それゆえ，道徳性とは意志や動機のようなたんなる内面性だけではなく，社会的行為を実行できる力を含むといいます（理由①）。社会的行為を実行するためには，純粋な意志を育てるだけでなく，正しい目的を選択するための知性と判断力，他人に思いやりを感じられるような感受性も養う必要があるというのです（デューイ，2019）。

そうなると，たんなる説教や訓戒のような伝達型の道徳授業では効果がないことになります（理由②）。それゆえ，デューイは，子どもを善き市民にするための学習を特別の教授として他教科から切り離すことを否定します。これはまさに「道徳教育は学校教育活動全体で行う」というわが国の方針に1つの根拠を提供しているといえます。

①の批判については，本書では第2章や第3章で，「行為」や「結果・帰結」を考える発問の導入を主張してきました。ただし，本書は，理想主義の立場から，「行為」や「結果・帰結」を問うことは，それ自体が目的ではなく，それを通じて深い価値理解につながるべきだと述べてきました。また，②の批判についてはまったく同意します。

しかし，それにもかかわらず，「道徳性」を「社会性」と同一視することに対しては一定の留保をしたいと思います。たしかに，デューイ（2002）自身は，「道徳は内面的なものである」と明確に述べていますし，感受性や判断力も重視していることは今述べた通りです。だからこそ，第3章でも述べたように，デューイは「性格」の重要性を指摘しているのです。したがって，本書はデューイ自身の主張を否定するわけではありません。

しかし，デューイ自身の意図とは別にして，「道徳性」を「社会性」と同一視することには次の理由から反対です。

というのは，行為を強調しすぎるあまり，道徳教育を行為の訓練や練習へと貶めてしまう危険性があるからです。つまり，内面性が軽視される危険性があります。このことに警告を発したいと思います。極端な場合，「社会性」を強調するあまり，授業がおじぎの練習やマナー講習になってしまう危険性があるからです。

しかし，たしかに，純粋な動機や心情に共感させようとするあまり，「道徳授業には実効性がない，行為につながらない」という批判がなされてきたことは，第3章でみた通りです。では，この批判にどう応えたらよいでしょうか。つまり，行為の教育のみでは不十分な理由は何でしょうか。簡潔にまとめてみましょう。

🔗 関連箇所⑲
「結果・帰結」を考える発問
pp.42–45を参照のこと。

【行為の強調だけでは不十分な理由】 表4.28

①人間は理性的動物であるから，行為の根拠・理由についての価値観をもとに行為すること。それゆえ，行為の根拠・理由を理解することが「道徳的価値の自覚」につながること。

②行為を強調することは，かえって道徳教育をたんに行為の「訓練」「練習」へと貶めることになること。それはむしろ「価値観の押し付け」「行為の押し付け」になること。

「登場人物の心情に共感する授業では実効性がない」という批判に対しては，筆者も同意します。とりわけ，たんに理想的な場面での登場人物の心情を問うだけで，それ以上問い返しをしないまま終わってしまう授業についてはその通

りでしょう。しかし，本書の第2章で詳しく論じた通り，「登場人物の心情に共感すること」に意味がないのではなく，たんなる「上辺の道徳」で終わらないように，「自我関与」をうながすための発問の工夫をすればよいのです。

　以上のことから，「道徳性」を「社会性」と同一視することには反対です。それゆえ，道徳教育をやめて市民教育に変えるべきだという苫野（2019）の主張にも一定の留保をしたいと思います。

　たしかに，市民教育は，認知面，情動面，行為面の調和を重視しています。しかし，市民教育は，最終的には行動面につながることを強調し，外に表れる行為を強調する傾向にあります。それに対して，本書は，価値観が行為につながるのは理想ですが，すぐには行為につながらないような理想的な価値観の形成も重要だと考えます。

　とはいえ，筆者は，今まで以上に道徳教育と市民教育が結びつくこと自体には賛成です。たとえば，巻末の「内容項目一覧」の「C 主として集団や社会との関わりに関すること」のうち，「遵法精神，公徳心」「社会参画，公共の精神」「公平，公正，社会正義」「伝統や文化の尊重，国や郷土を愛する態度」「国際理解，国際貢献」といった内容項目では，社会科，総合的な学習の時間，特別活動などと連携しながら，たんなる精神論で終わらないように，内面性を行為と結びつける学習が望まれるでしょう。また，高校で新設された「公共」と小中学校の道徳科の接続もますます考えていくべきでしょう。

　しかし，それにもかかわらず，デューイ自身が内面性の育成を無視しておらず，「性格」の育成を重視したことからすれば，道徳的判断力や心情の養成に焦点化した現行の道徳科の授業がまったく実効性がないとは言い切れないでしょう。

　また，内容項目についても，市民教育であれば，「C 主として集団や社会との関わりに関すること」が排他的に重視されてしまい，「A 主として自分自身に関すること」「B 主として人との関わりに関すること」「D 主として生命や自然，崇高なものとの関わりに関すること」は軽視されてしまうでしょう。

　しかし，反対に，A・B・Dの視点を適切に指導することが，結果的に市民教育にもなり得る可能性を指摘したいと思います。たとえば，「思いやり，感謝」といった内容は，通常の市民教育で扱う内容ではないでしょう。しかし，「思いやり，感謝」のある「性格」を育成することによって，結果的に健全な「市民性」の育成につながる側面も否定できないと思います。

4）価値理解／道徳的判断

　1）で，「知的・観念的理解」「納得解」「自覚」を分けるべきだと述べました。さらにいえば，価値理解と個別の状況での実際の道徳的判断の間には距離があるでしょう。その理由はいくつかあります。第1に，何度か述べてきたように，道徳的判断においては，「事実」の認識から「価値」「当為」の判断には飛躍が

🔗 関連箇所⑩
自我関与をうながすための発問の工夫
p.63 の表 2.20 を参照のこと。

🔗 関連箇所㉛
内容項目
pp.236–237 を参照のこと。

伴うからです。

　第2に，それまでに形成された個々人の価値観が異なるからでしょう。そこには，個々人の体験や経験の違い，生得的な資質の違いなども影響しているでしょう。

　第3に，普遍的な道徳的価値は複数あるので，それらが衝突した場合の優先順位のつけ方（重みづけ）は人によって異なるでしょう。

🔗 関連箇所㊲
道徳的諸価値の間の優先順位のつけ方（重みづけ）は人によって異なる
p.143を参照のこと。

【全員が同じ価値判断（道徳的判断）に到達することが不可能である理由】
表4.29

①「事実」から「当為」への判断の飛躍。
②個々人の形成された価値観，経験や体験，生得的資質の違い。
③道徳的諸価値に対する優先順位（重みづけ）の違い。

　たしかに，小学校低学年くらいであれば，「みんなのために働くことを楽しく感じ」るように授業を行い，その結果として，「みんなのために役立とうとする意欲や態度」をもち，すすんで掃除をするという道徳的行為に至らせようとすることは可能でしょうし，また望ましいことでしょう。この時点では，道徳授業と「**しつけ**」が収斂しているといえます。しかし，学年が上がり，だんだんと価値理解そのものが多面的になり，児童生徒一人ひとりの価値観が多様化するにつれて，そのように授業と行為を直結させることは不可能になります。また，そのときに特定の行為をうながそうとすることは，主体的な判断をうながすべきであるという倫理学的な見地からしても望ましくもないでしょう。それが，道徳授業の目的はあくまで自律であるということの意味です。

🔗 関連箇所㊳
自　律
pp.23-24，およびp.120を参照のこと。

▎2-5　教材に含まれている道徳的価値観をどう扱うか

> **テーマ** ▶▶ 教材に含まれている価値観を教えたら「押し付け」になるの？

ワーク：考えてみましょう

教材に作者が気づかせたい一定の価値観が含まれていたら，「価値観の押し付け」になるのでしょうか。考えてみましょう。

　教材に作者が一定の価値観を意図として含んでいたり，教師がその価値観を分析して，授業で引き出すことをねらいとしていたりしたら，「価値観の押し付け」になるのでしょうか。この問いについては，第3章5節で，柳沼（2012b）や寺脇（2018）による批判を検討したので，すでにある程度解答済みですが，第4章でこれまで論じてきたことから，簡潔に答えを整理しておきます。

> 問題：教材に作者が一定の価値観を意図として含んでいたり，教師がその価値観
> を分析して，授業で引き出すことをねらいとしていたら，「価値観の押し
> 付け」になるのか？

①ならない。「価値観」を引き出すことをめざしているので，「行為」を強制して
いるのではない。

②特定の価値観を引き出すように「働きかけ」たとしても，「授業中の議論のルー
ル」に従っている限り，抑圧的に「押し付け」ているのではない。

③特定の価値観を引き出すことをねらったとしても，「最終的な判断」を強制し
ているわけではなく，たとえば40％くらいの児童生徒が到達したらよいとい
う「方向目標」にすぎない。それゆえ，「全体主義」ではない。

④そもそも，特定の価値観への到達へと「働きかけ」ることによって価値観を拡
大させてはならないとすれば，それは完全な「自然主義」を前提にしている。
道徳的価値観の「教え込み」は授業方法として効果的でないから「教え込み」
はしない。しかし，倫理学的に正当化されている限り，また多様な見方ができ
る場合には偏らないようにする限り，価値観を（引き出すことによって）伝達
することは文化伝達として正当である。

⑤授業方法としても，賛否両論を問うような議論そのものを封じているのではな
い。第3章6節の図3.2の②の立場のように，「理想主義」でも「主観的思考」
を引き出す授業は可能である。

🔗 関連箇所⑧④
自然主義
p.114を参照のこと。

🔗 関連箇所⑧⑤
道徳観の対立
p.90を参照のこと。

　上記の理由から，本書第3章では，理想主義の立場から，「手品師」で一定の
「真の誠実」とは何かを考えさせる授業が「価値観の押し付け」に当たるとはい
えないことを論じてきました。

　しかし，もし現実主義者が，「そういう授業はやはり一定の正解を押し付けて
いるのだ」と批判するとすれば，それは理想主義と現実主義の道徳観の違いで
すから，一概にどちらが正しいとは言い切れないでしょう。第3章で述べたこ
とを繰り返すと，これまで授業方法の対立と誤解されていた論争の背景には道
徳観の対立があったのです。それゆえ，これは「どちらの授業に実効性がある
か」という授業方法論の問題ではなく，価値観の争いなのです。それゆえ，こ
れ以上争っても道徳授業論としてはまったく不毛です。その論争は倫理学者に
任せておきましょう。

　ただし，理想主義者の立場から現実主義者に対して反論するならば，寺脇
(2018) のように，「手品師」で，「「誠実に生きる貧乏人」と「不誠実に生きる
金持ち」がいたとしたら，どちらがよりよい生き方なのか」と授業で問うこと
は，少なくとも第3章6節の図3.2の②の立場に立つ限り，まったく否定しない
ということです。「僕・私は「不誠実に生きる金持ち」がよい」と言ったなら，
「そういう判断もあるよね。それなのに，なぜこの主人公は少年との約束を選ん
だのだろう？」と問い，「真の誠実」について考えるだけです。そのうえで，一
定の引き出したい価値観を想定しておくだけです。そのとき，特定の価値観を
伝達・注入する（教え込む）わけではありません。

したがって，何度も述べてきたように，「特定の道徳的価値観を押し付ける」のではなく，「価値観や視野を拡大する」ことが理想主義の目標です。

「二通の手紙」（日文・中3）では，動物園の入園係の元さんが，入園時刻を過ぎてやってきた2人の兄弟を入れてあげたために，みんなで2人を捜索しなければいけなくなり，結果的に元さんは「懲戒処分」を通告され，「はればれとした顔で」辞めていく話です。この教材に対しては，「「規則は絶対に守りなさい」という特定の価値観を押し付けているのではないか」と批判されることがあります。

たしかに，「元さんはどうしてはればれとした顔で辞めることができたのだろう？」とだけ問うならば，柳沼のように，児童生徒の現実的な思考や感情を封じ込め，「規則の絶対的な遵守を押し付けている」などの批判が当然起きるでしょう。しかし，本書のような理想主義の②の立場からみれば，むしろ，この教材をとおして「法やきまり」について多面的・多角的に考えることができると考えます。たとえば，「2人がいなくなって捜索しなければいけなくなったから，元さんの規則違反はよくなかったのだろうか？」（**結果・帰結**），「もし2人が閉園時刻にきちんと戻ってきたら，どうだっただろう？」（**条件変更**），「では，もし入園時刻が決まっていなかったら，どうなるのだろう？」（**類推・想像，結果・帰結**），などと問い，「法やきまり」の「意義」やそれが必要な**根拠・理由**について考えることができます。

それゆえ，たんに教材のストーリーだけを見て「価値観の押し付け」を論じるのはあまり生産的ではありません。むしろ，教材に含まれている価値観について，**教材に書かれていない価値観**も含めて，倫理学などの観点から分析することで，児童生徒から**多面的な価値理解**を引き出せるようにする必要があるのです。

🔗 関連箇所⑧⑥

「二通の手紙」については，p.158も参照のこと。

🔗 関連箇所⑧⑦

本書のような理想主義の②の立場

p.108の図3.2を参照のこと。

🔗 関連箇所⑧⑧

教材に書かれていない価値観

p.63の表2.19を参照のこと。

▌2-6　発問による方向づけ

> **テーマ** ≫≫ 教材に含まれている価値観を教えたら「押し付け」になるの？

ワーク：考えてみましょう

「教師は発問で「問い」を提示しているだけだから，「価値観の押し付け」ではない」というのは本当にそうでしょうか。考えてみましょう。

> 問題：教師がいっさい「教え込み」をせず，発問で引き出しているだけだから，
> 「価値観の押し付け」ではないといえるのか？

①いえる。ただし，2-5でみたように，教材そのものに一定の価値観が含まれている限り，「授業中の議論のルール」に則っていて「押し付け」はしていないとしても，「働きかけ」はしているのが事実である。

②ただし，発問の種類，発問の立ち位置によって，「働きかけ」の程度は変わる。

③「共感的発問」「分析的発問」は，「狭い枠づけ」をしており，「投影的発問」「批判的発問」「投影的＋批判的発問」は，「広い枠づけ」をしている。しかし，いずれにせよ，「価値の真空地帯」はあり得ない。

　一部で，「教師は発問で「問い」を提示しているだけだから，「価値観の押し付け」はしていない」という先生がいます。これは本当にそうでしょうか。

　これに対する答えは上の表4.31にある通りです。**「授業中の議論のルール」**に則り，児童生徒の意見を否定したり，抑圧的・威圧的に意見を伝達したりしていなければ，「価値観の押し付け」はしていないととらえるべきでしょう。もし特定の価値観への到達をねらうだけで「価値観の押し付け」というならば，完全な**「自然主義」**に立っていることになります。

　しかし，むしろ教師が**「働きかけ」**ていることを積極的に認めるべきです。2-5で述べたように，教材には一定の価値観が含まれているのです。それゆえ，たんに「共感的発問」で，「このとき，Aさんはどんなことを思っていたのだろう？」と問うだけでも，教材に含まれている価値観を引き出そうとしているのです。「価値の真空地帯」は存在しないからです。だからこそ，「共感的発問」で心情を追うだけでは，児童生徒の現実的な思考や感情を封じ込めているのだという柳沼（2012b）の批判は，その限りでは当たっています。

【発問の種類と発問の立ち位置における「枠づけ」】　　　　　　　表4.32

問いの種類	問いの作用	答えの数	発問の立ち位置
閉じた問い	狭い枠づけ	答えが少数	共感的発問，分析的発問
開かれた問い	広い枠づけ	答えが多数	投影的発問，批判的発問，投影的＋批判的発問

　ただし，発問の種類や，発問の立ち位置によって，方向づけの仕方は異なってくるでしょう。これを本書では，**「枠づけ」**の仕方と呼びます。「Aさんはどんなことを思ったのだろう？」と問う「共感的発問」，「Aさんはなぜ○○をしたのだろう？」と問う「分析的発問」は**「狭い枠づけ」**となります。一方，「あなたならできる？」と問う「投影的発問」は「できる・できない」という両方の答えがあり得ます。「Aさんは正しかったの？」と問う「批判的発問」，「あな

たならAさんみたいにする？」と問う「投影的＋批判的発問」でも賛否両論があり得ます。そこで，これら3つの発問は**「広い枠づけ」**をしています。

いずれにせよ，「問うているだけだから，価値観を押し付けていない」という主張に対しては，**「押し付けてはいないが，働きかけている」**といいたいと思います。そして，理想主義からすれば，それが一概に悪いわけではないのです。

▌2-7　児童生徒の意見をどう扱うか

テーマ 》》 児童生徒の意見を否定してもよいの？

ワーク：考えてみましょう

特定の価値観に到達させるためには，児童生徒の意見を否定してもよいのでしょうか。考えてみましょう。

【児童生徒の意見の否定の是非】　　　　　　　　　　　　　　　表4.33

問題：特定の価値観に到達させるためには，児童生徒の意見を否定してもよいのか？
①否。「授業中の議論のルール」に基づけば，教師や児童生徒が互いの主張を**傾聴**し合い，また自分の意見を**抑圧的・威圧的に語らなければ**，いかなる意見を言ってもよい。
②①に基づき，教師がねらっている・想定している価値観と違う意見が出たら，否定するのではなく，「それはあるよね」といったんは**受け止める**。そのうえで，「でも○○なら？」「では，こういう場合はどう？」などと**問い返し**をすればよい。あるいは，ねらっている価値観と児童生徒の意見の「どこが違う？」と**比較対照**させる。

「特定の価値観への到達をねらっていること」と，**「児童生徒の意見を否定すること」**はまったく異なります。ここを誤解してしまうと，最悪の場合には，保護者からクレームがきます。「手品師」についてSNSで炎上するのを見かけることがあります。それは，「手品師も少年も幸せになるような第三の選択肢を出したら，教師に否定された」という保護者の抗議です。同様のことは「二通の手紙」でも生じ得るでしょう。「元さんはやさしかったのだから，規則を破ったけど，辞める必要はない」という児童生徒の意見に対して，「法ときまり」の内容だからと思い，「それは違う」と意見を否定してしまう場合です。これについては，理想主義者と現実主義者ではまったく異なる反応をみせるでしょう。柳沼のような現実主義者であれば，「手品師」で第三の選択肢が出たら，あるいは「二通の手紙」で「元さんはやさしいのだから辞めるべきではない」という意見が出たら，多様な解決策が出たと肯定的にとらえるでしょう。一方，理想主義者は，「第三の選択肢が出ると，処世術になってしまう」「「元さんはやさし

い」という意見と,「思いやり」に流れてしまう」と思うでしょう。

　しかし,理想主義者であっても,その答えを否定する必要はまったくありません。これについては,すでに第3章で加藤（2018a）を例に述べました。一般的にいえば,教師が想定している答えと違う答えが出たときは,「そういう意見もあるよね。でも,このAさんはそうしなかったね。なぜAさんは○○したのだろう？」と切り換えればよいのです。ただそれだけのことであり,児童生徒の意見を否定してしまうのは,**問い返しについての知識が足りないからです**。そうならないために,第2章の表2.16で「問い返しの発問リスト」を掲げてあります。

🔗 関連箇所89

問い返しの発問リスト
　p.52の表2.16を参照のこと。

2-8　教師の説話をどうするか

　ワーク：考えてみましょう

「発問をしているだけで,説話をしなければ,「価値観の押し付け」ではない」というのは本当にそうでしょうか。考えてみましょう。

【説話による「価値観の押し付け」の有無】　　　　　　　　　表4.34

問題：発問をしているだけで,説話をしなければ,「価値観の押し付け」ではないのか？

①これは疑似問題であり,**発問**と**説話**はともに「**働きかけ**」であり,教師が発問をしているだけだから,「押し付け」ていないというのは,奇妙な主張である。

②ただし,「説話」は「**伝達・注入**」であるから,「押し付け」ではなく,「**教え込み**」である。

③②に基づき,「価値観の押し付け」の問題ではなく,説話の**効果**に関する**教育方法上の問題**である。

④よって,理想主義からすれば,説話をするかどうかは教育方法上の問題であるから,説話をすべて否定する必要はない。

⑤ただし,児童生徒が**感想を書いたあとに**,説話をすべきである。というのは,**児童生徒の本人の判断に基づいて感想が書かれるべきであり**,説話のあとに感想を書くと,教師が言った価値観を書くだけになる可能性が高いからである。ここには,「**知的・観念的理解**」と「**納得解**」の違いがある。

🔗 関連箇所90

働きかけ
　p.114の図4.1,およびp.131を参照のこと。

　説話をすべきかどうかについては,理想主義者と現実主義者で考えは異なるでしょう。ただし,1点だけ明確に主張したいことは,次のことです。「説話をしていないから価値観を押し付けていません」という理想主義者の先生がいるとしましょう。それに対して,筆者ならこう答えます。「共感的発問で一定の価値観を引き出そうとしているのだから,「説話をしないから押し付けていない」という主張は実態に反しています。先生は,少なくとも,発問で「枠づけ」して働きかけていますよね。むしろそれが理想主義の授業ではないのでしょうか」と。

第5章

道徳科の評価

1　道徳科の評価とは

ワーク：考えてみましょう

道徳科の授業の評価とはどのようになされるべきでしょうか。考えてみましょう。

　この章では，道徳科の評価について論じていきます。まず，道徳科の評価は，他教科の評価とは決定的に異なるといえます。そもそも「道徳なんて，評価できる？」，さらには，「そもそも道徳を評価すべきなの？」という疑問をもつ方も多いでしょう。こうした疑問はきわめて正当です。しかし，その一方で，道徳が「特別の教科」となり，評価をすることになりました。では，そもそも「評価なんてしないほうがよい」のでしょうか。

　評価については，まず，**「授業に対する評価」**と**「児童生徒に対する評価」**に分かれます。前者の「授業に対する評価」は，教師がみずからの指導を評価し，その評価を次の授業の指導に活かすことは必要です。これがなければ，授業改善はできないからです。

　とはいえ，第1章でみたように，道徳科の目標は，最終的に表5.1の③の「道徳的な判断力，心情，実践意欲と態度を育てる」ことです。だとすれば，「授業に対する評価」をするためには，結局のところ，授業が児童生徒の「道徳的な判断力，心情，実践意欲と態度を育てる」ための指導になっているのかを判断することによって，なされなければなりません。つまり，「授業に対する評価」は「児童生徒に対する評価」を必要とするのです。それゆえ，「指導と評価の一体化」ということがいわれます。これに関しては，道徳科に限ったことではありません。したがって，道徳科の評価は，まずは，児童生徒本人のためという

関連箇所⑨

道徳科の目標

p.3の表1.1を参照のこと。

よりも，授業改善のために必要だということをおさえておきましょう。

【道徳科の目標】　　　　　　　　　　　　　　　　　　　　　　　　　　　表5.1

①道徳的諸価値についての理解を基に

②自己を見つめ，物事を（広い視野から）多面的・多角的に考え，自己（人間として）の生き方についての考えを深める学習をとおして

③道徳的な判断力，心情，実践意欲と態度を育てる

授業に　　　　　児童生徒に
対する評価　　　対する評価

図5.1　授業に対する評価と児童生徒に対する評価

2　道徳性の諸様相をなぜ評価すべきでないのか

テーマ ≫≫ 道徳性の諸様相を評価してよいの？

1節では，「指導と評価の一体化」という前提に立つならば，やはり「児童生徒に対する評価」が不可欠であることをみました。

そうなると，道徳科の目標は，児童生徒の「③道徳的な判断力，心情，実践意欲と態度を育てる」ことなので，「道徳的な判断力，心情，実践意欲と態度」，つまり「道徳性の諸様相」を把握し，その諸様相を育てる指導になっているのかどうかを評価しなければならないということになるはずです。

しかし，『解説』では，道徳科の評価においては，道徳性の諸様相（道徳的判断力，心情，実践意欲と態度）のそれぞれを分節して**評価の観点**とすることは適当でないと書かれています。

🔗 **関連箇所⑨**

道徳性の諸様相
p.4の表1.2を参照のこと。

> 道徳科の目標は，道徳的諸価値の理解を基に，自己を見つめ，物事を広い視野から多面的・多角的に考え，人間としての生き方についての考えを深める学習を通して，道徳的な判断力，心情，実践意欲及び態度を育てることであるが，道徳性の諸様相である**道徳的な判断力，心情，実践意欲と態度のそれぞれについて分節し，学習状況を分析的に捉える観点別評価を通じて見取ろうとすること**は，児童（生徒）の**人格そのものに働きかけ，道徳性を養うことを目標とす**

る道徳科の評価としては妥当ではない。(『小学校解説』pp.109–110，『中学校解説』pp.111–112)（太字は筆者）

つまり，他教科では，「知識・技能」「思考力・判断力・表現力」「主体的に学習に取り組む態度」の3観点で評価を行いますが，道徳科では，「人格そのものに働きかけ」る授業であるから，そうした**観点別評価はふさわしくない**ということです。というのも，「道徳的な判断力，心情，実践意欲と態度」はそれぞれ独立したものではなく，相互に関係し合っており，切り分けられないものであると考えられるからです。

たしかに，学習指導案では，「〇〇しようとする道徳的実践意欲を養う」などと書きます。しかし，そうであっても，実際には「道徳的判断力」が養われた結果として「道徳的実践意欲」が育つというように，それぞれの道徳性の諸様相は切り分けられないのです。このように，道徳科の評価では，道徳性の諸様相を分節化して評価するのが難しいのです。

しかし，『解説』には明確には書かれていませんが，道徳性の諸様相を分節するのが難しいということではなく，道徳性の諸様相が全体として育っているかどうかについても，見取ることは難しいでしょう。というのは，道徳教育は**学校の教育活動全体**で行なっているため，道徳性の諸様相も，道徳科の授業だけでなく，学校全体で行う**道徳教育**を通じて養われると想定できるからです。他教科や特別活動でも道徳教育を行なっている以上，そこでの**体験や経験の違い**が，道徳性の諸様相の育成に影響すると考えられます。反対にいえば，道徳科の授業だけで道徳性の諸様相を育てることは難しいでしょう。それゆえ，「このような道徳性が養われたか否かは，容易に判断できるものではない」と『解説』に書かれているのです。

関連箇所(93)
道徳教育
p.viのキーワード⑤を参照のこと。

それゆえ，道徳科の評価では，基本的には**道徳性の諸様相そのもの**を評価するわけではありません。これについて西野（2017）は「子どもの内面や道徳性そのものを直接評価するわけではない」としています。たとえば，通知表に「Aさんはクラスの友達を思いやろうとする実践意欲をもつようになりました」とは書かないということです。

そこで，道徳科における評価は，道徳科の授業を行なった結果としてみられた「**学習状況**」や「**道徳性に係る成長の様子**」を見取るものであるべきだということになります。これについては4節で論じます。

3 価値理解をなぜ評価すべきでないのか

　しかし，道徳科の目標には「①道徳的諸価値についての理解を基に」と書かれています。そうであれば，**価値理解**を評価してもよいのではないでしょうか。そのように考える人もいるでしょう。実際，戦前の「修身科」では価値理解について試験による評価が行われていました。道徳が教科化する際にも，「道徳性を数値で評価するのか？」という誤解が一部でありました。

　しかし，現在の評価では，価値理解について**数値**で評価しません。**記述式**で評価します。

　また，数値で評価しないだけでなく，価値理解そのものを評価し̇ま̇せ̇ん̇。筆者は，このことはきわめて妥当だと考えます。その理由は，以下の4つです。

【価値理解を評価すべきでない理由】 表5.2
①「事実」や「知識」から，ただちに「道徳的判断」を導き出すことはできない。それゆえ，価値理解と児童生徒本人の「**道徳的判断**」や「**納得解**」の間には必然的に隔た̇り̇があること。
②そして，「道徳的判断」や「納得解」は，個々人の体験・経験の違いや生得的資質の違いによって差が生じること。つまり，**価値観の多様性**。
③①・②に基づき，価値理解と道徳的判断は，あくまで「**方向目標**」とすべきであり，「**到達目標**」とすべきではないこと。
④たしかに，たんなる「**知的・観念的理解**」は一定の読解力があれば達成できるので，評価できる。しかし，それをすると，ワークシートなどには「**知的・観念的理解**」を記述するだけになり，「**忖度道徳**」をもたらし得ること。

　①と④についてもう少し述べておきましょう。もし価値理解を評価しようとするならば，「**価値理解**」の評価と，「**児童生徒本人の道徳的判断**」の評価を厳密に分けなければなりません。両者を曖昧にしたままでは，教師が期待する発言や記述を子どもに暗黙に強制してしまうことになり，「**忖度道徳**」や全体主義になってしまうでしょう。

　それゆえ，『解説』では，「個々の内容項目ごとではなく，**大くくりなまとまりを踏まえた評価**とする」とされています。というのは，『解説』にあるように，「内容項目について単に**知識**として**観念的**に理解させるだけの指導や，特定の考え方に無批判に従わせるような指導であってはならない」からです。

　「内容項目について単に知識として観念的に理解させるだけの指導」については，一定の価値理解が不可欠であることは本書でも述べてきた通りです。しかし，「本来実感を伴って理解すべき道徳的価値のよさや大切さ」を知識として観

念的に理解させるだけの指導」は「**教え込み**」につながり，教育方法上効果がないのです。

また，「特定の考え方に無批判に従わせるような指導であってはならない」というのは，「価値観の押し付け」に対する批判です。本書のような理想主義の立場であれ，特定の価値観の獲得をねらったとしても，それに「無批判に従わせる指導であってはならない」のです。

それゆえ，今後，もし万が一価値理解そのものを評価しようとするならば，「今日あなたがわかったことは何ですか」という**価値理解の評価**と，「では，あなた自身は〇〇（道徳的価値）についてどのように考えますか」という児童生徒本人の**道徳的判断**や**納得解**の評価をはっきりと分けるべきでしょう。

ただし，その場合でも，前者の価値理解の評価について最も注意すべきことは，価値理解といっても，教師が児童生徒に到達してほしいとねらいを定めた**一般的な価値理解**ではなく，あくまで児童生徒一人ひとりが**自分なり**に到達した**価値理解**であるべきです。そうでなければ，それこそが「価値観の押し付け」となります。それゆえ，**数値**によって価値理解の程度に序列をつけたり，「わかっていないからもっとがんばらなければいけません」と「上から目線」で指示したりする評価は慎むべきです。

この点では，現在の評価がそうであるように，「児童（生徒）がいかに成長したかを**積極的に受け止めて認め，励ます個人内評価**」でなければなりません。というのは，「答えが1つでない」道徳科の授業では，教師が想定している一定のねらいに授業展開が必ず到達することが難しいからです。いくら練りに練った学習指導案であっても，ねらったゴールに学級として至るとは限りません。無理してゴールに至らせようとすれば，無理やり特定の答えを言わせることになります。その意味で，「教師が明確なねらいをもつこと」と，「学級の児童生徒全員にそこに到達させること」は，まったく別のことです。表5.2の③で述べたように，道徳科の評価が「**方向目標**」であるのは必然的なことなのです。

それでは，ここで一度，「指導と評価の一体化」の視点から，道徳科の目標とそれに対応した評価のあり方をまとめておきましょう。

🔗 関連箇所94

教え込み

第4章1節1-3を参照のこと（pp.119–125）。

🔗 関連箇所95

方向目標

「方向目標」と「到達目標」の区別については，pp.102–103を参照のこと。

【道徳科における「指導と評価の一体化」】　　　　　　　表5.3

道徳科の目標	
学習の基盤	道徳的諸価値についての理解を基に ⇒道徳的価値について理解するということは，観念的に，知識として理解するのではなく，自分自身との関わりで，自分なりの考え方として理解するもの。 ⇒基礎的・一般的な価値理解を基盤としておさえる必要があるが，道徳的価値に関する**知識**を評価するのではない。というのは，**価値理解**と児童生徒本人の**道徳的判断**の間には必然的に隔たりがあるからである。

（次頁に続く）

学習活動	①自己を見つめ（る学習） ②物事を（広い視野から）多面的・多角的に考え（る学習） ③自己の（人間としての）生き方についての考えを深める学習を 　とおして ⇒道徳科の評価では，基本的にこれらの「**学習活動**」を評価する。
目標	道徳的な判断力，心情，実践意欲と態度を育てる ⇒しかし，道徳科の評価では，基本的にはこれらの道徳性の諸様 　相を直接評価するのではない。

4　「学習状況」と「道徳性に係る成長の様子」の評価とは何か

テーマ ≫≫ 結局，道徳科の評価は何を評価するの？

　以上，2節と3節で，表5.1の「③道徳的な判断力，心情，実践意欲と態度」と「①道徳的諸価値についての理解」を直接評価するのは適切ではない理由を論じてきました。

　そうなると，残るのは，「②自己を見つめ，物事を（広い視野から）多面的・多角的に考え，自己（人間として）の生き方についての考えを深める学習」をしているかどうかという**学習活動**を評価するという方法です。

　『解説』ではなく，『学習指導要領』本体では，道徳科の評価については以下の記載しかありません。

> （「第3章 特別の教科 道徳」の「第3 指導計画の作成と内容の取扱い」の4）
> 　児童（生徒）の**学習状況**や**道徳性に係る成長の様子**を継続的に把握し，指導に生かすよう努める必要がある。ただし，**数値**などによる評価は行わないものとする。（『小学校解説』p.107，『中学校解説』p.109）（太字は筆者）

　そして，2節と3節で述べてきた理由から，ここでの「**学習状況**」の評価とは，「②自己を見つめ，物事を（広い視野から）多面的・多角的に考え，自己（人間として）の生き方についての考えを深める学習」をしているかどうかという状況を評価することであることは理解できるでしょう。

　一方の「道徳性に係る成長の様子」の評価とは何でしょうか。これについては，実は2通りの解釈があり得ると筆者は考えます。このように2通りの解釈に分かれるのは，「道徳性に係る成長の様子」といわれるように，「道徳性の成長」とはいわれていないところにも表れています。この点については，次回の

学習指導要領の改訂時にはより丁寧な記述を求めたいと思います。

さて，2通りの解釈とは何でしょうか。第1の解釈は，「道徳性に係る成長の様子」を，あくまで「**学習活動**」に関わる成長の様子ととらえ，「その学習活動を行う**方法知を身につけたかどうか**」という意味での成長に関わる評価とするものです。

第2の解釈は，「道徳性に係る成長の様子」を，「学習活動」に関わるものとするのではなく，「**道徳性の諸様相**」の成長とするものです。

筆者は，『解説』を読む限り，第1の解釈が妥当と考えます。ただし，第2の解釈がまったく無効とは言い切れません。西野（2017）の記述を引用したように，「子どもの内面や道徳性そのものを直接評価するわけではない」とすれば，やはり道徳性の諸様相そのものを評価すべきではありません。しかし，同時に，「道徳性に係る成長の様子」として，「道徳性の諸様相」を継続的に把握し指導に活かすことは許されるし，望まれるでしょう。それゆえ，先に2節で，道徳科の評価では，**基本的には道徳性の諸様相**そのものを評価するわけではないと書いた理由はそこにあります。詭弁のようにも聞こえますが，次のように考えてみましょう。道徳性の諸様相そのものを**直接評価するわけではない**。それは，そもそもできないし，すべきでもない。しかし，それでも，「道徳性の諸様相」の変容や成長を，発言やワークシートなどの「学びの姿」をとおして可能な限り把握しよう，ということです（西野，2017）。『解説』にあるように，「道徳性が養われたか否かは，容易に判断できるものではない」。しかし，「容易に判断できるものではない」からといって，把握する努力をただちに諦めるべきではない。そのようにいえるかもしれません。

ただし，その場合でも，「道徳性の諸様相」を「判断力」「心情」「実践意欲」「態度」という4つに分節して「観点別評価」をしてはいけないことはすでに述べました。観点別評価をしない限り，道徳性の「成長」を見取ろうとすることは許容されると考えられます。しかし，この道徳性の諸様相の評価については各学校と各教師の裁量に委ねられていると解釈できるでしょう。

🔗 関連箇所⑯

方法知
道徳科の学習活動を行う際の「方法知」については，p.185の表5.5を参照のこと。

【「道徳性に係る成長の様子」の2つの解釈】　　　　　　　　　　　表5.4

第1の解釈：
表5.1の「②自己を見つめ，物事を（広い視野から）多面的・多角的に考え，自己（人間として）の生き方についての考えを深める学習」に対応して，これらの**学習活動**ができるようになったかどうかについての「成長の様子」。
第2の解釈：
道徳性の諸様相の「成長の様子」。しかし，その場合，道徳性の諸様相を**分節**して**観点別評価**をするべきではない。この評価の方法については，各学校と各教師の裁量に任されていると考えられる。

さて，ここでは第1の解釈に立つとしましょう。というのも，下記にあるように，「**学習活動に着目して評価を行う**」とされているからです。その場合，「学習状況」と「道徳性に係る成長の様子」は，ともに表5.1の「②自己を見つめ，物事を（広い視野から）多面的・多角的に考え，自己（人間として）の生き方についての考えを深める学習」活動に関わる評価となります。

> 　評価に当たっては，特に，学習活動において児童（生徒）が道徳的価値やそれらに関わる諸事象について他者の考え方や議論に触れ，自律的に思考する中で，**一面的な見方から多面的・多角的な見方へと発展しているか**，**道徳的価値の理解を自分自身との関わりの中で深めているか**といった点を重視することが重要である。このことは道徳科の目標に明記された**学習活動に着目して評価を行う**ということである。（『小学校解説』p.110，『中学校解説』p.112）（太字は筆者）

　では，学習活動をどのような視点から評価するのでしょうか。『解説』には，「一面的な見方から多面的・多角的な見方へと発展しているか」「道徳的価値の理解を自分自身との関わりの中で深めているか」という2つの視点に基づいて評価を行うと書かれています。前者の視点は，「物事を（広い視野から多面的・多角的に考え）る学習と対応しています。後者の視点は，「自己を見つめ，自己（人間として）の生き方についての考えを深める学習」と対応しています。このように「指導と評価の一体化」がめざされているわけです。

　筆者も，この2つの評価の視点はきわめて妥当だと考えます。「一面的な見方**から多面的・多角的な見方へ**と発展しているか」については，道徳授業の目的が「価値観の拡大」にあるとしてきた本書の立場とも整合的です。「道徳的価値の理解を**自分自身との関わりの中で深めているか**」については，本書でも，価値理解を効果的に行うには自分との関わりで考えること，つまり自我関与が必要だと述べてきました。

🔗 **関連箇所⑰**

価値観の拡大

pp.132–134を参照のこと。

　この2つの視点は，「学習状況」と「道徳性に係る成長の様子」の両方にまたがるものと理解することができます。つまり，「以下にある学習活動を授業中に行っているかどうか」という「**学習状況**」に関わる評価と，「以下にある学習活動ができるようになったか」という「**成長**」に関わる評価の2つです。

　さらに，『解説』では上の2つの視点が，以下の計7つの視点に分けられています。ここにあげられている学習に関する7つの「**方法知**」を，一方では「**学習状況**」として，もう一方では，「**成長**」として見取ることが望まれることになります。

【「学習状況」と「道徳性に係る成長の様子」を評価する7つの視点】表5.5

A：児童生徒が一面的な見方から多面的・多角的な見方へと発展させているかどうか

①道徳的価値に関わる問題に対する判断の根拠やそのときの心情をさまざまな視点からとらえ考えようとしていること，

②自分と違う立場や感じ方，考え方を理解しようとしていること，

③複数の道徳的価値の対立が生じる場面においてとり得る行動を多面的・多角的に考えようとしていること，

を発言や感想文，質問紙の記述などから見取るという方法が考えられる。

B：道徳的価値の理解を自分自身との関わりのなかで深めているか

④読み物教材の登場人物を自分に置き換えて考え，自分なりに具体的にイメージして理解しようとしていること，

⑤現在の自分自身を振り返り，みずからの行動や考えを見直していることがうかがえる部分に着目したりするという視点，

⑥道徳的な問題に対して自己のとり得る行動を他者と議論するなかで，道徳的価値の理解をさらに深めているか，

⑦道徳的価値を実現することの難しさを自分のこととしてとらえ，考えようとしているか，

という視点も考えられる。

　　しかし，すでに述べたように，「道徳性に係る成長の様子」という表現は，「係る」という表現からしても両義的です。第1の解釈のように，あくまで「学習活動」に関わる「方法知」の「成長」とみなすのか。それとも，第2の解釈のように，「道徳性の諸様相」に係る「成長」とみなすのか。しかし，こうした両義的な解釈を許容することで，各学校と各教師の裁量を尊重しているとみることもできるでしょう。

　　最後に，改めて道徳科の評価のポイントをまとめておきましょう。

【道徳科の評価のポイント（まとめ）】　　　　　　　　　　表5.6

①数値による評価ではなく，**記述式**で評価すること

②個々の内容項目ではなく，**大くくりなまとまり**をふまえた評価

※「大くくりなまとまり」とは？（大屋, 2017）

（1）時間的な視点

・複数時間ごと，月ごと，学期ごと，年間など。

→道徳性に係る成長は**毎時間毎時間の授業**のなかで見取ることができるとは限らない。

（2）内容上の視点

・A〜Dの4つの視点というまとまり，内容相互の関連性や発展性。

→内容項目についてたんに**知識**として**観念的**に理解させるだけの指導や，特定の考え方に無批判に従わせるような指導であってはならない。

例）児童生徒が「私は思いやりをもって生きたいと思う」と書いたとしても，その思いやりの**知識**を評価するのではない。

（次頁に続く）

③児童生徒がいかに成長したかを**積極的に受け止めて認め，励ます個人内評価**

※個人内評価：児童生徒のよい点を褒めたり，さらなる改善が望まれる点を指摘したりするなど，児童生徒の発達の段階に応じ励ましていく評価。

→一つひとつの内容をどのくらい理解したかという基準で評価するのではなく，個人の成長に着目することが必要。

→他者と比較せず，児童生徒一人ひとりの道徳性に係る成長をみる。

④児童生徒が一面的な見方から**多面的・多角的な見方**へと発展しているか，道徳的価値の理解を**自分自身との関わり**のなかで深めているか

第２部

実践編

第6章

道徳の学習指導案

　この章では，前章まで論じてきた道徳授業理論に基づいて作成した小中学校の道徳授業の学習指導案（例）を掲載します。

　教材選定の基準は以下の通りです。

(1) 多くの種類の内容項目をできる限り網羅したい。
(2) 本書の理論編で示した指導法を多種多様な教材に応用するため，有名な教材ばかりではなく，あえてあまり知られていない教材も選ぶ。

1　小学校低学年の指導案

1-1　うんどうぐつ（A-(1) 善悪の判断，自律）

- 小1「善悪の判断，自律」：
  「自律」できない弱さと，「自律」の促進条件を考える
- 主題名：
  悪いことを悪いと伝えるには（A-(1) 善悪の判断，自律）
- 教材名：
  うんどうぐつ（学研『みんなのどうとく　1ねん』）

■ 主題設定の理由 ▐▐

▷道徳的価値について

　悪いことをしている相手に悪いと伝えたいという思いは自律の一要素として重要ではあるが，容易に実行できることではない。そのため，悪いことをしている相手に悪いと伝えるには勇気や強い意志が必要であることを理解させたい。

▷指導について

　この教材では，はやのさんのくつをかくしているしげたさんに対して，ぼくがどきどきしながらも，にらみ返す話である。まず，いつもいばっているしげたさんに，悪いことは悪いと伝えることは容易ではないという人間の**弱さ**を理解させる。そのうえで，悪いことを悪いと伝えるには勇気が必要な条件を理解させたい。

　指導のポイントとしては，「仲のよい友達がくつをかくしていたら，あなたは注意できる？」と問い，「では，あなたはしげたさんに注意できる？」と2段階で問うことによって，怖い人には容易に注意できない**弱さ**をとらえさせ，そのうえでどんな人にも公平に注意できるための**促進条件**を考えさせたい。

■ ねらい

　くつをかくしていたしげたさんに注意したいぼくの思いと，容易には注意できない弱さをとらえることをとおして，悪いと思うことは悪いと言う道徳的実践意欲を養う。

■ 展　開

場面（誰が，何を）	道徳的価値・反価値 （諸価値の関連・対立を含む） ※内容項目に直結する（反）価値に二重線を引く。	発　問 ※基本発問・補助発問は○，中心発問は◎
		○あなたは，もし先生が□□さんのくつをかくしていたら，注意できる？ ○範読。
・こわいかお	・言うなよ。	○どうしてしげたさんはこわい顔をしたの？ ※絵
・かえるとき，はやのさんはこまったかおをして，くつばこをあっちこっちさがしていました。	〈はやのさん〉 ・くつがなくて帰れない。	○はやのさんはどんなことを思っているの？
・しげたさんはぼくをにらみました。ぼくはどきどきしましたが，じっとにらみかえしました。	・怖い。（<u>自律との対立</u>） ・言ったらしげたさんに怒られる。（<u>自律との対立</u>） ・今度は自分のくつがかくされる。（<u>自律との対立</u>） ・悪いことは悪いと言いたい。（<u>自律</u>）	○どうしてぼくはどきどきしたの？ ○どうしてぼくはにらみかえしたの？ ※絵 ◎にらみかえしたあと，ぼくは何を思っている？ ○にらみかえすというやり方はよかった？（批判的発問） 　A：よかった。 　B：よくなかった。

・先生に言う。 ・言葉で言う。(<u>自律</u>)	○では，にらむ以外にどんなやり方がある？ (○にらむのと言うのとは何が違う？ （比較対照）) ○もし仲のよい友達が□□さんのくつをかくしていたら，あなたは注意できる？（投影的＋批判的発問） A：できる。 B：できない。 ○では，あなたはしげたさんに注意できる？（投影的＋批判的発問） A：できる。 B：できない。
・怖い。 ・やり返される。	○どうしてできないの？（阻害条件）
・勇気をふりしぼる。 ・がんばって言う。	○どうしたら注意できそう？（促進条件）

🔍 指導のポイント

「しげたさんを注意すべき」ということは理想であるが，それだけでは「上辺の道徳」で終わってしまいがちである。そこで，「では，あなたはしげたさんに注意できる？」と「投影的＋批判的発問」で問う。ただし，児童は「できない」とは言いにくいことが想定されるので，「正直，先生もできないな」などと児童の心情を代弁してしまう。そのうえで，「どうしてできないの？」と阻害条件を問う。

❯ 理論へ

阻害条件・促進条件を問う発問については，p.46のキーワード⑭を参照のこと。

1-2　はしの上のおおかみ（B-(6) 親切，思いやり）

- **小1「親切，思いやり」：**
  分析的発問＋批判的発問を活かす
- **主題名：**
  やさしさ（B-(6) 親切，思いやり）
- **教材名**
  はしの上のおおかみ（学研『みんなのどうとく　1ねん』）

▌ 主題設定の理由

▷道徳的価値について

　親切，思いやりとは，「相手のことを考え，やさしく接すること」である。「その結果として相手の喜びを自分の喜びとして受け入れられるようにし」たい。

▷指導について

　この教材は，最初，自分より体の小さいうさぎ，きつね，たぬきにいじわるをしているおおかみが，くまのやさしさに感動し，自分もくまを見習う話である。おおかみがくまのやさしさに感動していることと，うさぎにやさしくしたことがおおかみにとって自分の喜びでもあることを共感的に理解させたい。

　ただし，おおかみの心情を共感的にとらえさせる指導は従来からなされてき

たため，本授業ではあえて**分析的発問**と**批判的発問**を用いたい。**批判的発問**を用いても，結果的に児童の答えは一方に偏るだろうが，あえて賛成・反対を問うことによって**自我関与**をうながしたい。

■ ねらい

　おおかみがいじわるを反省し，やさしくすることの喜びに気づいた変化をとらえることをとおして，他人にやさしくしたいという道徳的実践意欲を養う。

■ 展　開

場面（誰が，何を）	道徳的価値・反価値 （諸価値の関連・対立を含む） ※内容項目に直結する（反）価値に二重線を引く。	発　問 ※基本発問・補助発問は○，中心発問は◎
		○今日は，おおかみさんとくまさんが出てくるお話です。 ○範読。
・おおかみ「こら，こら，おれが先にわたるんだ。もどれ，もどれ」。……うさぎはびっくりして，すごすごともどりました。	・おれのほうが偉いから先に通るのだ。	○どうしておおかみは「もどれ，もどれ」と言ったのだろう？（分析的発問） ※絵。 ○おおかみのことをどう思う？　また，それはどうして？（批判的発問） A：よい。 B：よくない。
・おおかみ「わたしがもどります。くまさん，どうぞお先に」。	・くまさんのほうが強いから，ゆずろう。	
・くま「いや，いいんだ。こうすればいいのさ」。	・自分は力があるから，抱えてあげよう。（親切，思いやり） ・2匹とも戻らずに通れる。	
・おおかみは，はしの上に立ったまま，くまのうしろすがたをいつまでも見ていました。	・やさしい。（親切，思いやり） ・自分はいじわるだった。	◎おおかみは，くまのうしろすがたをいつまでも見ながら，どんなことを思っていたのだろう？ ※絵。
・おおかみ「いいんだ，いいんだ，うさぎくん。ほら，こうすればいいのさ」。おおかみはうさぎをだき上げ，うしろにそっと下ろしてやりました。	・くまみたいにやさしくなりたかった。（親切，思いやり） ・うさぎに謝りたい。 ・やさしくしてうさぎに見直してほしい。	○どうしておおかみはうさぎをだき上げ，うしろにそっと下ろしてあげたのだろう？（分析的発問） ※絵。 ○おおかみのことをどう思う？　また，それはどうして？（批判的発問） A：よい。 B：よくない。

▶ 理論へ

　「おおかみのことをどう思う？」という「批判的発問」は，一般的には賛否両論を引き出すために用いられるが，答えが一方に偏ると想定される場合にも，児童生徒の主体的判断を引き出すために有効である。この点についてはpp.66-67を参照のこと。

・おおかみ「えへん，へん」。ふしぎなことに，おおかみは，まえよりずっといい気もちでした。	・やさしくするのは気持ちがよい。（親切，思いやり） ・よいことをしてポカポカと温かい気持ちになった。（親切，思いやり） ・うさぎもうれしいだろう。（親切，思いやり）	○おおかみはどうして前よりいい気もちになったのだろう？（分析的発問） （○このとき，うさぎはどんな気持ちになったと思う？） ・前と違っていて変だ。 ・うれしい。 ○うさぎが喜んでくれて，おおかみはどんな気持ちになっただろう？ ○あなたも，友達に親切にしたことはある？

指導のポイント

補助発問で，「うさぎが喜んでくれて，おおかみはどんな気持ちになっただろう？」と問うことで，親切とは自分の気持ちのためにあるのではなく，相手の立場に立つことが必要であることに気づかせたい。

1-3　二わのことり（B-(9)友情，信頼）

・小1「**友情，信頼**」：
  投影的＋批判的発問を活かす
・主題名：
  どんな友達がほしい？（B-(9)友情，信頼）
・教材名：
  二わのことり（学研『みんなのどうとく　1ねん』）

■ 主題設定の理由

▷道徳的価値について

「友情」とは，たんに「楽しさ」「仲良く」することだけでなく，「相手の気持ちを考え」ることでもある。それによって互いの信頼感も育まれる。

▷指導について

この教材では，誕生日なのに1人きりで過ごすやまがらの気持ちを思って，うぐいすの家をそっと抜け出すみそさざいのやさしい友情に気づかせたい。

指導のポイントとしては，たんにみそさざいややまがらの心情に共感させるだけでなく，「あなたならみそさざいのようにするか」「みそさざいと友達になりたいか」と**投影的＋批判的発問**で問うことで，児童の**自我関与**をうながす工夫をする。ただし，ここでの投影的＋批判的発問は賛否両論を議論させるためではなく，あくまで児童に**自我関与**させるために投影的＋批判的発問を用いるということに留意する必要がある。

■ ねらい

　みそさざいがさみしいやまがらを思う友情をとらえることをとおして，友達とはどんな人であるべきなのかを見極める道徳的判断力を養う。

■ 展　開

場面（誰が，何を）	道徳的価値・反価値 （諸価値の関連・対立を含む） ※内容項目に直結する（反）価値に二重線を引く。	発　問 ※基本発問・補助発問は○，中心発問は◎
		○あなたはどんな友達がほしい？
・まよっていたみそさざいも，そちらへとんでいきました。	・あかるいきれいなところのほうがよい。 ・やまがらくんは悲しむかもしれないけど，他のことりたちもみんなうぐいすのうちにいったから。 ・大勢についていく安心感。（友情との対立）	○みそさざいは何と何にまよっていたの？ ○どうしてみそさざいはうぐいすのところに行ったの？
・しばらくすると，みそさざいはやまがらのことが，気になりだしました。	・たんじょうびなのに，さみしいだろうな。 ・たんじょうびなのに，かわいそう。 ・よばれていたのに，わるいな。	○みんなと一緒にうぐいすのところに行ったのに，どうしてみそさざいはやまがらのことが気になったの？
・みそさざい「きてよかったな」。	・やまがらが喜んでくれたのがうれしい。 ・やまがらのさみしい気持ちを思うと，このままうぐいすのうちにいても，どこか楽しめない。	◎みそさざいはどうして「きてよかったな」と思ったの？ （○やまがらは，みそさざいが来てくれて，どう思った？）
		○あなたなら，うぐいすのうちを出てやまがらのうちに行く？　また，それはどうして？（投影的＋批判的発問） A：行く。 B：行かない。
		○あなたは，みそさざいのような人と友達になりたい？　また，それはどうして？（投影的＋批判的発問） A：なりたい。 B：なりたくない。
	・かわいそうな人を助けてあげる人。 ・相手の気持がわかる人。	○あなたはどんな友達になりたい？

💭 指導のポイント

　「あなたは，みそさざいのような人と友達になりたい？　また，それはどうして？」と問うことで，たんにみそさざいの心情を理解させるだけでなく，友情についての多面的な価値理解を引き出したい。

▶ 理論へ

　友情の価値理解については，p.12を参照のこと。

1-4　げんきにそだて，ミニトマト（D-(18) 自然愛護）

- **小2「自然愛護」:**
  「自然愛護」と「生命の尊重」の関連を活かす
- **主題名:**
  生命のある自然を愛する（D-(18) 自然愛護）
- **教材名:**
  げんきにそだて，ミニトマト（東京書籍『新しいどうとく　2』）

■ **主題設定の理由**

▷ **道徳的価値について**

　人間は自然と共に生きており，自然がなければ人間の存在もあり得ない。それゆえ，「自然に親しみ動植物に優しく接しようとする心情を育てることが求められる」。ただし，自然に親しみ，自然にやさしく接することが大切であるのは，自然が生命をもつからこそである。つまり，自然に親しむことは，生命をもたない事物を大事に使おうとする場合とはその点で異なる。そこで，この本授業では，「自然愛護」の前提には「**生命の尊重**」があることを理解させたい。

▷ **指導について**

　この教材は，主人公であるわたしが，ミニトマトをやさしく一生懸命育てて，「たべるのがもったいない」と思いながらも，最後は今までで一番おいしいと感じる話である。「もったいない」理由として，一生懸命育てたから食べるのがもったいないことだけでなく，ミニトマトにも**生命**があるからもったいないということを理解させたい。

　指導のポイントとしては，「土の栄養や，太陽の光がなかったら，ミニトマトはどうなっただろう？」と**結果・帰結**に訴えることで，ミニトマトの成長を支える自然の摂理を理解させたい。また，「ミニトマトを食べていいのかな？」と**批判的発問**を活かすことで，ミニトマトにも**生命**があることをとらえさせたい。そのうえで，「では，ミニトマトを食べるとき，ミニトマトにどんなことを伝えたい？」と問うことで，ミニトマトや自然に対する感謝の気持ちを引き出したい。

> ▶ **理論へ**
>
> 　この指導案では，「自然愛護」と「生命の尊重」の関連を活かすことをめざしている。道徳的諸価値相互の関連については，pp.64–65を参照のこと。

■ **ねらい**

　ミニトマトをやさしく一生懸命育てたわたしの思いをとらえることをとおして，自然が生命をもつがゆえに自然を愛しく思う道徳的心情を養う。

▌展　開 ▏▏

場面（誰が，何を）	道徳的価値・反価値 （諸価値の関連・対立を含む） ※内容項目に直結する（反）価値に二重線を引く。	発　問 ※基本発問・補助発問は○，中心発問は◎
		○動物や植物を育てたことはある？そのとき，どんな気持ちになった？ ○範読。
・ミニトマト（いつも　お水をありがとう。うれしいな。）	〈ミニトマト〉 ・やさしく育ててくれてありがとう。（感謝との関連） ・生きていける。（生命の尊重との関連）	
・おかあさん「あなたが，まい日，ごはんをたくさん　たべて，おそとであそんで大きくなるように，ミニトマトも水とたいようのひかりをいっぱいあびて，ぐんぐん大きくなっているのね。なんだかにているわね」。	・トマトと人間も育つのは一緒。(生命の尊重との関連) ・ミニトマトが水と太陽を必要とするように，人間も栄養を必要とする。(生命の尊重との関連)	○ミニトマトとわたしはどこが似ているのだろう？
・大きくなってまっかになったミニトマト。この赤いみの中に，土のえいようやたいようのひかりや，わたしの気もちがいっぱいつまっているんだ。	・生命。(生命の尊重との関連) ・土の栄養がミニトマトを育てた。 ・太陽の光がミニトマトを育てた。 ・ミニトマトに大きく育ってほしいわたしの気持ち。(自然愛護)	◎大きくなったミニトマトのなかには，何がつまっているのだろう？ （○土の栄養や，太陽の光がなかったら，ミニトマトはどうなっただろう？（結果・帰結）） （○わたしの気持ちとは，どんな気持ちだろう？） （○でも，わたしの気持ちがなくても育つのでは？ 　A：育つ。 　B：育たない。）
・いっしょうけんめいそだてたミニトマトは，きれいなほうせきみたい。	・ミニトマトの美しさ。（感動，畏敬の念との関連） ・生命の神秘。(生命の尊重との関連)	○どうして「ミニトマトは，きれいなほうせきみたい」なのだろう？
・なんだかたべるのはもったいないな。でも，ミニトマトは，（早くたべてごらん）っていっているみたい。	・ミニトマトと別れたくない。(自然愛護) ・一生懸命育ったのにかわいそう。(自然愛護) ・でも，食べるためにやさしく丁寧に育てた。(自然愛護) ・自分が育てたミニトマトの味が知りたい。	○ミニトマトを食べていいのかな？また，それはどうして？（批判的発問） 　A：よい。 　B：よくない。
・「いただきます。ありがとう，わたしのミニトマト。」ぱくっとたべたミニトマトは，あまくてすっぱくて，いままででいちばんおいしいあじがした。	・ありがとう。(自然愛護。感謝との関連) ・おいしい。	○では，ミニトマトを食べるとき，ミニトマトにどんなことを伝えたい？

▶ 理論へ

「では，ミニトマトを食べるとき，ミニトマトにどんなことを伝えたい？」と問うことで，価値理解だけでなく，「自己の生き方についての考えを深める」ことをねらっている。道徳科の3つの学習については，p.36を参照のこと。

・ミニトマトにもある生命の神秘を感じたから。(生命の尊重との関連) ・がんばって育てたから。(勤労との関連。努力との関連)	○今までで一番おいしい味がしたのは，どうしてだろう？

2　小学校中学年の指導案

2-1　すきなことだから　高橋尚子物語
 （A-(5) 希望と勇気，努力と強い意志）

- **小3「希望と勇気，努力と強い意志」：**
 「個性の伸長」と「努力と強い意志」の対立・関連を活かす
- **主題名：**
 「好き」×「努力」＝目標の実現（A-(5) 希望と勇気，努力と強い意志）
- **教材名：**
 すきなことだから　高橋尚子物語（学研『みんなのどうとく　3年』）

■　主題設定の理由

▷道徳的価値について

　「努力」については，「自分でやろうと決めた目標に向かって強い意志をもって，粘り強くやり遂げる精神を育てることが大切である」。しかし，目標を決めるためには，自分の好きなことや自分の特徴を知る必要がある。そこで，本教材では，「努力と強い意志」と「個性」の関連をとらえさせたい。

▷指導について

　この教材では，「すきなことだから」がタイトルであるように，高橋選手が「すきなこと」を「粘り強くやり遂げる」ことのすばらしさが描かれている。しかし，「すきなこと」であっても「がんばれない」ことがあり得るため，**「好き」**と**「努力」**の対立・関連を考えさせるように工夫する。それによって，目標をやり遂げるには，「好き」だけではなく「努力」が必要なことを理解させたい。

　「つまずいたあと，高橋さんが立ち上がったのは，マラソンが「好き」だったからかな？」という発問は，基本的に「好きだから」という児童の答えを想定している。「好き」という反応を得たうえで，「でも，好きだけでここまでできるか

> ❯ 理論へ
>
> 　本指導案では，「好き」であるという「個性」と，それを「がんばる」という「努力と強い意志」の対立・関連を考えさせることをねらっている。道徳的諸価値相互の関連については，pp.64–65を参照のこと。

な？」とつなげることで，「努力」の大切さに気づかせたい。しかし，それだけでは，「努力が大切だ」という「**上辺の道徳**」で終わってしまう。そこで，「くつがぬげても，つまずいても，高橋選手が立ち上がれたのはどうしてだろう？」と問うことで，好きなことをやり遂げるために必要な**促進条件**を理解させたい。そこから，「高橋選手が（だいじょうぶ。ぜったいだいじょうぶ）と思えたのはどうしてだろう？」と問うことで，勝てるための努力の内実を考えさせたい。

　最後は，「あなたは，何をすることが「好き」？」「その「好き」なことを「がんばって」いるかな？」と問うことで，努力や希望の大切さの理解をもとに自己を見つめさせたい。

■ ねらい

　「好き」なことに「努力」を惜しまない高橋尚子選手の姿をとらえることをとおして，好きなことを強い意志をもって粘り強くやり遂げようとする道徳的実践意欲を養う。

■ 展 開

場面（誰が，何を）	道徳的価値・反価値 （諸価値の関連・対立を含む） ※内容項目に直結する（反）価値に二重線を引く。	発 問 ※基本発問・補助発問は〇，中心発問は◎
		〇高橋尚子選手の映像を見る。 〇範読。
・（たいへん！）高橋選手は，全身の力をふりしぼりました。	・がんばろう。（強い意志） ・好き。 ・勝ちたい。（希望）	
・（たいへんだあ！）びりになった尚子は，歯を食いしばり，全力で走りました。	・悔しい。 ・勝ちたい。（希望） ・粘り強さ。（強い意志）	
・（大すきなかけっこだもの，走らなくっちゃ。負けるなんて，ゆるせない，ぜったいに勝ってみせる。）	・好き。 ・負けたくない。（強い意志） ・勝ちたい。（強い意志） ・自分に負けたくない。（強い意志） ・努力して練習してきた自信。（努力）	〇つまずいたあと，高橋さんが立ち上がったのは，マラソンが「好き」だったからかな？（批判的発問） A：好き。 B：「好き」以外。 （Aに対して： 〇でも，好きだけでここまでできるかな？また，その理由は？（批判的発問） A：できる。 B：できない。）

> **💬 指導のポイント**
> 「でも，好きだけでここまでできるかな？」という発問に対しては，「できない」という答えを引き出すことによって，高橋選手の「強い意志」に目を向けさせたい。

		◎くつがぬげても，つまずいても，高橋選手が立ち上がれたのはどうしてだろう？
		○くじけそうになっても，目標をやりとげるために，必要なことは何だろう？（促進条件）
・（だいじょうぶ。ぜったいだいじょうぶ。）	・あきらめない気持ち。（勇気，強い意志） ・自分に負けないこと。（強い意志） ・努力してきたことへの自信。（努力）	○高橋選手が（だいじょうぶ。ぜったいだいじょうぶ）と思えたのはどうしてだろう？
		○あなたは，何をすることが「好き」？　たとえば先生は……。その「好き」なことを「がんばって」いるかな？ ○あなたが「好き」なことをがんばるために必要なことは何だろう？（促進条件）

2-2　絵葉書と切手（B-(9)友情，信頼）

- 小3「友情，信頼」：
  「友情」同士の対立を活かす
- 主題名：
  友達とはどんな人（B-(9)友情，信頼）
- 教材名：
  絵葉書と切手（学研『みんなのどうとく　3年』）

■ 主題設定の理由

▷道徳的価値について

　「友達の気持ちを考え」るからこそ，どちらの行為を選択するかを迷うことがある。言いづらいことでも相手のために伝えることが友情であるという考え方もある。その一方で，善意でしてくれたことのミスを伝えることで友達のことを傷つけたくないというのも1つの友情である。

▷指導について

　この教材は，定形外郵便では追加料金がかかることを知らずに絵葉書を送ってきた正子に対して，ひろ子がそのことを伝えるかどうかに悩む話である。不足料金のことを相手に伝えるか伝えないかの選択の背景にある**2つの友情のあり方**について考えることをとおして，どちらの選択をするにしても，友達を思っ

ての選択であることに気づかせたい。

　指導のポイントとしては，「ひろ子は伝えたほうがよい？」と問うたうえで，「あなただったら伝える？」と2段階で問うことで，**理想と現実の距離をとらえ**させ，そこから友情について多面的な理解を深めさせたい。

　なお，「伝えるか」「伝えないか」という行為の選択それ自体が重要なのではなく，その選択の根拠・理由が友情の理解にとって重要であることに留意する必要がある。

<table>
<tr><td colspan="2">🔵 指導のポイント</td></tr>
<tr><td colspan="2">　「伝える」「伝えない」という二者択一に対する解決策そのものが重要なのではなく，二者択一の選択について考えることをとおして，「相手を嫌な気持ちにさせたくない」「相手が同じ間違いをしないように，相手のために伝えたほうがよい」「嫌なことを伝えたとしても，相手が自分の意図をわかってくれるはずという信頼」という多面的な価値理解を引き出したい。</td></tr>
</table>

▌ねらい

　友達に対して言いづらいことを伝えるべきか，伝えるべきでないかを多面的・多角的に考えることを通じて，よりよい友達関係のあり方を見極める道徳的判断力を養う。

▌展　開

場面（誰が，何を）	道徳的価値・反価値 （諸価値の関連・対立を含む） ※内容項目に直結する（反）価値に二重線を引く。	発　問 ※基本発問・補助発問は○，中心発問は◎
		○あなたはどんな友達がほしい？ ○範読。
・「ひろ子さん，お元気ですか。……」。美しい絵葉書に，ひろ子は感激しました。	・久しぶりに正子からの連絡でうれしい。(友情) ・正子に会えなくて寂しかった。(友情)	○ひろ子はどんな気持ちだった？
・「未納不足〇〇円，松本局」。	・ひろ子は定形外のことを知らなかった。 ・120円 − 94円 = 26円。	
・兄「ひろ子の友だちなら，定形外のこと教えてあげたほうがいいんじゃないかな」。	・伝えたほうが正子のためになる。(友情，思いやり)	○お兄ちゃんはどうして伝えたほうがよいと言ったの？
・母「うーん。お礼だけ書いたほうがいいかもしれないね」。	・正子を傷つけないように。(友情，思いやり) ・ひろ子のことを思って絵葉書をくれたのだし，その思いを踏みにじることになる。(友情) ・葉書をもらって感謝しているから。(感謝) ・失礼（礼儀）	○お母さんはどうして伝えないほうがよいと言ったの？

・ひろ子は，まよってしまいました。	・真実を教えるべきか，正子に嫌な気持ちにさせないために言わないのか，どちらが相手のためになるのか。	○ひろ子はまよっていたとき，何を考えていたのだろう？
・（正子の立場から）	・言ってくれたほうがうれしい。 ・言われたくない。 ・直接会ったときでいい。	○正子は，ひろ子から伝えられて嫌な気持ちになるかな？　また，その理由は？（批判的発問） A：なる。 B：ならない。
・やっぱり知らせよう。あの正子なら，わたしの気持ちをわかってくれる。	・同じ間違いをしないように。（<u>友情</u>，思いやり） ・友達だから，間違いを直そうとするひろ子の意図をわかってくれるはず。（<u>友情</u>）	◎ひろ子は伝えたほうがよい？　伝えないほうがよい？（批判的発問） A：伝える。 B：伝えない。 ○あなただったら伝える？　また，その理由は？（投影的＋批判的発問） A：伝える。 B：伝えない。 ○あなたはどんな友達でありたい？

2-3　しんぱんは自分たちで（C-(12)公正，公平）

- **小3「公正，公平」：**
  「公正・公平」を多面的・多角的に考える
- **主題名：**
  自他の不公正にどう向き合うか（C-(12) 公正，公平）
- **教材名：**
  しんぱんは自分たちで（学研『みんなのどうとく　3年』）

▌ 主題設定の理由 ▬▬▬▬▬▬▬▬▬▬▬▬▬▬▬▬▬▬▬▬▬▬▬▬▬▬▬▬▬▬▬▬▬▬▬▬▬▬

▷道徳的価値について

　「公正，公平」とは，「私心にとらわれずに誰にも分け隔てなく接し」，偏らないことである。反対に，不公正，不公平であるとは，自分に都合よく規則を曲げようとすることであるとともに，その「不公正を許さない断固とした姿勢をも」てないことの両面がある。

▷指導について

　この教材では，きまりに反しようとするだけでなく，たか子をつきとばしてしまうりょうの**不公正**さ，それに対して，審判として公平に振る舞えないけん

たの**弱さ**が描かれている。

　指導のポイントとしては，まず，りょうの行為のどこに不公正があるのかを問うことで，「公正，公平」の意味を理解させたい。

　次に，けんたが抱えている悩みをとらえさせたうえで，「けんたはどうすべきだろう？」と問う。当然，「注意すべき」という答えが予想されるが，そのうえで，「では，誰のために注意すべきなのかな？」と問うことで，りょうが不公正であることを注意するだけではなく，けんた自身が公正，公平な態度でいることの善さをとらえさせたい。それを通じて，「公正，公平」には，不公正であることの悪さの認識だけでなく，不公正を許してしまう弱さの克服が不可欠であることを**多角的**に理解させたい。

　最後に，「あなたがけんただったら注意できる？」と**投影的＋批判的発問**で問うことで，公平であることの**難しさ**を理解させたうえで，公平を実現するための**促進条件**を考えさせたい。

　なお，りょうはきまりに反する点でいかにも「悪い」人物である。しかし，「悪人探し」の授業にならないよう，りょうを責めるよりも，公平に振る舞えないけんたの弱さを共感的に理解させることを重視したい。

■ ねらい

　公正・公平であるとは何か，公正・公平であるためには何が必要か考えることをとおして，公正・公平であろうとする道徳的実践意欲を養う。

■ 展　開

場面（誰が，何を）	道徳的価値・反価値 （諸価値の関連・対立を含む） ※内容項目に直結する（反）価値に二重線を引く。	発　問 ※基本発問・補助発問は〇，中心発問は◎
		〇「ズルい人」って，どんな人？ 〇範読。
・りょうは，（…略…）試合に負けると，いつもだれかのせいにして，その人をひどくせめるのです。	・負けを認めない。（公正，公平の欠如）	〇りょうのどこがズルいの？　また，その理由は？（道徳的価値の内包・外延）
・りょう「なるべくおれたちが勝てるように協力するんだぞ」。	・勝ちたいためにルールを曲げようとしている。（公正，公平の欠如）	

・りょうは，（…略…）相手チームのたか子を，思い切りつきとばしました。	・勝ちたいために，たか子をつきとばしても，ルールを無視してシュートした。（<u>公正，公平の欠如，規則の尊重</u>との関連）	
・けんた「（どうしよう）」。	・りょうはルールを違反したが，怖くて笛を吹けない。（<u>公正，公平との対立</u>） ・ファウルだから笛を吹くべきだが，吹けばりょうに背く。（<u>公正，公平との対立</u>）	
・りょう「たか子のほうが，おれにぶつかってきたんだぞ」。……たか子は，何も言えずにだまっています。	・たか子を助けたい。（思いやりとの関連） ・勝ちたいための嘘。（<u>公正，公平との対立</u>。正直，誠実との関連）	
・けんたの心は，ずきずきといたみました。	・ファウルだから，笛を吹きたかったのに，すぐに吹けなかった後悔。（<u>公正，公平との対立</u>） ・りょうが怖いから吹けなかった後悔。（<u>公正，公平との対立</u>） ・たか子にも悪い。（<u>公正，公平との対立</u>，思いやりとの関連）	○けんたの心がずきずきといたんだとき，けんたは何を悩んでいるのだろう？
・けんたは，ずっと下を向いていました。	・りょうを注意すべき。（<u>公正，公平</u>） ・りょうが怖いが，言わないと後悔する。（<u>公正，公平</u>） ・たか子のためにも正直に言うべき。（<u>公正，公平</u>。「正直，誠実」「思いやり」との関連）	◎では，けんたはどうすべきだろう？ ・注意すべき。 ○では，けんたは誰のために注意すべきなのかな？　また，その理由は？ 　A：りょう 　B：けんた 　C：たか子 ○でも，あなたがけんただったら注意できる？（投影的＋批判的発問） 　A：できる。 　B：できない。
	・勇気をふりしぼる。	○どうしたら注意できるだろう？（促進条件） ○人を公平に扱うには，どんなことが必要なのだろう？

🗨 指導のポイント

「では，けんたは誰のために注意すべきなのかな？」と問うことで，「公正，公平」とはどういうことかという知的な理解とともに，けんた自身が不公正に立ち向かうという道徳的実践意欲と態度の重要性に気づかせたい。そのうえで，「でも，あなたがけんただったら注意できる？」と「投影的＋批判的発問」で問うことで，理想と現実の距離をとらえさえたい。理想と現実の距離をとらえさせることの意義については，pp.77–78を参照のこと。

2-4　幸福の王子（D-(20)感動，畏敬の念）

・小3「感動，畏敬の念」：
　投影的＋批判的発問で理想と現実の距離を活かす

- 主題名：
  美しい心（D-(20) 感動，畏敬の念）
- 教材名：
  幸福の王子（学研『みんなのどうとく　3年』）

■ 主題設定の理由

▷道徳的価値について

　人間は，自分ではなかなかできないことであっても，自己犠牲的で利他的な献身に感動することができる。己を捨てて他人のために尽くすということは強制できることでも，強制すべきことでもないが，そうした利他的な献身は，その程度の大小にかかわらず，人間の日常生活のなかにもみられるものである。

▷指導について

　この教材では，町の人たちを思う王子の美しい心と，南の国に帰りたい思いを犠牲にして王子のために尽くすつばめの利他的な献身について共感的に考えさせたい。

　指導のポイントとしては，神様のところに行った王子とつばめが幸せだったかどうかをあえて**批判的**に問うことで，王子とつばめの美しい心に**自我関与**させたい。それゆえ，ここでの批判的発問は賛否両論を議論すること自体を目的にしているのではないことに留意する必要がある。また，王子とつばめの幸せの度合いを問うことで，幸せの**多面的な意味**を考えさえたい。

　ただし，王子やつばめの崇高で美しい生き方は，児童の日常生活からかけ離れているため，最後に，「あなたは，人から認められなくても，よいことができる？」と投影的＋批判的発問で問い，王子やつばめの**崇高で美しい生き方と児童の現実との距離**をとらえさせたい。それによって，児童に自分のなかにもある美しい心情に気づかせるとともに，崇高で美しい生き方をすることの**難しさ**を自覚させたい。

■ ねらい

　王子とつばめの美しい心について考えることをとおして，日常生活では容易にはできない利他的な献身の美しさを感じられる道徳的心情を養う。

▌ 展　開 ▓▓

場面（誰が，何を）	道徳的価値・反価値 （諸価値の関連・対立を含む） ※内容項目に直結する（反）価値に二重線を引く。	発　問 ※基本発問・補助発問は○，中心発問は◎
		○今日は，ある王子とつばめのお話を勉強します。 ○範読。
・次の日の朝，はい色によごれた王子のぞうを見た町の人たちは，「こんなみすぼらしいぞうは，下ろしてしまえ」と口々に言って，つばめのなきがらといっしょに，すててしまいました。	・汚いからすててしまおう。 ・無駄だからすててしまおう。	○どうして町の人は，王子のぞうを下ろし，つばめのなきがらといっしょにすててしまったのだろう？
・今までのできごとを見ていた神様が，1人の天使に言いました。「あの町の中で，もっとも美しいものを，2つ持ってきなさい」。町にとび立った天使は，王子の心ぞうと，つめたくなったつばめを，神様のところへ運んでいきました。	・町の人々からは正当に評価されなかったが，王子とつばめの気高い行為に報いたい。 ・現世では認められなかったが，神様は王子とつばめの美しい姿と心をちゃんとみていた。 ・他人のための自己犠牲という美しさ。 ・利他性という美しさ。 ・日常の利害を超えた献身という美しさ。	◎どうして天使は王子の心臓と冷くなったつばめを神様のところに持って行ったのだろう？
		○神様のところに行った王子は幸せだったかな？　また，その理由は？（批判的発問） 　A：幸せ。 　B：幸せではない。 ○王子の像は捨てられてしまったのに幸せ？ 　A：幸せ。 　B：幸せではない。 ○神様のところに行ったつばめは幸せだったかな？　また，その理由は？（批判的発問） 　A：幸せ。 　B：幸せではない。 ○つばめは南の国に帰れなかったのに幸せ？ 　A：幸せ。 　B：幸せではない。 ○つばめのなきがらは捨てられてしまったのに幸せ？ 　A：幸せ。 　B：幸せではない。 ○王子とつばめはどちらがより幸せだろう？　また，その理由は？ 　※棒グラフで表す。

> **💬 指導のポイント**
>
> 「神様のところに行った王子は幸せだったかな？」「神様のところに行ったつばめは幸せだったかな？」と，あえて「批判的発問」で問い，それに対する児童生徒の答えを棒グラフで表すことで，幸せの意味を多面的に理解させたい。棒グラフの活用については，pp.55–56を参照のこと。
>
> また，「王子の像は捨てられてしまったのに幸せ？」「つばめは南の国に帰れなかったのに幸せ？」と揺さぶりをかけることで，自我関与をうながしたい。

		○あなたは，人から認められなくても，よいことができる？　また，その理由は？（投影的＋批判的発問） A：できる。 B：できない。

2-5　海をこえて（C-(17)国際理解，国際親善）

- **小4「国際理解」**：
  社会科との関連を図る
- **主題名**：
  わが国と他国の文化（C-(17) 国際理解，国際親善）
- **教材名**：
  海をこえて（日本文教出版『小学道徳　生きる力　4』）

■ 主題設定の理由

▷道徳的価値について

他国の文化とわが国の文化の相違点と共通点に目を向けることによって，他国への関心をもたせつつ，同時に日本人としての自覚をもたせたい。

▷指導について

この教材は，フランスでガーデニングの勉強をしているアリスさんが，日本の「盆栽」を見に来て，他国である日本と自国フランスの文化のそれぞれのよさに気づく話である。アリスさんが日本の「盆栽」のすばらしさを感じ，日本という他国の文化に関心を寄せつつ，ガーデニングという自国フランスの文化に誇りをもっていることを理解させたい。

ただし，「他国にも自国と同様にすばらしい文化がある」という理解は重要ではあるが，文中から読み取れることであり，たんなる「**読み取り道徳**」で終わってしまう可能性がある。そこで，「盆栽とガーデニングの相違点と共通点」を考えさせることによって，**社会科との関連**を図りながら，多様な文化の背景にある共通の思いを考えさせる。そのうえで，自国の人が自国の文化を大切にするのと同じように，他国の人が他国の文化を大切にするという理解をうながすことによって，国際理解への意欲を高めたい。

■ ねらい

　フランス人のアリスさんが，日本の盆栽に憧れつつもフランスのガーデニングのよさを指摘されることで自国の文化のよさにも気づく姿をとらえることをとおして，世界各国の文化を大切にしていこうとする道徳的実践意欲を培う。

■ 展　開

場面（誰が，何を）	道徳的価値・反価値 （諸価値の関連・対立を含む） ※内容項目に直結する（反）価値に二重線を引く。	発　問 ※基本発問・補助発問は○，中心発問は◎
		○盆栽を知っている？ ※盆栽の写真を見せる。 ○範読。
・すごいことだと，じっと盆栽をながめていると……。	・大きな自然が小さな木につめこまれている。（自然愛護，感動，畏敬の念との関連） ・フランスにはない文化だ。（国際理解）	○アリスさんはどうして盆栽のことをすごいと思ったのだろう？
・わたしは，なんだかせなかがぴんとのびました。	・フランスの文化がほめられてうれしい。（国際理解） ・自国の文化に誇りをもっている。（国際理解，伝統と文化の尊重との関連） ・フランスにも美しいガーデニングがある。（自然愛護，感動，畏敬の念との関連）	○どうしてアリスさんのせなかはぴんとのびたのだろう？
	［相違点］ 〈盆栽〉 ・1本の木に大きな自然と長い時間をぎゅっとつめる。 〈ガーデニング〉 ・花と緑の美しさがある。 ・左右がつり合っていて，スケールが大きい。 ・心が自由になる。 ［共通点］ ・植物に関わる。 ・自然を加工していること。 ・自然を表現していること。 ・自然の美しさを表現していること。 ・自然に敬意を表していること。（自然愛護，感動，畏敬の念との関連）	○盆栽とガーデニングの写真を見せて2つを説明する。（社会科との関連） ○盆栽とガーデニングの違う点と同じ点は？（比較対照） ※ベン図で表す。

> **● 理論へ**
>
> ベン図の活用については，p.56の図2.2を参照のこと。

・（アリス）（世界には，それぞれの歴史のなかで育ったすばらしいものがたくさんあるなあ。よし，ガーデニングのすばらしさを世界中に広めていこう）……（「盆栽の心」が世界中に広がりますように，と心のなかでささやきました）。	・アリスさんがガーデニングを大切と思うように，日本の人は盆栽を大切と思っているから。（国際理解） ・形は違うとしても，「自然に対する敬意」などの一定の同じ思いを表現しているから。（国際理解）	◎どうしてアリスさんは，ガーデニングのすばらしさだけでなく，日本の「盆栽の心」が世界に広がりますようにと願ったのだろう？ ○行ってみたい国はある？　また，その理由は？（グループワーク）

3　小学校高学年の指導案

3-1　悲願の金メダル──上野由岐子（B-(8)感謝）

- **小5「感謝」**
  「感謝」を多面的に考える
- **主題名：**
  感謝の意義（B-(8) 感謝）
- **教材名：**
  悲願の金メダル──上野由岐子（教育出版『小学道徳　はばたこう明日へ　5』）

■ 主題設定の理由

▷道徳的価値について

　感謝とは，「人々に支えられ助けられて自分が存在するという認識」に立ち，自分を支え，助けてくれた人の善意に気づき，恩を感じることである。そのうえで，「人々の善意に応えて自分は何をすべきかを自覚し，進んで実践できるように」したい。

▷指導について

　この教材は，女子ソフトボールの上野由岐子選手が悲願の金メダルを獲得した際に，まわりの人々に支えられ，助けられて今の自分が存在することを自覚する話である。上野選手のまわりの人々に対する感謝の質や範囲を**多面的**に考えさせることによって，感謝の価値理解を深めたい。

　指導のポイントとしては，腰椎骨折で入院したときに，「あなたなら，「みん

なのおかげで自分があるんだ」と思える？」と**投影的＋批判的発問**で問うことで，感謝することの難しさと，上野選手が感謝できることのすばらしさをとらえさせたい。また，感謝できることそれ自体が人生を豊かにすることをとらえたうえで，さらに，感謝することで人生がどう変わってくるかという**成長・変化**についても考えさせることで，感謝することの**意義**を考えさせたい。

■ ねらい

　金メダルの獲得した際に自分を支えてくれた人に感謝する上野由岐子選手の感謝の質と範囲を考えることをとおして，自分を支えてくれた人に感謝することの意義を見極める道徳的判断力を養う。

■ 展　開

場面（誰が，何を）	道徳的価値・反価値 （諸価値の関連・対立を含む） ※内容項目に直結する（反）価値に二重線を引く。	発　問 ※基本発問・補助発問は〇，中心発問は◎
		〇上野由岐子選手のチームが金メダルをとった試合を知っている？ 〇範読。
・「腰椎骨折，全治3か月」，約100日間の入院生活が始まる。その間，ソフトボール部の仲間が，何度も見まいに来てくれた。「上野，早くよくなってね」そんな言葉を耳にするたび上野選手は思った。「ああ，わたしは人1人じゃない。みんなのおかげで自分があるんだ」と。	・入院生活はつらいが，みんなのためにも早くよくなりたい。 ・部活のときもいつも支えてくれているが，見舞いにも来てくれる。ありがたい。（感謝）	〇あなたなら，「腰椎骨折，全治3か月」の状況で，「みんなのおかげで自分があるんだ」と思える？また，その理由は？（投影的＋批判的発問） A：思える。 B：思えない。
・合計318球を投げぬいてきた上野選手のかたとうでは，悲鳴をあげていた。	・ここまでがんばってきたから，諦めたくない。（希望と勇気，努力と強い意志との関連） ・自分のためだけではなく，まわりに対する責任がある。（自由と責任との関連） ・まわりが支えてくれているから。（感謝）	〇どうして上野選手は投げ切れたのだろう？
・（上野）（かんとく，先ぱい，チームの仲間，そしてお父さん，お母さん……。これは，みんなで勝ち取った金メダルなんだよ）。	〈かんとくに〉 ・熱心に指導してくれた。 〈先輩に〉 ・自分はオリンピック出場を諦めたのに，応援してくれた。 ・手づくりのお守りをつくってくれた。 〈チームの仲間に〉 ・励ましの言葉をくれた。	◎誰にどれくらい・何を感謝しているのだろう？また，その理由は？ ※棒グラフで表す。 （〇「……」とあるけれど，上野選手が感謝している人は他にいないかな？）

> **📖 指導のポイント**
>
> 　本文中にある「「……。」という部分に着目し，「「……」とあるけれど，上野選手が感謝している人は他にいないかな？」と問うことで，本文中に書かれていない人々に対する感謝の思いを引き出し，感謝の質と範囲を多面的に考えさせたい。
> 　棒グラフの活用については，pp.55-56を参照のこと。

・ピンチでも信頼してくれた。	
〈お父さんに〉	
・庭にマウンドとネットを作ってくれた。	
〈お父さんとお母さんに〉	
・育ててくれた。	
・夢を応援してくれた。	
・男子ばかりのチームでも，入るのを許してくれた。	
〈高校のソフトボール部の仲間に〉	
・入院したときに応援してくれた。	
〈ファンに〉	
・いつも応援してくれてありがとう。	
〈今まで支えてくれたすべての人に〉	
・誰一人として欠けてはならない。ありがとう。	
・支えてくれたから。（感謝）	○さっき言ってくれたすべての人たちに感謝することは，どうして大事なのだろう？（分析的発問）
・助けてくれたから。（感謝）	
・人は，他の人の思いを背負って生きている。その思いに報いるべきである。（感謝）	
・支えてくれた人に感謝することで，自分も強くなれる。（感謝）	○感謝するのとしないのとでは，その後の人生はどう変わってくるだろう？（成長・変化）
・支えてくれた人に感謝することで，自分も人々や社会のために役立とうと思える。（感謝）	A：しないとき。 B：するとき。

3-2　折れたタワー（B-(11)寛容）

- **小5「寛容」：**
  投影的＋批判的発問で自我関与をうながす
- **主題名：**
  広い心（B-(11) 寛容）
- **教材名：**
  折れたタワー（日本文教出版『小学道徳　生きる力　5』）

▌主題設定の理由

▷道徳的価値について

誰もが過ちを犯し得るからこそ，罪を許す広い心をもつことが必要である。

● 理論へ

「寛容」の価値理解についてはp.12を参照のこと。

▷指導について

　この教材では，給食当番のマスクを忘れたひろしがのりおからひどくどなられるが，今度は，のりおがひろしのタワーを折ってしまう。自分をどなったのりおに「ほら，同じ失敗をしたな」と感じる一方で，自分と同じように失敗したみつおを許す広い心を理解させたい。

　指導のポイントとしては，「あなただったら，のりおを許せるか」とあえて**投影的＋批判的発問**で問うことで，**自我関与**をうながす工夫をする。

■ ねらい

　自分と同じように失敗したのりおを許そうとするひろしの思いをとらえることをとおして，誰もが罪を犯し得るがゆえに，広い心で罪を許そうとする道徳的実践意欲を養う。

■ 展　開

場面（誰が，何を）	道徳的価値・反価値 （諸価値の関連・対立を含む） ※内容項目に直結する（反）価値に二重線を引く。	発　問 ※基本発問・補助発問は○，中心発問は◎
		○自分が一生懸命つくったものを壊されたら許せる？ ○範読。
・のりおが大きな声で，「わすれたのか。ひろしはぼくと，牛乳を運ぶ係じゃないか。あんな重い物，一人じゃ運べないよ。どうしてくれるんだ」と，どなるように言いました。	・きまりを破ったから。（<u>寛容との対立</u>，規則の尊重との関連） ・牛乳を1人では運べないから。（<u>寛容との対立</u>）	○どうしてのりおは大きな声で言ったのだろう？
・（ひろし）「……ごめん」。	・忘れた僕が悪かった。 ・でも，そこまで怒らなくてもいいのでは。（<u>寛容</u>）	○ひろしは「ごめん」と言ったとき，どんなことを思っていただろう？
・ひろしはだまって折れたタワーを拾い上げました。	・のりおだって，失敗したじゃないか。 ・僕のことを強く怒ったから，それが返ってきたんだぞ。 ・誰だって失敗するから仕方ない。（<u>寛容</u>） ・僕も怒られて嫌だったから，のりおを許そう。（<u>寛容</u>） ・のりおはわざとやったのではない。（<u>寛容</u>）	◎だまって折れたタワーを拾い上げたとき，ひろしはどんなことを思っていたのだろう？

　のりおを許したひ
ろしの心情を考えさせ
るだけでは，「上辺の
道徳」で終わってしま
いがちである。そこで，
「あなただったら，ひ
ろしみたいにのりお
を許せる？」と「投影
的＋批判的発問」で問
うことで，自我関与を
うながし，児童の主体
的な考えを引き出した
い。ただし，児童が
「許せない」という答
えは言いにくいと想定
されるので，「先生は
許せないかも」と代弁
して，「どうして許せ
ないのだろう？」（阻
害条件）「どうしたら
許せるだろう？」（促
進条件）の問いにつな
げる。

● 理論へ

　道徳的諸価値相互
の対立や関連について
は，pp.64-65を参照
のこと。

・「わざと落としたんじゃないだろ。
　しかたないさ」と言って，また，
　そうじの続きを始めました。

○あなただったら，ひろしみたいに
　のりおを許せる？　また，その理
　由は？（投影的＋批判的発問）
　A：許せる。
　B：許せない。
○どうして許せないのだろう？（阻
　害条件）
○どうしたら許せるだろう？（促進
　条件）
○最初に「自分が一生懸命つくった
　ものを壊されたら許せる？」と聞
　いたけど，今なら許せそう？　ま
　た，その理由は？（批判的発問）
　A：許せる。
　B：許せない。

3-3　ブランコ乗りとピエロ（B-(11)相互理解，寛容）

・小6「相互理解，寛容」：
　「規則の尊重」と「相互理解，寛容」の対立を活かす
・主題名：
　相互理解の善さと難しさ（B-(11) 相互理解，寛容）
・教材名：
　ブランコ乗りとピエロ（学研『みんなの道徳　6年』）

■ 主題設定の理由

▷道徳的価値について

　「私たちは，自分の立場を守るため，つい他人の（…略…）過ちを一方的に批
判したり，自分とは異なる意見や立場を受け入れようとしなかったりする」弱
さをもっている。しかし，「相手から学ぶ姿勢を常にもち，自分と異なる意見や
立場を受けとめること」は，「創造的で建設的な社会をつくっていくために必要
な資質・能力である」。たしかに，他人の過ちを過ちとして注意することは重
要である。しかし，過ちを犯す側にも一定の理由があることが多い。そのため，
「なぜそのような考え方をするのかを，相手の立場になって考える態度を育てる
ことが求められる」。

▷指導について

　この教材の最初の場面では，決められた演技の時間を超えて演技するサムの
「規則」違反に対して，ピエロを含む団員が「理解」できない姿が描かれている。

しかし，後半では，ピエロは，サムの芸に対する真摯な思いや姿を目の当たりにすることによって，サムの立場に立って考えられるようになる。そこで，このピエロの変化の理由を考えさせたい。

　この教材では，決められた演技時間を守るという「規則の尊重」と，それを広い心で許す「寛容」や，異なった意見や立場を受け止めるという「相互理解」とが対立している。そこで，指導のポイントとしては，この**道徳的価値同士の対立**を活用し，規則に違反しているサムに対する児童の思いを引き出したうえで，なぜピエロがサムを許せるように変化したのかを考えさせたい。

　しかし，異なった意見や立場を受け止める「相互理解」は理想ではあるが，その実現は容易ではない。そこで，**投影的＋批判的発問**で「あなただったら，サムを受け入れられる？」と問うことで，理想的な価値観と児童の現実的な価値理解の距離をとらえさせ，相互理解の難しさについても自覚させたい。

▌ ねらい

　規則違反をしたサムを許し，理解できるようになったピエロの変化をとらえることをとおして，異なる意見や立場の人を理解しようとする道徳的実践意欲を養う。

▌ 展　開

場面（誰が，何を）	道徳的価値・反価値 （諸価値の関連・対立を含む） ※内容項目に直結する（反）価値に二重線を引く。	発　問 ※基本発問・補助発問は〇，中心発問は◎
		〇「自分とは意見が違うな」と思う人はいる？　そういう人がいるとき，どう思う？ 〇範読。
・ピエロ「サムのやつ。あれほど言っておいたのに」。	・傲慢さ，不「公平」に対する怒り。（相互理解との対立）	
・ピエロ「今回のこともそうだった……」。	・「規則」違反，傲慢さに対する怒り。（相互理解との対立）	〇どうしてピエロは最初サムを受け入れられなかったのだろう？（阻害条件）
・サム「またお説教か……あんたも目立ちたい……」。	・居直り，自負心，能力が優れているのだから当然（「公平」）。（相互理解との対立）	〇一方，どうしてサムは時間を無視して演技していたのだろう？ 〇あなたはサムのことをどう思う？また，その理由は？（批判的発問） A：悪くはない。 B：悪い。

・団員たちは,「サムに対するいかりと, ピエロに対する同情」。	・傲慢さ, 不「公平」に対する怒り。ピエロへの同情。(相互理解との対立)	
・サム「なぜ, だまっているんだ。……その私の何が悪いというんだ」。	・(不「公平」であろうと)「誠実」,真摯に演技をしているのだからよい。(相互理解との対立)	○でも, サムは目立ちたかっただけなのかな?(批判的発問) A:そう。 B:そうではない。
・サム「(無視されている。)……いすをけりたおした」。	・孤立感。(「誠実」にやっているのに)周囲から認められていない。(相互理解の欠如)	
・ピエロ「そのサムの姿を, 私は, 今も思い出していたんだ。……サムをにくむ気持ちが, 消えてしまったのだ」。	・芸への真摯さ,「誠実」さへの共感。(理解) ・憎しみばかりでサムの思いを考えていなかったことへの反省。(理解) ・自分も目立ちたかった(名誉)から悔しかったことの気づきと反省。	◎どうしてピエロはサムを受け入れられたのだろう?(促進条件) (○でも, 規則違反したのに, 受け入れていいの?) ○あなただったら, サムを受け入れられる? また, その理由は?(投影的+批判的発問) A:はい。 B:いいえ。
・ピエロ「サムを手本に努力していくつもりだ。サムのおかげで, 今日はいい演技ができた」。	・向上心(「努力と強い意志」)。 ・芸への真摯さ,「誠実」さへの共感。(理解) ・自分の憎しみへの反省。	
・ピエロ「でも, サム。……おたがいに, 自分だけがスターだという気持ちは, 捨てなければならない……」。	・傲慢はよくない。 ・自分のためではなく, チームのために。(相互理解)	
・「……一緒にいることは, 少しもつらくなかった」。	・お互いを理解できた。(相互理解)	
		○「自分とは意見が違うな」と思う人とどうやって付き合っていけばよいと思う?

指導のポイント

「相互理解」は理想ではあっても,「上辺の道徳」で終わりがちである。そこで,「でも, 規則違反したのに, 受け入れていいの?」と揺さぶり,「あなただったら, サムを受け入れられる?」と「投影的+批判的発問」で問うとこで,「人間理解」の観点から, 相互理解の難しさにも気づかせたい。「人間理解」の意義については, 第1章1節1-2の2)(pp.8–11)を参照のこと。

4-1　思いやりの日々（B-(6)思いやり，感謝）

- **中1「思いやり」:**
  「思いやり」同士の価値観の対立を活かす
- **主題名:**
  真の思いやり（B-(6) 思いやり，感謝）
- **教材名:**
  思いやりの日々（東京書籍『新しい道徳1』）

▌主題設定の理由

▷道徳的価値について

　思いやりは，相手に親切にすることである。しかし，その一方で，相手に親切にしようとすることが独りよがりとなり，かえって相手のためにならないこともある。そこで，「相手の立場に立」って，真の思いやりが何かをそのつど判断する必要がある。

▷指導について

　この教材は和威さんと喜美世さんの夫婦の話である。喜美世さんが突然難病にかかり，倒れてしまう。和威さんの献身的な看病もあって，喜美世さんの容態は奇跡的に回復してくる。そのとき，喜美世さんは「私も，手伝おうかしら」と料理を手伝うことを申し出るが，和威さんは「いいよ，いいよ。ぼくが全部やるから」と断ってしまう。

　この教材では，(1) 和威さんが喜美世さんのことを思って「いいよ，いいよ。ぼくが全部やるから」と断ったことは，それ自体1つの思いやりの表れである。つまり，和威さんの思いやりが完全に間違っているわけではない。しかし，和威さんの思いやりは，(2) 相手の思いを尊重していない，相手の自信や可能性を奪っている。そのために，独りよがりであった。そこで，指導の際には，「思いやり」同士の**価値観の対立**を活用することをとおして，(2) のように「相手の立場に立つ」思いやりのほうが真の思いやりであることに気づかせたい。

　なお，この教材では，その人ができることは何とか自分でこなしてもらうほうが本人のためになるという一定の「正解」が明確に書かれている。だからこそ，「書かれていることを言わせるだけ」の**「読み取り道徳」**にならないように，

批判的発問を用いることで自我関与させる工夫をしたい。

■ ねらい

　和威さんの思いやりに対する考え方の変化について考えることをとおして，相手の立場に立った真の思いやりのあり方を見極める道徳的判断力を養う。

■ 展　開

場面（誰が，何を）	道徳的価値・反価値 （諸価値の関連・対立を含む） ※内容項目に直結する（反）価値に二重線を引く。	発　問 ※基本発問・補助発問は〇，中心発問は◎
		〇思いやりとはどんなこと？ 〇範読。
・「私も，手伝おうかしら」。和威さんは，少し考えてから，こう言いました。「いいよ，いいよ。ぼくが全部やるから」。喜美世さんの申し出を断ったのです。喜美世さんは，だまりこんでしまいました。	〈喜美世さん〉 ・和威さんの負担を減らしたい。(思いやり) ・和威さんの看病に対する感謝と恩返し。(思いやり，感謝との関連) ・自分でやりたかった。(自主，自律との関連) 〈和威さん〉 ・大変だし，やってあげたほうが，喜美世さんのため。(思いやり) ・今までの恩返しと感謝。(思いやり，感謝との関連)	〇和威さんはどんな思いで「いいよ，いいよ。ぼくが全部やるから」と断ったのだろう？
・断った和威さん。それなのに，そのことで今も後悔していると言います。	・喜美世さんの思いを尊重しなかった。(思いやりの欠如) ・喜美世さんができることは自分でやってもらったほうが，本人のためになる。(思いやり，自主，自律との関連) ・喜美世さんができることは自分でやってもらったほうが，自信につながる。(思いやり，自主，自律との関連)	〇なぜ後悔しているのだろう？ ◎では，和威さんが断ったのは間違っていたの？（批判的発問） 　A：間違っていない。 ・危ないかもしれない，しんどいかもしれないと相手のためを思っていたから。 ・お互い思い合っていたから。 ・どちらも思いやりだから。 　B：間違っていた。 ・自分でやれることはやらせてあげるほうが相手のためだから。 (Bに対して： 　〇でも，喜美世さんのことを思っていたからだよね？ ・動機はよかったが，相手の思いを尊重していない。 ・相手の可能性を奪うことになる。 ・相手の自信をなくさせている。)

▶理論へ

　「相手に何もかもしてあげるのではなく，その人ができることは，何とか自分でこなしてもらう」と，本文の最後に明確に書かれているので，「本当の思いやりとは何か？」などと問えば，本文中に書かれていることを答えるだけの「読み取り道徳」になってしまう。そこで，「では，和威さんが断ったのは間違っていたの？」と「批判的発問」で問うことで，自我関与をうながしたい。「批判的発問」の意義については，pp.65–72を参照のこと。

（Bに対して：
　○喜美世さんへの感謝からやった
　　ことなのにダメなの？
　・和威さんの独りよがり。
　・相手のためになっていない。)

○あなたにとって，思いやりとはど
んなことだろう？

4-2　いつわりのバイオリン（D-(22)よりよく生きる喜び）

- **中1　道徳学習指導案：**
  投影的発問で理想と現実の距離を活かす
- **主題名：**
  人間の弱さと強さ（D-(22)よりよく生きる喜び）
- **教材名：**
  いつわりのバイオリン（日本文教出版『中学道徳　あすを生きる　1』）

■ 主題設定の理由

▷**道徳的価値について**

　誘惑に負けて，本来するべきではない不公正な行為をしてしまう弱さと醜さをもつのが人間である一方で，その弱さと醜さと深く向き合うことで，誇りある生き方に近づこうと努力することができる。また，他人から不公正な行為をされると，一般的には憎んだり，恨んだりするが，それを許す心の広さ，相手を責めない寛容さもまた強さ，気高さである。さらに，相手を罰することに執着せず，相手を許すことで，自分の夢や希望に集中する生き方も強さだろう。

▷**指導について**

　この教材では，バイオリン職人のフランクが，締切の時間が迫っても，満足したバイオリンがつくれず，弟子であるロビンのバイオリンにみずからのラベルを貼って客に渡してしまう。しかし，その後，フランクの工房はうまくいかなくなってしまう。ロビンはフランクを心配してフランクに励ましの手紙を送る。この教材では，フランクが自分の罪に向き合い，再度誇りある生き方をめざそうとする姿と，フランクを許せたロビンの強さ，気高さをとらえさせたい。

　指導のポイントとしては，「フランクの行動をどう思う？」と批判的発問で問うことによって，自我関与をうながす。

　次に，ロビンの立場から，「どうしてロビンはフランクを許せたのだろう？」

と問うたうえで，「あなたならフランクを許せる？」と**投影的＋批判的発問**で問うことによって，**ロビンの強さ，気高さと生徒の現実の距離**をとらえさせたい。

　そのうえで，フランクの立場から，「ロビンからの手紙をもらってフランクは何を思っただろう？」と問うことで，後悔や謝罪の念をとらえさせたうえで，最後に，「（まだ許されていないとしたら）許されるために，フランクはどうしたらよいだろう？」と問うことで，誇りある生き方とはどういう生き方なのかを考えさせたい。

■ ねらい

　フランクの罪を許すロビンの気高さをとらえるとともに，フランクが自分の罪にどう向き合うべきかを考えることをとおして，罪を犯してしまう弱さを克服して気高く生きていこうとする道徳的実践意欲を養う。

■ 展　開

> ❷ 理論へ
>
> 棒グラフの活用については，pp.55-56を参照のこと。

場面（誰が，何を）	道徳的価値・反価値 （諸価値の関連・対立を含む） ※内容項目に直結する（反）価値に二重線を引く。	発　問 ※基本発問・補助発問は〇，中心発問は◎
		〇あなたは，他人に嘘をついてしまったことはあるだろうか？ 〇範読。
・フランクは，一瞬目を伏せましたが，気づくとバイオリンを手にし，ラベルをロビンのものからフランクのものに貼り替えてしまっていました。	・ロビンには悪いが，時間がなかったから。（弱さ） ・客からの信頼を失いたくないから。（利己主義） ・ズルいが，時間がないから仕方がない。（公平，公正との関連） ・ロビンは弟子だからいいや。（醜さ） ・時間がなくても，張り替えるべきではなかった。（公平，公正との関連）	〇フランクの行動をどう思う？　また，その理由は？（批判的発問） A：仕方ない。 B：悪い。 ※「仕方ない」から「悪い」の程度を棒グラフで表す。 （Bに対して： 〇でも，時間がなかったよね？）
・ロビン「私は，フランクさんのバイオリンの音色に憧れていました。あなたのもとでバイオリンの修行ができたことは，私の生涯の宝物です。……」。	・勝手にラベルを貼り替えてしまったことは許せないが，フランクのおかげで今の自分があること。（寛容との関連） ・いつまでも他人の罪を責めるより，自分の人生を前向きに生きよう。（強さ） ・フランクが落ち込んでいないか心配だ。（思いやりとの関連）	◎どうしてロビンはフランクを許せたのだろう？ 〇あなたならフランクを許せる？（投影的＋批判的発問） ※許せる程度を棒グラフで表す。

・自責と後悔。 ・謝罪。 ・自分の思いを継いでくれたことへの感謝。 ・ロビンのバイオリンへの情熱に対する尊敬。（ロビンの<u>気高さ</u>） ・ロビンの情熱を見習いたい。（ロビンの<u>気高さ</u>） ・ロビンを見習って，再度誇りをもってバイオリンに取り組む。（努力との関連）	○ロビンからの手紙をもらってフランクは何を思っただろう？ ◎（まだ許されていないとしたら）許されるために，フランクはどうしたらよいだろう？

> **▶ 理論へ**
>
> 「（まだ許されていないとしたら）許されるために，フランクはどうしたらよいだろう？」という発問は，「人間としての生き方についての考えを深める」ことをねらっている。道徳科の3つの学習については，p.36を参照のこと。

4-3　たったひとつのたからもの（D-(19)生命の尊さ）

- **中2「生命の尊さ」：**
  生命の尊さを多面的に考える
- **主題名：**
  かけがえのない人生（D-(19)生命の尊さ）
- **教材名：**
  たったひとつのたからもの（教育出版『中学道徳2　とびだそう未来へ』）

▌ 主題設定の理由

▷道徳的価値について

　与えられた生命は，その人生が長くても短くても，他の生命には換えられないかけがえのない生命である（**生命の特殊性**）。そうしたそれぞれの生命は，人生において成し遂げたことが何であろうと，絶対的に平等な価値をもつ（**生命の平等性**）。しかし，そうしたかけがえのない生命であっても，いつか必ず死ぬ（**生命の有限性**）。だからこそ，一日一日を精いっぱい生き，「今まさに生きているんだ」という実感を得ることで（**生の歓喜性**），後悔のない人生を歩んでいってほしい。

▷指導について

　この教材では，ダウン症である秋雪くんのお母さんが，秋雪くんの6年間の人生を共に生きたことを振り返っている。この教材をとおして，つらいことがたくさんあっても毎日毎日を精いっぱい楽しく生きる秋雪くんの姿から，生命

指導のポイント

本指導案では、「生命の尊さ」の意味を多面的に理解させることをねらっている。そのため、「生命の尊さ」の複数の意味をもとに、生徒の答えに色分けして線を引くなどの工夫をしたい。「価値観の類型化」については、pp.56-57を参照のこと。

のかけがえのなさ、全力で生きることの充実感（生の歓喜性）を学べる。また、秋雪くんとの人生を振り返るお母さんの立場からは、息子と一緒にさまざまな大変なことを乗り越え、その結果として達成される人生の喜び（生の歓喜性）や、たとえ息子の人生が短いものであっても、家族で共に生きた思い出はなくならないこと（生の精神性）を学べる。このように**生命の尊さの多面的な意味**を教えてくれる教材である。

指導のポイントとしては、家族で海に行った場面で写真を撮ったときのお母さんの思いから、「生命が有限だからこそ、この瞬間を永遠に残したい」という生命の有限性と生の精神性をとらえさせたい。

また、「秋雪くんがお母さんに残してくれた幸せとは何か？」と問うことで、生の歓喜性や精神性をとらえさせたい。

最後は、「あなたは、「人の幸せは、命の長さではないのです」という言葉を素直に受け入れられる？」と**投影的＋批判的発問**で問い、生命の尊さを**自分との関わり**で考えさせる。この発問をとおして、「人生の質は長さだけでは測れず、人生の濃さや充実が重要であること」、その一方で、「人生を濃く充実させるためには、努力などが必要であること」という**促進条件**についても理解させたい。ここでは、いったん**否定**を経由することで新しい価値理解に至らせる**弁証法**的な思考法を用いている。

理論へ

弁証法的思考については、p.71の表2.23を参照のこと。

ねらい

秋雪くんが6年間の短い人生を精いっぱい生きたことの意味と、秋雪くんの人生がお母さんに教えてくれた幸せの意味をとらえることをとおして、生徒一人ひとりが自分自身に与えられた人生を充実させようとする道徳的実践意欲を養う。

展開

場面（誰が、何を）	道徳的価値・反価値 （諸価値の関連・対立を含む） ※内容項目に直結する（反）価値に二重線を引く。	発問 ※基本発問・補助発問は○、中心発問は◎
		○もしあなたが一番愛する人の余命が半年だと告げられたら、その人に何をしてあげたい？

・「また来られるのかな」。……あんなにも楽しそうに，幸せそうに海を見つめ，海が大好きだ！ と全身で表現している秋雪に，これからもずっと，何度も何度も海の楽しさを感じさせてあげたいと心からそう思った。その瞬間，お父さんが私の思いをそのまま受け取ったかのように，海に向かってほほえむ秋雪をそっと抱きしめる。父の腕のなか，秋雪のほほえみは，もっとやさしくなった。私は，その2人の姿を写真に残した。	・もう来られないかもしれないから，今撮るしかない。(生命の有限性) ・家族3人が一緒に生きているという証を残したい。(生命の有限性，生の精神性) ・先のことはわからないが，今ここで生きているという時間を残したい。(生の歓喜性) ・この瞬間が永遠に続きますように。(生の歓喜性)	○お母さんはどんな思いで，2人の姿を写真に撮ったのだろう？
・秋雪は，私たちに抱えきれないくらいのたくさんの幸せを残してくれた。これからの人生を，十分支えてくれるほどの大きな幸せを。	・秋雪くんのために，大変ながらも精いっぱい生きることの喜び。(生の歓喜性，家族愛との関連) ・秋雪くんと一緒に一喜一憂する，「精いっぱい」生きることの大変さと，大変なことを乗り越えたときの喜び。 ・全力疾走する秋雪くんの姿から，生きることの喜びを感じられた。(生の歓喜性) ・秋雪くんが亡くなっても，一緒に生きた思い出はなくならない。(生の精神性) ・秋雪くんが歩くのが難しいからこそ，歩けるようになったときに感じた喜び。(家族愛との関連) ・いつ秋雪くんが死ぬかもしれないという不安のなかで，かえって「今日も秋雪に会えた」という喜びを感じられた。(家族愛との関連)	◎秋雪くんは，お母さんにどんな幸せを残してくれたのだろう？
・「人の幸せは，命の長さではないのです」。	・その人の生命は他の人の生命に換えられないこと。(生命の特殊性) ・人生の長い短いにかかわらず，すべての人の生の重さは等しいこと。(生命の平等性) ・人生の価値にとって長短は関係ないこと。(生命の平等性) ・短い人生でも精いっぱい生きられること。(生の歓喜性) ・子育ては大変だったけど，大変だからこそ充実していた。 ・親にとってはかけがえのない子どもの人生だった。(生命の特殊性，家族愛との関連) ・秋雪くんにとっては，短くても楽しい人生だった。(命の歓喜性)	○あなたは，「人の幸せは，命の長さではないのです」という言葉を素直に受け入れられる？ また，その理由は？(投影的＋批判的発問) A：受け入れられる。 B：受け入れられない。 (Aに対して： ○でも，秋雪君やその家族の幸せは刹那的で寂しいものではないだろうか？ また，その理由は？(批判的発問) C：寂しい。 D：寂しくない。) (Bに対して： ○では，長くてつまらない人生でも幸せだろうか？ また，その理由は？(批判的発問) E：長いほうが幸せ。 F：長さ(だけ)では幸せではない。 ○長さだけではないとしたら，幸せであるためにはどんなことが大切なのだろう？ ・人生の密度の濃さ。 ・幸せの詰まり具合。)

○「人の幸せは，命の長さではないのです」という言葉を素直に受け入れられるためには，どんなふうに生きていったらよいのだろう？（促進条件）
・今を精いっぱい生きる。
・前向きに生きる。
・後悔しないように努力する。
（○後悔しないように努力するには，どのようなことを大事にすべきだろう？）

4-4　缶コーヒー（C-（10）公徳心）

- **中3　道徳学習指導案：**
  公徳心を多面的・多角的に考える
- **主題名：**
  暗黙のルールに従うこと（C-（10）公徳心）
- **教材名：**
  缶コーヒー（東京書籍『新しい道徳3』）

■ 主題設定の理由

▷道徳的価値について

　公徳心は，明示的なルールである法とは異なり，「法的に拘束力のない義務」を守ろうとする心である。公徳心は，住みよい安定した社会の実現に貢献するために必要である。しかし，明示的なルールになっていないため，はっきりと「これが公徳である」とはいいづらい。そのため，「外見からはうかがいしれない人の心情を想像できる思いやりの心が関わってくる」。それゆえ，公徳心には，自分の欲望を制限し，「規律ある安定した社会の実現に貢献」しようとする意欲と態度だけでなく，相手の心情を想像し思いやる心，責任意識をもって自分たちの社会を「よりよいものに変えていこうとする」意欲と態度が含まれる。

▷指導について

　この教材では，公共の場所である電車のなかで，自分の欲望のままに行動し，最終的に迷惑をかけても自分の責任を認めようとしない女性，相手が悪いのに自分が謝ってしまう私，そして，横で見ていて自分も注意できたはずなのに，私に責任を負わせようとするおばさんが登場する。
　指導のポイントとしては，「誰が悪い？　どのくらい悪い？」と問い，公徳心

のなさの理由とその程度を棒グラフに表すことで，公徳心を多面的・多角的に理解させたい。

　また，3人とも不完全であることから，「○○さんに悪いところはない？」と**批判的発問**で問うことで，「悪い」という答えが出たら，その**根拠・理由**を問うことによって公徳心の理解を深めたい。

　ただし，女性については，「でも，お腹が空いていたら，食べてもよくない？」「そんなルール誰が決めたの？」と**揺さぶり**をかけることによって，欲望だけでは安定した社会が実現しないこと，安定した社会の実現のためには暗黙のルールが必要であり，それにみずから従おうとする自律が必要であることに気づかせたい。

▌ ねらい

　公共の場所である電車内での3人の人物の公徳心のなさをとらえることをとおして，公徳心の意義と必要性を見極める道徳的判断力を養う。

▌ 展　開

場面（誰が，何を）	道徳的価値・反価値 （諸価値の関連・対立を含む） ※内容項目に直結する（反）価値に二重線を引く。	発　問 ※基本発問・補助発問は○，中心発問は◎
		○電車のなかで迷惑だなと思う行動にはどんなものがある？ ○範読。
・（女性）イヤホンで音楽を聞きながら乗ってきた。「チャカ，チャカ，チャカ……」とその音楽が私の耳まで聞こえてくる。	・音量が他人に迷惑と考えていない。 <u>（公徳心との対立）</u>	◎誰が悪い？　どのくらい悪い？　また，その理由は？ ※棒グラフで表す。女性，私，おばさん，の3人の何が，どの程度悪いのかを，目盛りに合わせて板書する。 ・女性が悪い。
・（女性）片手に菓子パン，反対の手に缶コーヒーを持ち……。	・車内を自分だけの場所だと思っている。<u>（公徳心との対立）</u>	（○「でも，お腹が空いていたら，食べてもよくない？」） （○そんなルール誰が決めたの？ 　・誰も決めていない。 　○では，ルールがなかったら，車内で食べていいの？ 　A：よい。 　B：よくない。）
・（私）「あのお，落ちるといけませんから……ところが，聞こえないのか返事がない。……私はいらだつ気持ちをおさえながら，教科書に目を通していた」。	・一度注意しただけで諦めてしまった。（公徳心との対立）	○「私」にも悪いところはない？ A：ない。 B：ある。

> ▶ 理論へ

　「そんなルール誰が決めたの？」と問うことで，「誰も決めていない」「では，ルールがなかったら，車内で食べていいの？」という補助発問によって，「ルールは「契約」に基づく」という社会契約説の発想と，「ルールは「公益」に基づく」という功利主義の発想を引き出し，多角的に考えさせたい。社会契約説と功利主義の比較については，p.157を参照のこと。

		(Bに対して： ○でも，あなたなら女性に注意で 　きる？（投影的＋批判的発問） C：できる。 D：できない。 ○どうして注意できないのだろう？）
・（女性）「すみません，よごしちゃっ て，ごめんなさいね。電車が急ブ レーキをかけるから，いけないの よ……」。	・電車のせいにしている。（<u>公徳心 との対立</u>。自律の欠如）	
・（私）「そうですね。私がもっと早 く足を引っこめればよかったんで す……」。	・遠慮。 ・勇気のなさ。	
・（女性）空き缶が，ころころと私 の足もとに転がってきた……。	・空き缶を持っていかない。	
・（おばさん）「あんた，しっかりし なさいよ……」。	・公徳心はある。 ・しかし，自分で言わないで，他人 　のせいにしている。（自律の欠如） ・他人に文句を言う前に，自分で注 　意すべき。（自律の欠如）	○おばさんにも悪いところはない？ ○おばさんの発言をどう思う？　ま 　た，その理由は？（批判的発問） 　A：よい。 　B：よくない。 （Aに対して： ○隣に座っているのだから，自分で 　注意すればよいのでは？（批判的 　発問） 　C：そう思う。 　D：そう思わない。） ○あなたが「私」だったら，この女 　性が乗ってきたとき，どうする？ 　（投影的発問） ○よりよい社会をつくるには，どん 　な心構えが必要なのだろう？

▶ 理論へ

道徳的諸価値相
互の関連については，
pp.64-65を参照のこ
と。

4-5　あるレジ打ちの女性（C-(13)勤労）

- 中3　道徳学習指導案：
「勤労」と「個性の伸長」の関連を活かす
- 主題名：
勤労と個性・向上心（C-(13)勤労）
- 教材名：
あるレジ打ちの女性（日本文教出版『中学道徳　あすを生きる　3』

■ 主題設定の理由

▷道徳的価値について

　勤労とは，たんに「心身を労して働く」だけでなく，「社会における自らの役割」を自覚することも含む。それゆえ，たんにお金を稼ぐためという意識ではなく，自分の個性に気づき，自分の個性を社会のために活かそうとする向上心も必要である。反対にいえば，自分の個性に気づき，向上心をもてるようになってこそ，「社会における自らの役割」を自覚することができる。

▷指導について

　この教材では，仕事にやりがいを見出せずに次々と仕事を変える「彼女」が，「ピアニストになりたかった自分」を思い出すことで，レジ打ちを極めようとするようになる話である。結果的に，仕事に余裕ができ，客とのコミュニケーションを楽しめるようになり，客からも感謝され，仕事に喜びを見出す。

　指導のポイントとしては，「彼女」が，ピアニストになりたいと思いがんばっていたかつての自分を思い出すことで，レジ打ちの仕事にひたむきに取り組めるようになったことに気づかせたい。そのため，**「勤労」**と**「向上心，個性の伸長」**の関連を扱う。また，「レジ打ちを極めても給料は変わらないのに，どうして彼女はレジ打ちを極めようと思ったのだろう？」と問うことで，人がたんにお金のために働くのではなく，「職業に意味を求め」ることをとらえさせたい。

■ ねらい

　「彼女」が働くことの喜びを知った理由を考えることをとおして，自分の能力や個性を活かして前向きに働こうとする道徳的実践意欲を高める。

■ 展　開

場面（誰が，何を）	道徳的価値・反価値 （諸価値の関連・対立を含む） ※内容項目に直結する（反）価値に二重線を引く。	発　問 ※基本発問・補助発問は〇，中心発問は◎
		○あなたは，何の委員会をしている？ ○そのとき，どんなことに喜びを感じる？ ○範読。

・すでに彼女は，昔の自分ではなくなっていたのです。	・つまらないことばかり探してしまう。⇒何にでも楽しさを見出そうとする。(勤労，自主，自律，向上心との関連)	◯彼女は昔と今でどのように変わった？ ※黒板に「⇒」で変化を表す。
	・我慢できない。⇒我慢できるようになった。	
	・レジ打ちを極めて，まわりが見えるようになった。(向上心との関連)	
	・お客さんとのコミュニケーションが楽しめるようになった。	
	・お客さんに喜ばれるようになった。(勤労)	
	・仕事が楽しくなった。(勤労)	
	・主任になってやりがいを感じている。	
	・仕事に自信を感じている。	
	・入社と退社の経歴が並び，これではマズいと思ったから。(向上心との関連)	◎彼女は，どうして変われたのだろう？ (◯お母さんと話さなかったら変わらなかったのかな？ A：変わった。 B：変わらなかった。)
	・ピアニストになりたくてがんばっていた自分を思い出したから。(個性の伸長，向上心との関連)	(◯お母さんと話したから変わったの？ A：そう。 B：違う。)
	・お母さんとの電話。(家族愛との関連)	(◯変わるきっかけは自分のなかになかったの？ A：あった。 B：なかった。)
	・お母さんとの会話で，自立したい自分を発見した。(自主，自律との関連)	(◯誰の・何のおかげで変わったの？)
	・レジ打ちを極めてみようと思ったから。(個性の伸長，向上心との関連)	(◯彼女は何に気づいたの？)
・そうだ，私流にレジ打ちを極めてみよう。	・向上心。(個性の伸長，向上心との関連)	◯レジ打ちを極めても給料は変わらないのに，どうして彼女はレジ打ちを極めようと思ったのだろう？
	・楽しさを求めて。(勤労)	
	・やりがいを探して。(勤労)	
	・仕事の意味を求めて。(勤労)	
	・レジ打ちは単純作業ではない。(勤労)	◯新人研修で彼女は何を伝えていると思う？
	・技術の向上は必要だが，それ以上のやりがいがある。(勤労，個性の伸長との関連)	
	・お客さまから喜ばれるために働く。そのことが自分にとっても喜びになる。(勤労)	
		◯改めて，働くことの喜びとは何だろう？

> ▶ 理論へ
> 「新人研修で彼女は何を伝えていると思う？」という発問は，「人間としての生き方についての考えを深める」ことをねらっている。道徳科の3つの学習については，p.36を参照のこと。

4-6 白川郷に魅せられて（C-(17) わが国の伝統と文化の尊重）

- ・**中3　道徳学習指導案**：
「伝統の尊重」と「真理の探究」・有用性の対立を活かす
- ・**主題名**：
伝統を守るとは（C-(17) わが国の伝統と文化の尊重）
- ・**教材名**：
白川郷に魅せられて（学研『中学生の道徳　明日への扉　3年』）

▌ 主題設定の理由

▷道徳的価値について

　「伝統」の意味については，まず，「長く継承されてきた」という「時間性」「歴史性」が前提条件となる。しかし，伝統が長く維持されるためには，「有用性」を完全に無視することはできない。実際，悪しき伝統があるのもたしかである。それゆえ，伝統であればすべて守るべきだという理解を脱する必要がある。つまり，善き伝統や「美しい」伝統，つまり価値ある伝統だからこそ，維持されてきたと考えられる。

　それゆえ，伝統の継承とはたんに有形の文化遺産を長期間維持することではなく，有用性や善や美の観点も考慮に入れながら伝統を「変容・発展」させる側面を含む。つまり，伝統の継承と新しい文化の創造は両輪なのである。それゆえ，伝統を守るとは，「優れた伝統の**継承**と新しい文化の**創造**に貢献する」ことの両方を含む。

　また，伝統を継承しようとするには，人々の伝統への「愛着」が必要である。さらに，これまで伝統を継承してきた先人に対する「感謝」も関連する。地域社会で伝統を継承しようとするには「社会参画，公共の精神」が必要である。このように，目に見える文化遺産としての伝統ではなく，「伝統」に価値がある理由や，伝統を支える思いに迫りたい。

▷指導について

　この教材は，白川郷の人々が村全体で合掌造りを守り続けている姿を描いている。

　指導のポイントとしては，白川郷の村人は最初から合掌造りを「伝統」だと思ってつくったわけではないため，「最初に合掌造りの家を建てた人はそれを「伝統」と思っていたのかな？」と問うたうえで，「では，どうしたら「伝統」になるの？」と問う。このように「伝統」の概念の**内包・外延**あるいは「**成**

> **理論へ**

「道徳的価値の内包・外延」を問う発問については，pp.41–42を参照のこと。

立条件」を問い，伝統の意味を明確にしておくことによって，その後の発問で，「先祖の思い」や「自分たちの代で絶やしたくない」といった価値理解を引き出したい。

その一方で，「今，合掌造りは機能的・合理的だと思いますか？」と問い，**揺さぶり**をかけることで，「機能的でない」という否定的な答えをあえて引き出したい。いったん**否定**を通過することで「伝統を守る」とは「時代に合わせて整え，発展させることでもある」という理解を引き出したい。このように**弁証法的**な思考を経ることで，伝統を守ることについての**多面的**な理解をうながす。

なお，発問間のつながりを考慮して，教科書の場面を順番に問うのではなく，場面の順序を入れ替えて問う。

▶ 理論へ

弁証法的思考については，p.71の表2.23を参照のこと。

▊ ねらい

白川郷の人々が伝統を守ろうとすることの意味を多面的に考えることをとおして，伝統を継承しつつもその発展に努めようとする道徳的実践意欲を高める。

▊ 展　開

場面（誰が，何を）	道徳的価値・反価値 （諸価値の関連・対立を含む） ※内容項目に直結する（反）価値に二重線を引く。	発　問 ※基本発問・補助発問は○，中心発問は◎
		○「伝統」について考えよう。 ○白川郷を知っている？ ※合掌造りの写真を見せる。 ○範読。
・このように「結」のおかげで，村人みんなで守り，若者がしっかり技術を学んでいるので，100年たっても200年たっても同じ屋根がちゃんと葺けます。	・合掌造りを伝えていきたい。（伝統と文化の尊重） ・知らないと困る。 ・面倒くさい。（伝統と文化の尊重との対立） ・大変そう。（伝統と文化の尊重との対立）	○あなたが白川郷の若者だったら，茅葺屋根の技術を学びたい？　また，その理由は？（投影的＋批判的発問） A：学びたい。 B：学びたくない。
・また，合掌造りは茅葺きの切妻造りの構造をしています。……これは蚕を飼い育てる暮らしを営む人々にとって，機能的な住まいでもあったのです（p.134, 21行目〜）。 ・ブルーノ・タウトは，……白川郷の合掌造りを，「三角形の屋根の構造，巨大な筋交で風圧や地震に耐える合理的な構造である」と評価しました（p.135）。	・もっと便利な建物がある。（伝統と文化の尊重と真理の探究との関連）	○では，今，合掌造りは機能的・合理的だと思う？（批判的発問） A：思う。 B：思わない。 （Bに対して： ○合理的でないかもしれない。でも，もし白川郷が，合掌造りではなく，全部マンションになったらどう思う？）

		○最初に合掌造りの家を建てた人は それを「伝統」と思っていた？ もともと機能的だから合掌造りの 家を造っただけだよね？（揺さぶり）
	・受け継がれてきた歴史。 ・優れたもの。 ・個性。 ・時代に合った要素がある。	◎では，どうしたら「伝統」になる の？（「伝統」の条件とは？）
・「結」というのは……大きい屋根 だと300人から400人……の人が 集まって，1日か2日のうちにみ んなの力で屋根を葺き上げてしま うのです。（p.133, 10行目〜）。 ・家1軒を葺くのに使う茅は8000束 以上ですから，茅運びだけでも重 労働です（p.134, 4行目〜）。	・伝統を守りたい。（<u>伝統と文化の 尊重</u>） ・これまで伝えてきた先人の思いを 無駄にしたくない。（<u>伝統と文化 の尊重</u>） ・合掌造りを誇りに思っている。（<u>伝 統と文化の尊重</u>） ・美しい伝統を維持したい。（感動 との関連） ・たくさんの人に見に来てほしい。 ・誰かがやらなければ合掌造りがな くなってしまう。（公共の精神と の関連）	○では，白川郷の人はなぜそこまで して「結」の制度に加わるのだろ うか？ （○もしあなたが「結」に参加して いて，他の人が参加しなくなっ たらどう思う？） （○もし誰も「結」に参加しなかっ たら，どうなる？　白川郷の人に とって，それでもよいのだろうか？） （○みんなが伝統を守るべき？） （○守らなくてよい伝統はないの？） （○不便な伝統でも守りたい？）
	・受け継がれてきたことを伝える。 ・昔の文化を風化させない。 ・時代に合わせて微調整する。 ・時代に合わせて手入れする。	○あなたにとって「伝統」とは何だ ろう？ ※具体的・抽象的な答えを分けて板 書する。 ○あなたにとって，「伝統を守る」 はどのようなことだろう？

お わ り に

【「道徳科」の授業に対するよくある批判】

①公教育で道徳を教えることは内心の自由の侵害に当たるのではないか。

②道徳教育は不要で，市民教育のみをやるべきではないか。

③道徳教育は学校の教育活動全体を通じて行うだけでよいし，そうあるべきではないか。

本書を締めくくるにあたり，「はじめに」であげた道徳科に対する批判に応えてみたいと思います。

①公教育で道徳を教えることは内心の自由の侵害に当たるのではないか

🔗 関連箇所⑱

「法の論理」と
「教育の論理」

p.133を参照のこと。

これについては詳しく論じました。つまり，道徳授業の目的は「価値観の拡大」であるから，特定の思想を強制しているわけでありません。また，「法の論理」と「教育の論理」は違います。法は，国家が個人に特定の思想を押し付けることを禁止します。しかし，教育は，むしろこれまで知らなかった思想を教えるのです。そのことによって，以前から個人のなかにあった思想が消えてなくなるわけではありません。それゆえ，最終的な拒否の自由を保障している限り，「生命に対する畏敬の念」や「愛国心」を教える道徳授業が内心の自由の侵害に当たるという主張は誤りです。

②道徳教育は不要で，市民教育のみをやるべきではないか

🔗 関連箇所⑲

価値観の拡大

pp.132-134を参照のこと。

これについても詳しく論じました。市民教育は「合意形成」や「行為」を強調します。それに対して，道徳教育は内面性や個々人の「納得解」や「自覚」を重視します。また，本書では，道徳授業が「行為」ではなく，「価値観の拡大」を強調する点で，道徳教育と道徳授業には固有の意義があると論じてきました。

③道徳教育は学校の教育活動全体を通じて行うだけでよいし，そうあるべきではないか

🔗 関連箇所⑳

理性主義

p.7を参照のこと。

これについては，多くは論じませんでした。ただし，あえていえば，個々人がみずからの価値観に基づいて行為を統制するという「理性主義」のモデルに立つ限り，各教科における体験学習や特別活動における体験活動だけでは，行為・生き方の指針について意図的に考えを深めることはできないのではないでしょうか。各教科や特別活動における道徳教育は，各教科や特別活動固有の目

標にとってはあくまで副次的なものであり，道徳教育を主目的としているわけではないからです。

特設道徳を批判したデューイの場合であっても，「反省」を重視するのであれば，各教科や特別活動における道徳教育で体験した行為について，道徳科の授業で反省し，将来の行為を展望するというモデルもあり得るでしょう。

ただし，この問題については，体験，理解，納得，自覚といった概念について今後研究がなされなければ，明確な答えは出ないでしょう。

🔗 関連箇所⑩
**デューイによる
特設道徳の批判**
p.167を参照のこと。

本書の表向きの意図は，「はじめに」で3つ書きましたので繰り返しません。第1の裏の意図は，道徳授業に関する論争に終止符を打つことです。道徳教育の業界では，「この指導法でなければダメ」とか，「あれは道徳ではない」という声があちこちで聞かれます。しかも，それぞれの主張に理論的な前提はあるとしても，その前提が独善的にみえてしまうことがあります。そして，そうした論争について，両方の主張について考えてきた結果，それぞれの立場の主張の前提には，授業方法論の実効性の問題ではなく，むしろ「理想主義」と「現実主義」という道徳観の対立があると気づきました。そうだとすれば，もはや道徳授業方法論の対立ではなく，倫理学上の対立となります。もちろん，道徳観の対立がまったく無益とは言い切れません。しかし，道徳授業の理論としては，両者を認め合ったうえで，それぞれの道徳観のもとで効果的な授業を追求していくべきではないでしょうか。そのために，本書では道徳授業論争の「和解」を試みました。

この「和解」のために，本書ではあえて柳沼良太先生の著書を批判的に検討しました。というのは，「心情追求型の授業には実効性がない」という主張がなされることによって，心情追求型の授業のすべてが無効であるかのように誤解される可能性があるからです。そうなると，批判された「心情追求型」の実践家が反発するのは当然です。しかし，授業方法論としての柳沼先生の批判は正当である一方，その主張の前提には「現実主義」の道徳観があることを明らかにしようとしました。もし授業方法の対立ではなく，道徳観の対立であるならば，それは「神々の闘争」です。この「神々の闘争」を読み解き，「和解」へと導くうえで，「理想主義」対「現実主義」という枠組みは有益です。なお，この「理想主義」「現実主義」という区分は，山形大学の吉田誠先生に負っています。ここで御礼を申し上げます。

また，本書の第2の裏の意図は，道徳科は特に人文社会科学系の研究者から「うさんくさい」と言われがちなので，倫理学的・教育哲学的に道徳科が正当であることを論じることによって，道徳科の誤解を解くことをめざしました。それをとおして，学校現場の先生方に自信をもって道徳授業をしていただけるように，「学者や批判的な保護者からはこういう批判があり得るので，もし批判され

たらこう答えてください」という具体的な反論の方法を示したつもりです。そのため，しばしば槍玉に挙げられる「手品師」の教材をあえて用いました。筆者も，「手品師」は時代遅れではないか，また，教材が含んでいる「誠実」の価値観が本当に適切かどうかについては疑問を感じています。しかし，少なくとも，「少年との約束を選んだ」という「行為」だけを見て教材を「押し付け」と批判するのではなく，教材を用いて「価値観」を考える方法はあり得ると主張したかったのです。

しかし，道徳教育と道徳科の正当化という点では，多くの点で本書は論点を提示したにすぎず，今後の研究が望まれます。第1に，公教育における道徳教育の正当化については，①倫理学・政治哲学的研究，②諸外国の道徳教育・価値教育に関する比較研究，③家族やメディアの変容と道徳性に関する社会学的研究，④進化心理学・生物学の成果による補強，が必要です。①については，ヌスバウムのケイパビリティ・アプローチに簡潔に言及したにすぎません。第2に，内容項目の正当化についても部分的に論究したにすぎず，本来はすべての内容項目の正当化が必要です。

こうした不十分な試みであるにもかかわらず，本書は次の2点で稀有な書だという自負があります。第1に，教育哲学研究者が，道徳教育理論，道徳授業理論，指導案を1人で書いた本は，近年では柳沼良太先生のもの以外にはほとんどないことです。第2に，教育哲学研究者が書いた本のなかで，文部科学省が進める道徳科をおおむね擁護している本は他にないだろうということです。この2点は相互に切り離せず，絡み合っています。どうしてこのような稀有な書が生まれたのかといえば，幸運というほかありません。たくさんの出会いのおかげです。

まず，J. S. ミルの教育思想を研究してきたことが大きいといえます。当時の指導教授である増渕幸男先生が，「古典を研究せよ」とおっしゃってくださらなければ，ミルを選ぶことはありませんでした。

大学院在籍時に，増渕先生から『道徳教育——21の問い』の分担執筆を依頼されました。おそらく，この業績がなければ，現在の本務校である大阪体育大学には勤めることができなかったでしょう。そこでもう1つの運命がありました。筆者のもともとの専門は教育哲学なので「教育原理」は教えられたのですが，それと一緒に「道徳教育」を担当することになったのです。当時，道徳教育はまったくの素人でしたので，一から勉強しなければなりませんでした。

大阪体育大学に勤務して1，2年経って，「近くで道徳の勉強会はやっていないか」とインターネットで探し当てたのが「横山利弘先生を囲む道徳教育研究会」でした。次に，横山先生の研究会を経由して，川崎雅也先生や杉中康平先生の「道徳ナビIN大阪」に通いました。この研究会で何回も模擬授業を生徒役として経験したことが，本書の授業理論を成立させるための大きな柱の1つと

なっています。

　もう1つの大きな出会いが，貝塚茂樹先生，走井洋一先生らの「道徳教育学フロンティア研究会」のメンバーとの出会いです。走井先生は，私が日本道徳教育学会でミルの道徳授業論について発表した際，貝塚先生の「道徳教育学フロンティア研究会」に誘ってくださいました。この研究会は，貝塚先生や走井先生をはじめとして，わが国の道徳教育の理論家のなかでもそうそうたるメンバーが集っています。この研究会では，筆者がミルを研究していたため，「リベラリズムの研究者を入れたい」ということで声がかかったようです。この研究会のおかげで，道徳教育の理論・思想面について考えを深めることができました。特に，日本の道徳教育史がご専門の貝塚先生，日本の保守思想がご専門の川久保剛先生，日本倫理思想史がご専門の水野雄司先生などが多数いらっしゃるなかで勉強できたことで，西洋近代のリベラリズムしか知らなかった筆者の視野は大きく広がりました。また，貝塚先生，走井先生からは，たいへん重要な仕事のご依頼をたくさんいただきました。その任務を果たすなかで，本書を構成するアイデアがいくつも出てきました。

　行安茂先生には，日本道徳教育学会で発表した際にお声がけいただき，重要な仕事をたくさんいただきました。カント哲学の影響が強いわが国の道徳教育界において，行安先生が英米の倫理学をもとに道徳教育理論を構築されてきたことは，筆者にとっても大きな励みとなりました。

　そして，極めつけが，2019年度から大阪体育大学にいらした吉田雅子先生との出会いです。吉田先生は英語の担当として赴任されましたが，前任校の中学校などで道徳教育を推進していて，荊木聡先生との勉強会を主催されていました。この勉強会に誘っていただいたことで，荊木先生や吉田先生の「理想主義」的な道徳授業の実践理論と出会いました。実は，筆者自身は，もともとはデューイのような学校の教育活動全体の道徳教育に共感していました。大学で講義をもつために，道徳授業について勉強してから少し考えは変わっていましたが，荊木先生や吉田先生の実践がなければ，「理想主義」に開眼することはなかったでしょう。荊木先生や吉田先生の実践を知らなければ，もっと「現実主義」に近い立場から道徳科を批判的に論じていたでしょう。読み物教材に含まれている道徳的価値観をしっかり分析しておかなければ，よい授業はできないこと，教材に含まれている道徳的価値観を分析するためには，内容項目の徹底した理解が必要であること，荊木先生と吉田先生からはこれらのことを教えていただきました。

　また，筆者が「飛び込み授業」の実践もするようになったのは，荊木先生が，大阪教育大学附属天王寺中学校で実際に道徳の授業をしてくれないかと誘ってくださったおかげです。このお誘いがきっかけとなり，小中学校にお願いして「飛び込み授業」をすることを決断する勇気が湧きました。本書の執筆協力者で

ある橋本市立城山小学校の大谷佳代先生，西川実里先生，橋本市立橋本小学校の山陰千津先生には，筆者の指導案をもとに授業をしていただきました。かつらぎ町立大谷小学校では，2回も飛び込み授業をさせていただいたほか，校内研修にも呼んでいただきました。その他，和歌山県立向陽中学校では，先生方と一緒に教材分析をさせていただきました。岸和田市立桜台中学校，岸和田市立光明小学校でも，研修の講師に呼んでいただきました。また，これらの学校での仕事をいただくきっかけをつくってくださった大阪体育大学の同僚の先生方にも感謝いたします。その他にも，小中学校の研修に呼んでいただくなかで，授業に対する見識を深めることができました。こうした出会いがいくつも重なり，理論面と実践面の両方に対する見識を深めることができました。

　ただし，もともと筆者が研究していたミル自身の倫理学体系と理想主義的な道徳教育は親和性が高かったといえるでしょう。わが国の道徳教育界では功利主義はほとんど見向きもされませんが，ミルの功利主義は「美学」も含んでいるからです。ミルは美しい目的への「鼓舞」とその「押し付け」を分けており，それが，「価値観の拡大」としての道徳授業は正当化され得るという本書の主張の根拠となっています。その点では，ミルを研究してきたことが本書の成立にもおおいに作用したといえます。

　筆者の2番目の指導教授である加藤守通先生は，ルネサンス思想の研究者でいらっしゃいますが，加藤先生は，プラトン，アリストテレスなどの古代ギリシア・ローマの古典哲学，現代の英米圏のコミュニタリアニズム，アジアの儒教などにも幅広いご関心があります。加藤先生らが主催されているALPE（Asian Link of Philosophy of Education）に参加することをとおして，韓国や台湾などの東アジアの教育哲学研究者から，儒教の教育哲学的意義を学びました。こうした加藤先生からの影響は，本書におけるギリシア哲学や儒教に対する積極的な評価にもつながっています。

　また，堀内進之介さんや神代健彦さんとの議論はたいへん有益でした。両氏の厳しくも的確なご質問やご批判がなければ，本書の議論はあり得ませんでした。これからニーチェやハーバーマスなどについて勉強していかなければ，堀内さんの批判には答えられないと考えており，この点は宿題として残っています。

　市川秀之さんの熟議民主主義の道徳授業理論も，本書の立場との距離を測るうえでたいへん参考になりました。市川さんからは，デューイなどについてもいろいろと教えていただきました。

　旧知の仲である苫野一徳さんのご著書は，本書でも批判的に検討しました。苫野さんによる「そもそも道徳教育は学校でやるべきではない」という道徳科批判に対してどのように弁明したらよいのかということが，本書を書くモチベーションの1つとなったことは間違いありません。苫野さんは草稿段階の本書に貴重なコメントをくださいました。

島恒生先生の著書やご講演からも多くを学ばせていただきました。特に，「氷山の三層モデル」で，道徳授業のねらいは「読解レベル」からさらに深い「道徳的価値レベル」に至ることだというモデルがなければ，「価値観の拡大」という本書の主張は出てこなかったでしょう。

木原一彰先生には，道徳的価値同士の関連を扱う授業や，伝記的教材を用いた授業について大きな示唆を与えていただいただけでなく，先生の授業実践のDVDをいただいたほか，日頃から貴重な示唆をいただきました。

ゼミの学生である藤川達也さん，中尾実紅さん，中田莉緒さんからは，私が初めて小学校で飛び込み授業をした際に，貴重なアドバイスをいただきました。

改めて，荊木聡先生には，本書の執筆協力者になっていただくとともに，勉強会などをとおして非常に多くのことをご教示いただきました。また，同僚の吉田雅子先生には，小学校の指導案をいくつもチェックしていただいただけでなく，筆者が吉田先生の研究室に押しかけても，嫌な顔一つせずに対応してくださいました。

これまでお名前をあげてきたみなさまのほか，多くのみなさまのおかげで本書があります。ここに御礼を申し上げます。

また，日本道徳教育学会をはじめ，教育哲学会や教育思想史学会での活動に本書の研究成果の多くを負っていることはいうまでもありません。

本書の出版に尽力していただいた北大路書房の若森乾也さん，また若森さんを紹介してくださった灯光舎の面高悠さんにも心より御礼申し上げます。面高さんには，本書がまだ「卵」の段階で相談に乗っていただきました。面高さんでなければ，本書の企画を持ち込むことはできなかっただろうと思います。

「規則の尊重」を遵守すべく，絶対に締め切りは守るという思いで，なんとか締め切りに間に合わせました。その分，本来であれば検討すべき研究に目が行き届いておらず，本書の主張にはまだまだ思い込みや勘違いがあるでしょう。ぜひ厳しいご批判やご指摘をいただければ幸いです。

特に松下良平先生の道徳教育に関するご研究は非常に偉大な業績ですが，本書の主張と対立する部分もあります。しかし，筆者の未熟さゆえ，松下先生の体系を検討する力はまだありません。松下先生のご研究と向き合うことは次回の課題としたいと思います。

最後に，本書は，筆者にとって初めての単著の出版となります。この本を家族に捧げます。筆者なりに「家族愛」を実践してきたつもりですが，家庭での役割や業務を疎かにしてしまい，口が裂けても「イクメン」とはいえない筆者を，妻の郁，息子の嘉貴が支えてくれました。心より感謝いたします。

2020年9月
髙宮正貴

■「特別の教科 道徳（道徳科）」の内容項目一覧

キーワード	小学校第1学年及び第2学年（19）	小学校第3学年及び第4学年（20）
A　主として自分自身に関すること		
善悪の判断，自律，自由と責任	(1) よいことと悪いこととの区別をし，よいと思うことを進んで行うこと。	(1) 正しいと判断したことは，自信をもって行うこと。
正直，誠実	(2) うそをついたりごまかしをしたりしないで，素直に伸び伸びと生活すること。	(2) 過ちは素直に改め，正直に明るい心で生活すること。
節度，節制	(3) 健康や安全に気を付け，物や金銭を大切にし，身の回りを整え，わがままをしないで，規則正しい生活をすること。	(3) 自分でできることは自分でやり，安全に気を付け，よく考えて行動し，節度のある生活をすること。
個性の伸長	(4) 自分の特徴に気付くこと。	(4) 自分の特徴に気付き，長所を伸ばすこと。
希望と勇気，努力と強い意志	(5) 自分のやるべき勉強や仕事をしっかりと行うこと。	(5) 自分でやろうと決めた目標に向かって，強い意志をもち，粘り強くやり抜くこと。
真理の探究		
B　主として人との関わりに関すること		
親切，思いやり	(6) 身近にいる人に温かい心で接し，親切にすること。	(6) 相手のことを思いやり，進んで親切にすること。
感謝	(7) 家族など日頃世話になっている人々に感謝すること。	(7) 家族など生活を支えてくれている人々や現在の生活を築いてくれた高齢者に，尊敬と感謝の気持ちをもって接すること。
礼儀	(8) 気持ちのよい挨拶，言葉遣い，動作などに心掛けて，明るく接すること。	(8) 礼儀の大切さを知り，誰に対しても真心をもって接すること。
友情，信頼	(9) 友達と仲よくし，助け合うこと。	(9) 友達と互いに理解し，信頼し，助け合うこと。
相互理解，寛容		(10) 自分の考えや意見を相手に伝えるとともに，相手のことを理解し，自分と異なる意見も大切にすること。
C　主として集団や社会との関わりに関すること		
規則の尊重	(10) 約束やきまりを守り，みんなが使う物を大切にすること。	(11) 約束や社会のきまりの意義を理解し，それらを守ること。
公正，公平，社会正義	(11) 自分の好き嫌いにとらわれないで接すること。	(12) 誰に対しても分け隔てをせず，公正，公平な態度で接すること。
勤労，公共の精神	(12) 働くことのよさを知り，みんなのために働くこと。	(13) 働くことの大切さを知り，進んでみんなのために働くこと。
家族愛，家庭生活の充実	(13) 父母，祖父母を敬愛し，進んで家の手伝いなどをして，家族の役に立つこと。	(14) 父母，祖父母を敬愛し，家族みんなで協力し合って楽しい家庭をつくること。
よりよい学校生活，集団生活の充実	(14) 先生を敬愛し，学校の人々に親しんで，学級や学校の生活を楽しくすること。	(15) 先生や学校の人々を敬愛し，みんなで協力し合って楽しい学級や学校をつくること。
伝統と文化の尊重，国や郷土を愛する態度	(15) 我が国や郷土の文化と生活に親しみ，愛着をもつこと。	(16) 我が国や郷土の伝統と文化を大切にし，国や郷土を愛する心をもつこと。
国際理解，国際親善	(16) 他国の人々や文化に親しむこと。	(17) 他国の人々や文化に親しみ，関心をもつこと。
D　主として生命や自然，崇高なものとの関わりに関すること		
生命の尊さ	(17) 生きることのすばらしさを知り，生命を大切にすること。	(18) 生命の尊さを知り，生命あるものを大切にすること。
自然愛護	(18) 身近な自然に親しみ，動植物に優しい心で接すること。	(19) 自然のすばらしさや不思議さを感じ取り，自然や動植物を大切にすること。
感動，畏敬の念	(19) 美しいものに触れ，すがすがしい心をもつこと。	(20) 美しいものや気高いものに感動する心をもつこと。
よりよく生きる喜び		

小学校第5学年及び第6学年（22）	中学校（22）	キーワード
A　主として自分自身に関すること		
(1) 自由を大切にし，自律的に判断し，責任のある行動をすること。	(1) 自律の精神を重んじ，自主的に考え，判断し，誠実に実行してその結果に責任をもつこと。	自主，自律，自由と責任
(2) 誠実に，明るい心で生活すること。		
(3) 安全に気を付けることや，生活習慣の大切さについて理解し，自分の生活を見直し，節度を守り節制に心掛けること。	(2) 望ましい生活習慣を身に付け，心身の健康の増進を図り，節度を守り節制に心掛け，安全で調和のある生活をすること。	節度，節制
(4) 自分の特徴を知って，短所を改め長所を伸ばすこと。	(3) 自己を見つめ，自己の向上を図るとともに，個性を伸ばして充実した生き方を追求すること。	向上心，個性の伸長
(5) より高い目標を立て，希望と勇気をもち，困難があってもくじけずに努力して物事をやり抜くこと。	(4) より高い目標を設定し，その達成を目指し，希望と勇気をもち，困難や失敗を乗り越えて着実にやり遂げること。	希望と勇気，克己と強い意志
(6) 真理を大切にし，物事を探究しようとする心をもつこと。	(5) 真実を大切にし，真理を探究して新しいものを生み出そうと努めること。	真理の探究，創造
B　主として人との関わりに関すること		
(7) 誰に対しても思いやりの心をもち，相手の立場に立って親切にすること。	(6) 思いやりの心をもって人と接するとともに，家族などの支えや多くの人々の善意により日々の生活や現在の自分があることに感謝し，進んでそれに応え，人間愛の精神を深めること。	思いやり，感謝
(8) 日々の生活が家族や過去からの多くの人々の支え合いや助け合いで成り立っていることに感謝し，それに応えること。		
(9) 時と場をわきまえて，礼儀正しく真心をもって接すること。	(7) 礼儀の意義を理解し，時と場に応じた適切な言動をとること。	礼儀
(10) 友達と互いに信頼し，学び合って友情を深め，異性についても理解しながら，人間関係を築いていくこと。	(8) 友情の尊さを理解して心から信頼できる友達をもち，互いに励まし合い，高め合うとともに，異性についての理解を深め，悩みや葛藤も経験しながら人間関係を深めていくこと。	友情，信頼
(11) 自分の考えや意見を相手に伝えるとともに，謙虚な心をもち，広い心で自分と異なる意見や立場を尊重すること。	(9) 自分の考えや意見を相手に伝えるとともに，それぞれの個性や立場を尊重し，いろいろなものの見方や考え方があることを理解し，寛容の心をもって謙虚に他に学び，自らを高めていくこと。	相互理解，寛容
C　主として集団や社会との関わりに関すること		
(12) 法やきまりの意義を理解した上で進んでそれらを守り，自他の権利を大切にし，義務を果たすこと。	(10) 法やきまりの意義を理解し，それらを進んで守るとともに，そのよりよい在り方について考え，自他の権利を大切にし，義務を果たして，規律ある安定した社会の実現に努めること。	遵法精神，公徳心
(13) 誰に対しても差別をすることや偏見をもつことなく，公正，公平な態度で接し，正義の実現に努めること。	(11) 正義と公正さを重んじ，誰に対しても公平に接し，差別や偏見のない社会の実現に努めること。	公正，公平，社会正義
(14) 働くことや社会に奉仕することの充実感を味わうとともに，その意義を理解し，公共のために役に立つことをすること。	(12) 社会参画の意識と社会連帯の自覚を高め，公共の精神をもってよりよい社会の実現に努めること。	社会参画，公共の精神
	(13) 勤労の尊さや意義を理解し，将来の生き方について考えを深め，勤労を通じて社会に貢献すること。	勤労
(15) 父母，祖父母を敬愛し，家族の幸せを求めて，進んで役に立つことをすること。	(14) 父母，祖父母を敬愛し，家族の一員としての自覚をもって充実した家庭生活を築くこと。	家族愛，家庭生活の充実
(16) 先生や学校の人々を敬愛し，みんなで協力し合ってよりよい学級や学校をつくるとともに，様々な集団の中での自分の役割を自覚して集団生活の充実に努めること。	(15) 教師や学校の人々を敬愛し，学級や学校の一員としての自覚をもち，協力し合ってよりよい校風をつくるとともに，様々な集団の意義や集団の中での自分の役割と責任を自覚して集団生活の充実に努めること。	よりよい学校生活，集団生活の充実
(17) 我が国や郷土の伝統と文化を大切にし，先人の努力を知り，国や郷土を愛する心をもつこと。	(16) 郷土の伝統と文化を大切にし，社会に尽くした先人や高齢者に尊敬の念を深め，地域社会の一員としての自覚をもって郷土を愛し，進んで郷土の発展に努めること。	郷土の伝統と文化の尊重，郷土を愛する態度
	(17) 優れた伝統の継承と新しい文化の創造に貢献するとともに，日本人としての自覚をもって国を愛し，国家及び社会の形成者として，その発展に努めること。	我が国の伝統と文化の尊重，国を愛する態度
(18) 他国の人々や文化について理解し，日本人としての自覚をもって国際親善に努めること。	(18) 世界の中の日本人としての自覚をもち，他国を尊重し，国際的視野に立って，世界の平和と人類の発展に寄与すること。	国際理解，国際貢献
D　主として生命や自然，崇高なものとの関わりに関すること		
(19) 生命が多くの生命のつながりの中にあるかけがえのないものであることを理解し，生命を尊重すること。	(19) 生命の尊さについて，その連続性や有限性なども含めて理解し，かけがえのない生命を尊重すること。	生命の尊さ
(20) 自然の偉大さを知り，自然環境を大切にすること。	(20) 自然の崇高さを知り，自然環境を大切にすることの意義を理解し，進んで自然の愛護に努めること。	自然愛護
(21) 美しいものや気高いものに感動する心や人間の力を超えたものに対する畏敬の念をもつこと。	(21) 美しいものや気高いものに感動する心をもち，人間の力を超えたものに対する畏敬の念を深めること。	感動，畏敬の念
(22) よりよく生きようとする人間の強さや気高さを理解し，人間として生きる喜びを感じること。	(22) 人間には自らの弱さや醜さを克服する強さや気高く生きようとする心があることを理解し，人間として生きることに喜びを見いだすこと。	よりよく生きる喜び

文　　献

青木孝頼　1990　道徳でこころを育てる先生 改訂版　図書文化社

青木孝頼　1995　道徳授業の基本構想　ぶんけい

赤堀博行　2013　道徳授業で大切なこと　東洋館出版社

赤堀博行　2017　「特別の教科道徳」で大切なこと　東洋館出版社

赤堀博行　2018　道徳授業における教材活用に関わる一考察　道徳と教育 *62*(336), 107-117.

浅見哲也　2018　道徳科の授業で大切にしたいこと（シンポジウム 道徳科におけるアクティブ・ラーニングを考える）日本道徳教育学会第89回大会（於千葉大学）発表資料

阿部 学・市川秀之・土田雄一・藤川大祐　2016　熟議民主主義を背景とした道徳授業の教育方法についての検討——熟議シミュレーション授業の開発と実践を通して　授業実践開発研究, (9), 89-98.

アームソン, J. O.　雨宮 健（訳）　2004　アリストテレス倫理学入門　岩波書店

荒木寿友・藤澤 文（編著）　2019　道徳教育はこうすれば〈もっと〉おもしろい——未来を拓く教育学と心理学のコラボレーション　北大路書房

アリストテレス　渡辺邦夫・立花幸司（訳）　2015　ニコマコス倫理学（上）　光文社

アリストテレス　渡辺邦夫・立花幸司（訳）　2016　ニコマコス倫理学（下）　光文社

市川秀之　2016　熟議民主主義が道徳授業にもたらすもの——問題解決的な学習に焦点を当てて　千葉大学教育学部研究紀要, *64*, 85-95.

稲富栄次郎　1979　人間形成と道徳（稲富栄次郎著作集9）　学苑社

イリイチ, I.　玉野井芳郎・栗原 彬（訳）　2006　シャドウ・ワーク——生活のあり方を問う　岩波書店

ヴィゴツキー, L. S.　土井捷三・神谷栄司（訳）　2003　「発達の最近接領域」の理論——教授・学習過程における子どもの発達　三学出版

上田 薫　2004　社会科と道徳教育　貝塚茂樹（監修）　戦後道徳教育文献資料集 第2期　社会科と道徳教育　日本図書センター, pp.47-76.

上地完治　2015　道徳教育の「現場」に教育哲学をつなぐ——ハーバーマスの討議倫理学に基づく道徳授業づくりの試みを通して　教育哲学研究, *111*, 26-31.

大津尚志　2019　フランスの小学校における道徳・市民教育——感受性を中心に　日本道徳教育学会第94回大会（於広島大学）発表資料

大屋真宏　2017　(4) 大くくりなまとまりを踏まえた評価　永田繁雄（編）「道徳科」評価の考え方・進め方——新学習指導要領ポイントはここ！ 押さえておくべき知識から授業実践例・通知表文例まで　教育開発研究所, pp.44-45.

押谷由夫　2001　「道徳の時間」成立過程に関する研究——道徳教育の新たな展開　東洋館出版社

貝塚茂樹　2001　戦後教育改革と道徳教育問題　日本図書センター

貝塚茂樹　2020　戦後日本と道徳教育——教科化・教育勅語・愛国心　ミネルヴァ書房

柏端達也　2019　相対主義・多元主義　納富信留・檜垣立哉・柏端達也（編）　2019　よくわかる哲学・思想　ミネルヴァ書房, pp.174-175.

勝部真長　2004　特設「道徳」の考え方——特設時間の問題点；道徳教育——その思想的基底　貝塚茂樹（監修）　戦後道徳教育文献資料集 第2期　日本図書センター

加藤宣行　2012　道徳授業を変える教師の発問力　東洋館出版社

加藤宣行　2016　「深く考える道徳授業」を可能にする発問研究　日本道徳教育学会第88回大会（於秋田公立美術大学）　プログラム・発表要旨集, 60-61.

加藤宣行・岡田千穂（編著）　2016　子どもが，授業が，必ず変わる！「一期一会の道徳授業」　東洋館出版社

加藤宣行　2017　加藤宣行の道徳授業——考え，議論する道徳に変える指導の鉄則50　明治図書

加藤宣行　2018a　加藤宣行の道徳授業実況中継　東洋館出版社

加藤宣行　2018b　加藤宣行の道徳授業——考え，議論する道徳に変える発問&板書の鉄則45　明治図書

カント, I.　土岐邦夫・観山雪陽・野田又男（訳）　2005　プロレゴーメナ，人倫の形而上学の基礎づけ　中央公論新社

神代健彦　2019　第1幕 道徳教科化そもそも物語　神代健彦・藤谷 秀（編）　悩めるあなたの道徳教育読本　はるか書房, pp.16-72.

河野哲也　2011　道徳を問いなおす——リベラリズムと教育のゆくえ　筑摩書房

河野哲也　2018　じぶんで考えじぶんで話せる——こどもを育てる哲学レッスン　河出書房新社

小林建一　2005　社会教育における「市民教育」の可能性——「正義感覚」の役割と育成の問題を中心に　東北大学大学院教育学研究科研究年報, 53(2), 105-126.

サン=テグジュペリ, A. de　河野万里子（訳）　2006　星の王子さま　新潮社

ジェイムズ, S.　児玉 聡（訳）　2018　進化倫理学入門　名古屋大学出版会

柴原弘志・荊木 聡　2018　中学校 新学習指導要領　道徳の授業づくり　明治図書

島 恒生　2017　第1章 総論「考え，議論する道徳」に向けて　島 恒生・吉永幸司　島恒生・吉永幸司のみんなでつくる「考え，議論する道徳」　小学館, pp.9-18.

島 恒生・吉永幸司　2017　島恒生・吉永幸司のみんなでつくる「考え，議論する道徳」　小学館

鈴木 宏　2017　カントの批判哲学の教育哲学的意義に関する研究　風間書房

髙橋倫子　2012　第12章 発問構成の工夫　鈴木由美子・宮里智恵（編）　やさしい道徳授業のつくり方（心をひらく道徳授業実践講座 1）　渓水社, pp.137-151.

デューイ, J.　松野安男（訳）　1975　民主主義と教育（下）　岩波書店

デューイ, J.　河村 望（訳）　2002　倫理学（デューイ=ミード著作集 10）　人間の科学新社

デューイ, J.　河村 望（訳）　2002　自由主義と社会行動　自由と文化；共同の信仰（デューイ=ミード著作集11）　人間の科学新社, pp.251-334.

デューイ, J.　藤井佳世（訳）　2019　教育における道徳的原理　教育2——明日の学校ほか（デューイ著作集 7）　東京大学出版会, pp.1-27.

寺脇 研　2018　危ない「道徳教科書」　宝島社

苫野一徳　2019　ほんとうの道徳　トランスビュー

内藤俊史　2012　第3章 道徳性の発達　押谷由夫・内藤俊史（編）　道徳教育への招待　ミネルヴァ書房, pp.46-65.

永田繁雄　2019　しなやかな発問を生かして新時代の道徳授業をつくろう　『道徳教育』編集部（編）　考え，議論する道徳をつくる新発問パターン大全集　明治図書, pp.2-5.

西野真由美　2017　［総説］道徳科における評価　西野真由美・鈴木明雄・貝塚茂樹（編）「考え，議論する道徳」の指導法と評価　教育出版, pp.144-160.

ヌスバウム, C. M.　池本幸生・田口さつき・坪井ひろみ（訳）　2005　女性と人間開発——潜在能力アプローチ　岩波書店

ハーバーマス, J.　三島憲一・中野敏男・気前利秋（訳）　2000　道徳意識とコミュニケーション行為　岩波書店

早川裕隆（編著）　2017　実感的に理解を深める！ 体験的な学習「役割演技」でつくる道徳授業——学びが深まるロールプレイング　明治図書

フィンリースン, J. G.　村岡晋一（訳）　2007　ハーバーマス　岩波書店

藤田英典　1997　教育改革　岩波書店

古川 誠　2012　同性愛／異性愛／両性愛　大澤真幸・吉見俊哉・鷲田清一（編）　現代社会学事典　弘文堂, pp.934-935.

ブルーム, A.　菅野盾樹（訳）　2016　アメリカン・マインドの終焉——文化と教育の危機　新装版　みすず書房

ヘーゲル, G. W. F.　藤野 渉・赤沢正敏（訳）　2001　法の哲学 I　中央公論新社

堀尾輝久　1971　現代教育の思想と構造——国民の教育権と教育の自由の確立のために　岩波書店

本田由紀　2011　軋む社会——教育・仕事・若者の現在　河出書房新社

前川喜平　2018　道徳教育——「道徳の教科化」がはらむ問題と可能性　木村草太（編）子どもの人権をまもるために　晶文社, pp.181–208.

牧﨑幸夫　2017　第1章 教科化で何が変わるのか　横山利弘（監修）　牧﨑幸夫・広岡義之・杉中康平（編）　楽しく豊かな道徳科の授業をつくる　ミネルヴァ書房, pp.2–17.

マッキンタイア, A.　篠﨑 榮（訳）　1993　美徳なき時代　みすず書房

松下良平　2011　道徳教育はホントに道徳的か？——「生きづらさ」の背景を探る　日本図書センター

ミル, J. S.　松浦孝作（訳）　1955　道徳科学の論理　ベンタム, J.・ミル, J. S.・マルサス, T. R. 堀 秀彦他（訳）　道徳および立法の原理序論・道徳科学の論理・初版 人口論（世界の大思想全集；社会・宗教・科学思想篇 7）　河出書房, pp.145–254.

ミル, J. S.　関口正司（訳）　2020　自由論　岩波書店

ミル, J. S.　2010　功利主義　川名雄一郎・山本圭一郎（訳）　功利主義論集　京都大学出版会, pp.255–354.

村上敏治　1973　道徳教育の構造　明治図書

柳沼良太　2012a　第10章 諸外国における道徳教育　平野智美（監修）　中山幸夫・田中正浩（編）　新たな時代の道徳教育　八千代出版, pp.123–136.

柳沼良太　2012b　「生きる力」を育む道徳教育——デューイ教育思想の継承と発展　慶應義塾大学出版会

山田洋平　2019　道徳性の発達段階について　シンポジウム 発達の段階を踏まえた多様な価値観を認め合う道徳教育の展開　日本道徳教育学会第 94 回（於広島大学）発表資料

横山利弘（監修）　牧﨑幸夫・広岡義之・杉中康平（編）　2017　楽しく豊かな道徳科の授業をつくる　ミネルヴァ書房

吉田 誠・木原一彰　2018　道徳科初めての授業づくり——ねらいの8類型による分析と探究　大学教育出版

ライマー, J.・パオリット, D. P.・ハーシュ, R. H.　荒木紀幸（監訳）　2004　道徳性を発達させる授業のコツ——ピアジェとコールバーグの到達点　北大路書房

ルソー, J.-J.　今野一雄（訳）　1962　エミール（上）　岩波書店

ロールズ, J.　川本隆史・福間 聡・神島裕子（訳）　2010　正義論 改訂版　紀伊國屋書店

渡辺秀樹　2012　家族　大澤真幸・吉見俊哉・鷲田清一（編）　現代社会学事典　弘文堂, pp.182–184.

渡邉 満・大嶋澄子　2000　コミュニケーション的行為の理論に基づく道徳授業の創造——子どもたち主体の場（トポス）づくりを通して　兵庫教育大学研究紀要 第1分冊——学校教育, 幼児教育, 障害児教育 01, *20*, 49–61.

事 項 索 引

人 名 索 引

著 者 紹 介

髙宮 正貴（たかみや まさき）

2014年　上智大学大学院総合人間科学研究科教育学専攻博士後期課程修了
現在　　大阪体育大学教育学部准教授（博士（教育学））

【主著・論文】
・J. S.ミルの功利主義による教育の正当化──「生の技術」の三部門からの考察　教育哲学研究, *106*, 1–17.（2012年）
・教育における分配的正義の諸理論とその問題　大阪体育大学教育学研究紀要, *3*, 1–24.（2019年）
・J. S.ミルの教育思想──自由と平等はいかに両立するのか　世織書房（近刊（2021年））

第 2 部 実 践 編　　執 筆 協 力 者

吉田雅子（大阪体育大学教育学部講師）……………………… 小学校全体

山陰千津（橋本市立橋本小学校教諭）………………………… 小学校低学年

大谷佳代（橋本市立城山小学校教諭）………………………… 小学校中学年

西川実里（橋本市立城山小学校教諭）………………………… 小学校高学年

荊木 聡（園田学園女子大学人間教育学部准教授）………… 中学校

価値観を広げる道徳授業づくり

教材の価値分析で発問力を高める

2020 年 10 月 20 日	初版第 1 刷発行	定価はカバーに表示
2024 年 3 月 20 日	初版第 3 刷発行	してあります。

著　者　髙宮 正貴

発行所　（株）北大路書房

〒 603-8303
京都市北区紫野十二坊町 12-8
電話 （075） 431-0361 （代）
FAX （075） 431-9393
振替 01050-4-2083

編集・制作　（株）灯光舎
装丁　上瀬奈緒子（級水社）
印刷・製本　亜細亜印刷（株）

©2020　ISBN978-4-7628-3128-7　Printed in Japan
検印省略　落丁・乱丁本はお取り替えいたします。

・ |JCOPY| 〈(社)出版者著作権管理機構 委託出版物〉
本書の無断複写は著作権法上での例外を除き禁じられています。
複写される場合は，そのつど事前に，(社)出版者著作権管理機構
（電話 03-5244-5088，FAX 03-5244-5089, e-mail: info@jcopy.or.jp）
の許諾を得てください。

道徳教育はこうすれば〈もっと〉おもしろい

未来を拓く教育学と心理学のコラボレーション

荒木寿友・藤澤 文　編著

教科化を踏まえ，教育学・哲学の立場から理論枠組みを，心理学の立場から実証的証拠および理論枠組みを詳説。これらの知見をベースに教育実践学の立場から，教室場面では何が実践できるかについて，具体例として計15本の学習指導案を掲載。「理論－研究－実践のトライアングル」で示し，道徳教育のさらなる発展を目指す。

A5判・288頁　　本体2600円＋税
ISBN978-4-7628-3089-1

モラルの心理学

理論・研究・道徳教育の実践

有光興記・藤澤 文　編著

道徳の教科化の流れのなか，モラルに関する心理学の最新知見を理論と実践の両面から幅広く論じる。第1部では，道徳的な判断・感情・行動についての新旧の理論を解説，第2部では，幼小期から成人までの各発達段階に応じたモラル教育の実践や，従来の道徳教育では扱われることが少なかった対象（発達症など）への実践も紹介。

A5判・288頁　　本体2500円＋税
ISBN978-4-7628-2890-4